长江上的桥

马永红 著

长江出版传媒
湖北教育出版社

图书在版编目（CIP）数据

长江上的桥 / 马永红著 . -- 武汉：湖北教育出版社，2024.11
（"科学点灯人"书系）
ISBN 978-7-5564-4863-0

Ⅰ. ①长… Ⅱ. ①马… Ⅲ. ①长江 – 桥梁工程 – 普及读物 Ⅳ. ① U44-49

中国国家版本馆 CIP 数据核字 (2024) 第 042190 号

长江上的桥
CHANGJIANG SHANG DE QIAO

出 品 人	方 平		封面设计	火水吉吉　刘静文
策　　划	杨文婷		排版制作	火水吉吉
责任编辑	杨文婷		责任校对	李庆华
责任督印	刘牧原			

出版发行	长江出版传媒　　430070　武汉市雄楚大道 268 号	
	湖北教育出版社　　430070　武汉市雄楚大道 268 号	
经　　销	新华书店	
网　　址	http://www.hbedup.com	
印　　刷	武汉精一佳印刷有限公司	
地　　址	武汉市黄陂区滠口新十公路 45 号丰达产业园 3 栋	

开　　本	787mm×1092mm 1/16		版　次	2024 年 11 月第 1 版
印　　张	23		印　次	2024 年 11 月第 1 次印刷
插　　页	1		书　号	ISBN 978-7-5564-4863-0
字　　数	345 千字		定　价	128.00 元

版权所有，盗版必究
（图书如出现印装质量问题，请联系 027-83637493 进行调换）

序

长江上有多少座桥？合上这本《长江上的桥》，你得到答案的同时，数据就已陈旧。但是，我认为这正是此书的价值和意义之所在。

据说此书策划于2021年春天，当时，长江干流宜宾合江口以下已建成的跨江桥梁有127座（截至2021年4月30日武汉青山长江大桥通车）。而今，三年过去，书将付梓，这个数据已更新为149座（截至2024年10月31日），就是说写作编辑制作一本书的时间里，长江（合江口以下）上新增了22座建成的桥梁。这个数字，生动体现了中国经济的发展速度。

长江是中华民族的母亲河，也是中国第一长河，其水系纵横、资源丰沛，流域范围涉及19个省、自治区、市，与百姓生活、城市发展、区域经济互通息息相关。建造跨越长江的桥梁，是惠及一方的民生大计。

新中国成立至今，我国建桥事业取得举世瞩目的辉煌成就，从早期里程碑式的跨越，到如今不断刷新世界纪录，一座座超级工程，成为中国亮相于国际舞台的闪亮名片。这些名片的背后，是无数中国桥梁人逢山开路、遇水架桥的开创精神，更是我国桥梁建设攻坚克难，从自力更生、引进学习到自主创新的技术飞跃。

近年来，书写中国桥梁故事、讴歌桥梁人精神的作品开始频繁走进大众视野。在讲述方式上，它们或以报告文学的形式刻画鲜活的桥梁人物群像，道出建桥背后不为人知的时代故事；或以画册形式，用大量图片和说明性文字对桥梁进行专业的科普和展示。在内容构建上，这些作品往往落脚于某座桥梁、某个人物或是某段时期。阅读这些作品时，我常常感受到它们就像一段段性格截然不同的河流，各有各的风景与妙处。然而，若将视角拉得更加广大高远，想要一览"大江大河"水系之全貌，在关于"中国桥"这个题材的出版领域，我想，还有更多值得探索的空间。

当看到《长江上的桥》时，我不由得眼前一亮——这是第一部完整介绍长江桥的科普作品，将视角置于整个长江流域，在时间和空间两个维度纵深推进，把长江从无桥时期到如今"一眼N桥"的发展脉络梳理得条理清晰。全书采取图文互补、紧密呼应的形式，处处藏有"干货"和惊喜：也许是一张老照片里的图注，也许是科普过程中无意而为之的"伏笔"——一些时间线上的切换，对应着大桥从一张图纸到横跨于江面上的曲折历程。较为难得的是，作者饱含着对中国桥梁的深厚情感，但文字始终秉持理性客观的立场，落笔克制，体现了一位科普作者的素养。

此书以理性的讲述方式、具有原创价值的科普内容、大气而充满人文温度的照片，为读者徐徐拉开300多座长江桥的壮美画卷。全书分为五个篇章，以时间为线索，以长江沿线为坐标轴，清晰讲述了新中国成立至今，我国桥梁建设从学习、追赶到超越的奋斗历程。书中既有国之重器的震撼亮相，也有赏心悦目的桥梁采风，在紧锣密鼓的叙事推进中，一些关键的桥梁人物、重要事件也随之登场，让读者得以近距离感受我国桥梁科技的腾飞之路。这是一本桥梁工程科普领域值得推荐的好书。

本书作者马永红是《桥梁建设报》主任记者，多年来奔波于桥梁建设一线，从事新闻采编工作。2017年，她更是参与了"万里长江·大桥行"活动，历时4个月，行程2万余千米，以工程专业视角，采访拍摄长江上200余座桥梁，收集到十分珍贵的第一手专业资料。正是以这些资料为基础材料，湖北教育出版社策划了这本《长江上的桥》。

行走在作者为我们构架起来的时空隧道中，我们仿佛触摸到中国桥梁人的过去、现在和将来。这些钢铁工程，承载着无数人的心血和期待，那是民族复兴的脊梁，是值得记录的丰碑。

欣然为序。

徐恭义

全国桥梁工程设计大师
全国最美科技工作者
约翰·罗布林终身成就奖获得者
2024年10月31日

目录

第 1 章
时空的坐标
1

① 起宏图
11

② 三大桥
39

③ 铁路过江
51

④ 公路过江
75

第 2 章
追赶的步伐
87

① 第三座里程碑
93

② 斜拉
105

③ 神州第一跨
115

④ 质量宣言
129

目录

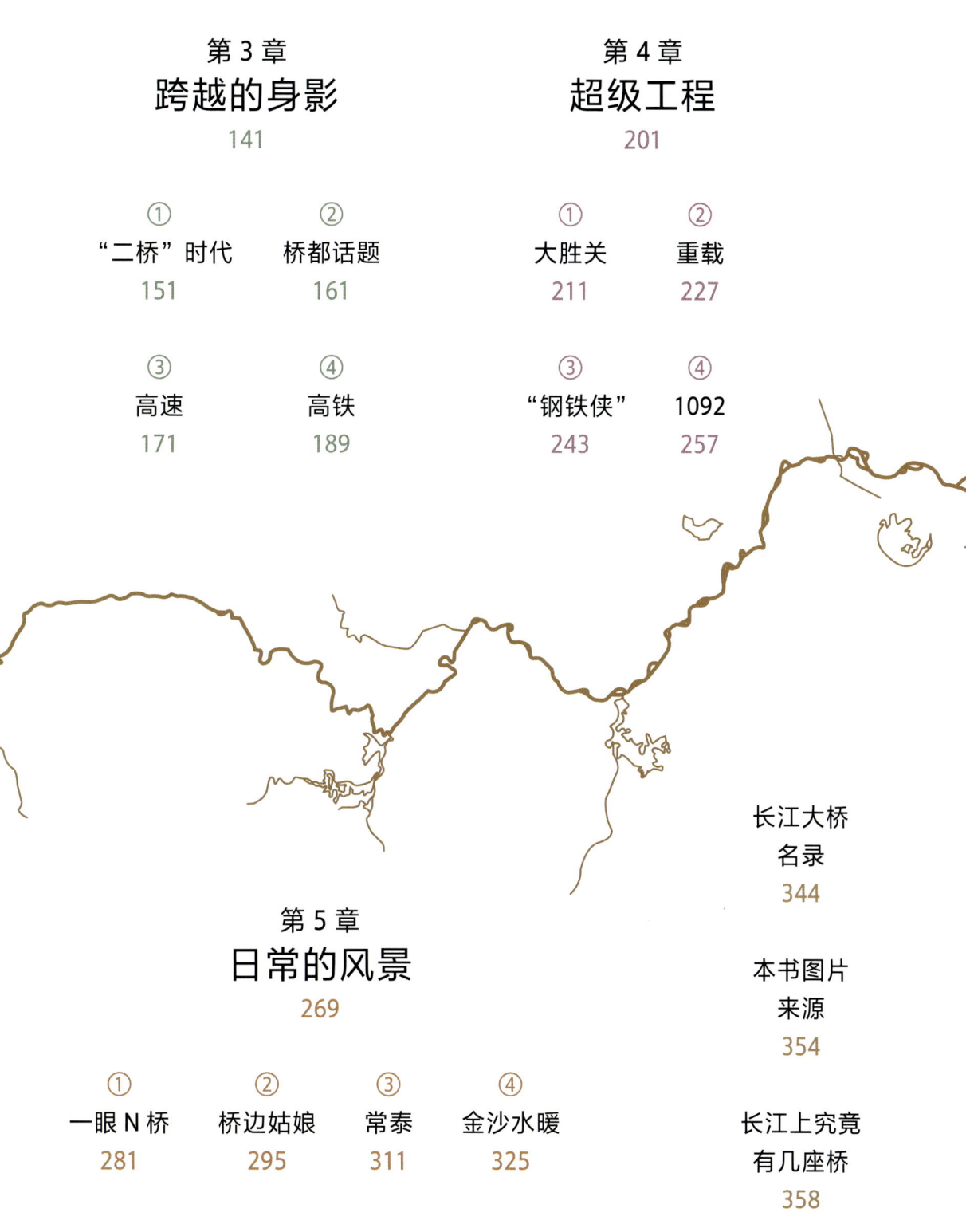

第 3 章
跨越的身影
141

① "二桥"时代 151

② 桥都话题 161

③ 高速 171

④ 高铁 189

第 4 章
超级工程
201

① 大胜关 211

② 重载 227

③ "钢铁侠" 243

④ 1092 257

第 5 章
日常的风景
269

① 一眼 N 桥 281

② 桥边姑娘 295

③ 常泰 311

④ 金沙水暖 325

长江大桥名录 344

本书图片来源 354

长江上究竟有几座桥 358

第 1 章
时空的坐标

长江无桥的岁月很长。

1950年,空荡荡的武汉长江江面,宽阔而寂寥

长江上的桥

6500万年前的那次地壳板块大碰撞，诞生了地球上海拔最高的高原——青藏高原。青藏高原集千年积雪，聚洪荒冰川，汇万顷湖泊，成为一座超级水塔。水塔身下，细流恣意，渐为江河。

发源于青藏高原的长江和黄河，顺着西高东低的地势，一路接溪纳川，汇成两条比肩巨流，切割山石、冲刷林地，跌跌撞撞、浩浩荡荡，曲折向东，奔归大海。

一路奔腾的长江、黄河孕育了中华文明。

因为流经地域的纬度、气候、地质、植被等的不同，长江与黄河在水文、河道、生物多样性等各个方面都存在着差异，但有一点是相同的：阻隔了沿途两岸。

长江的最上源，沱沱河流经莽原

时空的坐标

长江上的桥

浙江省缙云县仙都景区的石板桥。礅步石升高一些，其上铺架石板或木板，就成了最原始、最完整的梁式桥。在长江中下游一带的乡村，此类桥颇多见

浙江省泰顺县仕阳镇仕水碇步桥，初建于清乾隆年间。这种排列在浅水里的石头队列，又叫矴步桥、石磴桥，是只有桥墩没有梁的桥。远古时代的人们发明了它，在浅水区不必再涉水过河

人类文明中有一种构造物叫桥梁，这种构造物在远古时代就开始打破隔绝，帮助我们的先民跨沟越水。

据考古发现，7000年前的河姆渡文化*中就已经有人造的"堤梁"。

春秋时期，黄河上出现第一座"桥"——如果这能算作桥——精明的商人用船搭出一条临时通道，上面铺上木板以便快速运送货物过河，货物送达对岸后，通道即被拆除，这可能是人类最早的"过河拆桥"。战国时，秦昭襄王为出征河东，用竹索和木船造出一座桥，这桥在不断修固中竟使用了上千年，是中国桥梁史上著名的"蒲津桥"。蒲津浮桥之后，黄河上出现的临时或相对长久的浮桥不计其数。清朝末年，中国国门被列强的坚船利炮打开。为进行经济侵略，外国人争相在中国铺铁路，造桥梁。20世纪初，京汉铁路跨黄河大桥、津浦铁路跨黄河大桥以及兰州黄河铁桥陆续建成。

可是，在长江面前，建造桥梁的能工巧匠们，束手无策数千年。

---

*遗址位于浙江省宁波市余姚市河姆渡镇。

长江上的桥

长江上也曾有过浮桥。

据史料记载,古时长江上先后搭建的浮桥数量达19座之多。最早出现于唐,最晚至清,现今湖北的荆州、武汉、鄂州,江西的湖口,安徽的池州、芜湖等地都曾出现过浮桥的身影。位于最下游的当涂采石矶浮桥,为宋时江南名士樊若水献策所建,在历史上最为著名。

1996年,江西省赣州市惠民桥的日常。此桥连接贡江两岸,是一座由100多只小船分组并束而成的浮桥,中间可开启让江上船只通过;始建于宋乾道年间,目前为江西省重点文物保护单位。贡江为长江支流赣江的上源

长江上还曾有过锁峡。

所谓"锁峡",就是用一根或两三根铁链拦在江上,杜绝船只来往。它曾出现在长江三峡两端的瞿塘峡口和西陵峡口。因铁链跨越江面,常被后人误以为是铁索桥。

不论是浮桥还是锁峡,古代长江上出现的这些临时设施,皆为应战之需——浮桥运送军兵和武器,瞿塘锁峡阻下游进攻,西陵锁峡防上游来袭。人类在长江两岸生存了千万年,未曾见到一座长久的、固结的、为民的、真正的跨江桥梁,直到一个全新时代的到来。

四川省泸定县大渡河上的泸定桥,是我国古代最具代表性的索桥之一。它由13根铁索组成,9根并列铺上木板即为桥面,4根分列两侧为桥栏,建成于清康熙四十五年(1706)。红军长征途中飞夺泸定桥的故事就发生在这里。大渡河为长江二级支流

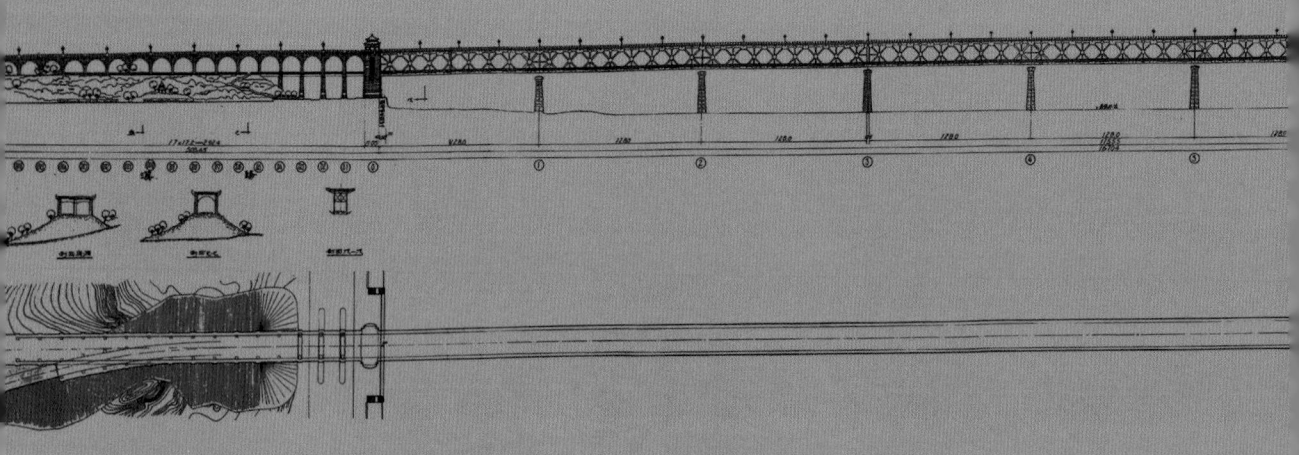

① 起宏图

武汉长江大桥全桥建设总图。关于武汉长江大桥的桥型,每一次动议都有所不同,有过拱桥、开启桥等多种方案。新中国成立后,在对前几次方案进行透彻研究的基础上,设计出现行方案

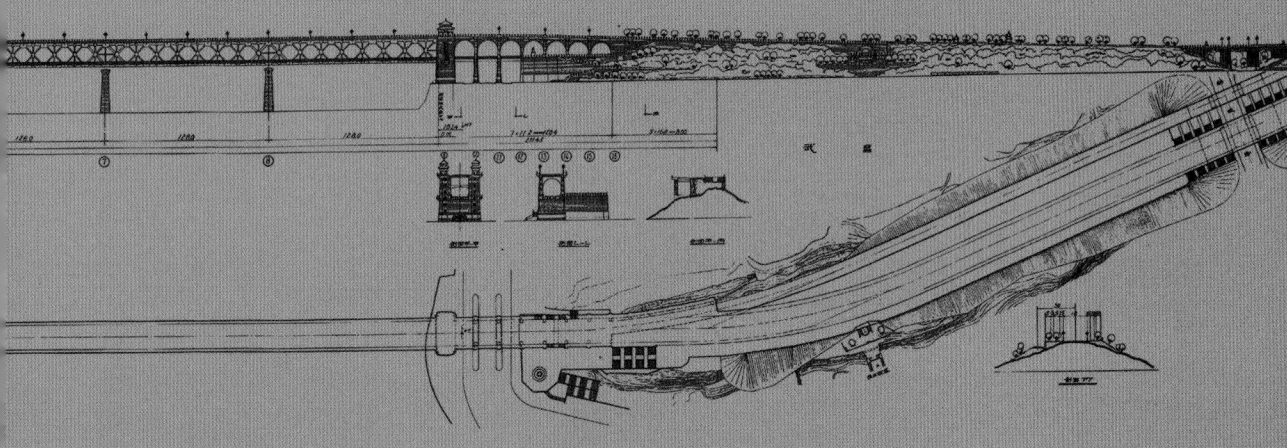

长江上的桥

伫立在镇江与扬州之间的江心岛——世业洲上的茅以升塑像。塑像眺望处是2005年建成的润扬长江大桥

茅以升（1896—1989），新中国铁道科学研究院创始人，首批中国科学院院士。1934年至1937年，他主持修建了第一座由中国人自己设计、建造的现代化桥梁——钱塘江大桥。大桥建成不久，日本侵略军就兵临杭州城下，为不给敌人留方便，茅以升亲自指挥，于1937年12月23日下午炸断通车仅89天的大桥。抗战胜利后，茅以升组织修复了钱塘江大桥，并以中国桥梁公司为平台聚集桥梁人才，积极筹建武汉长江大桥

1949年9月21日至30日，中国人民政治协商会议第一届全体会议在北京召开，来自各阶级、各阶层、各党派、各团体和无党派民主人士共计662人同聚一堂商议国是，确定了新中国的国旗、国歌、国都和纪年方式，决定了建立人民英雄纪念碑。大会上，还通过了一项建造长江大桥的议案。议案提交人是与会的科学界代表茅以升。

2017年4月24日，一列火车驶过时年80岁的钱塘江大桥

时空的坐标 · 起宏图

钱塘江大桥建设期间,茅以升十分注重同步收集资料,为后辈桥梁人留下大量工程档案

抗日战争初期的浙江杭州。近处是六和塔,远处是炸断的钱塘江大桥

1949年9月由茅以升呈交的
《筹建武汉纪念桥建议书》，
其起草者叫**李文骥**。

李文骥（1886—1951）一生的事业都与武汉长江大桥有关。

辛亥革命胜利后，至1949年新中国成立之前，当局曾四次动议修建武汉长江大桥。李文骥亲历了全过程。

第一次　　1913年，李文骥自国立北京大学工科土木门毕业，至詹天佑领导的川粤汉铁路督办署任"工程毕业生"。同年，他的老师德籍教授乔治·米勒（George Muller）向当局提出"以武汉过江大桥作为民国成立的纪念"计划，获得应允，于是召集自己的13位学生到汉勘测，四五个月后完成任务。但北洋政府根本无心也无力实现这一计划，勘测资料被束之高阁。李文骥即那13位学生之一。

第二次　　1929年，孙科（孙中山之子）就任南京国民政府新成立的铁道部部长的次年，国民政府聘美国桥梁专家华特尔博士（Dr. J.A.L.Waddell）为工程顾问。华特尔提出"武汉扬子江大铁桥"计划，得允。当局安排李文骥协助。1930年春，测量钻探即将开始时，华特尔返国。李文骥克服重重困难，用近半年的时间独立完成了初步钻探任务。华特尔根据李文骥的钻探资料，拟出建桥方案和概算。国民政府依然无心也无力完成如此浩大的工程。李文骥不忍心血白费，将手中资料整理成论文提交中国工程师学会。

1913年，北京大学工科土木门第一届毕业生在汉口合影。后排右一为李文骥。此照拍摄者为德国教授米勒

第三次　　1936年，钱塘江大桥正在建设中，粤汉铁路历经30余年建设终告全线通车。"武汉造桥事"又一次被茅以升提出，他曾著文称："经过桥工处多人努力，于1936年8月做出武汉建桥计划书。""桥工处"即修建钱塘江大桥的团队，"多人"包含钱塘江大桥四位正工程师梅旸春（1900—1962）、李学海、卜如默和李文骥。这一次，李文骥担当首任，于1937年开始就新方案桥址进行测量勘探工作。不料，全面抗战爆发，毋论建桥，李文骥自己与家人皆遭战争裹挟，进入颠沛流离的生存状态。

第四次　　1946年9月，抗战胜利一年后，李文骥应茅以升之邀，赴任中国桥梁公司正工程师，兼武汉办事处主任，兴致勃勃重启建桥事宜。终因内战，工作无法推进。

这一次——

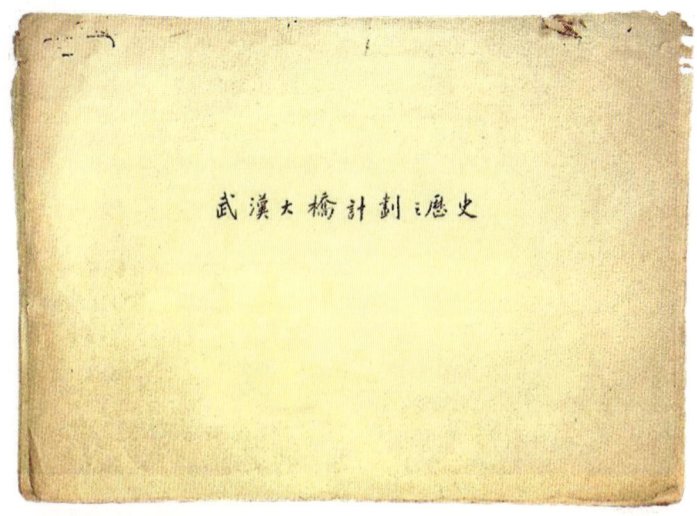

1947—1948 年，年过六旬的李文骥着手整理、编写《武汉大桥计划之历史》。此为手稿封面

1948 年在杭州任钱塘江大桥管理所主任时的李文骥

1949年5月

杭州解放，解放军继续南下后，在杭州任钱塘江大桥管理所主任的李文骥一改往日的满脸愁容，开始面溢浅笑地在家中踱步。很快，他草拟出《筹建武汉纪念桥建议书》，在《建议书》的落款处，留有多人位置。他附信将《建议书》寄给了自己敬重的茅以升先生，希望茅先生联合其他桥梁专家共同签名后呈送人民政府。茅先生没有辜负他的信任，新中国也没让他的期望再落空。

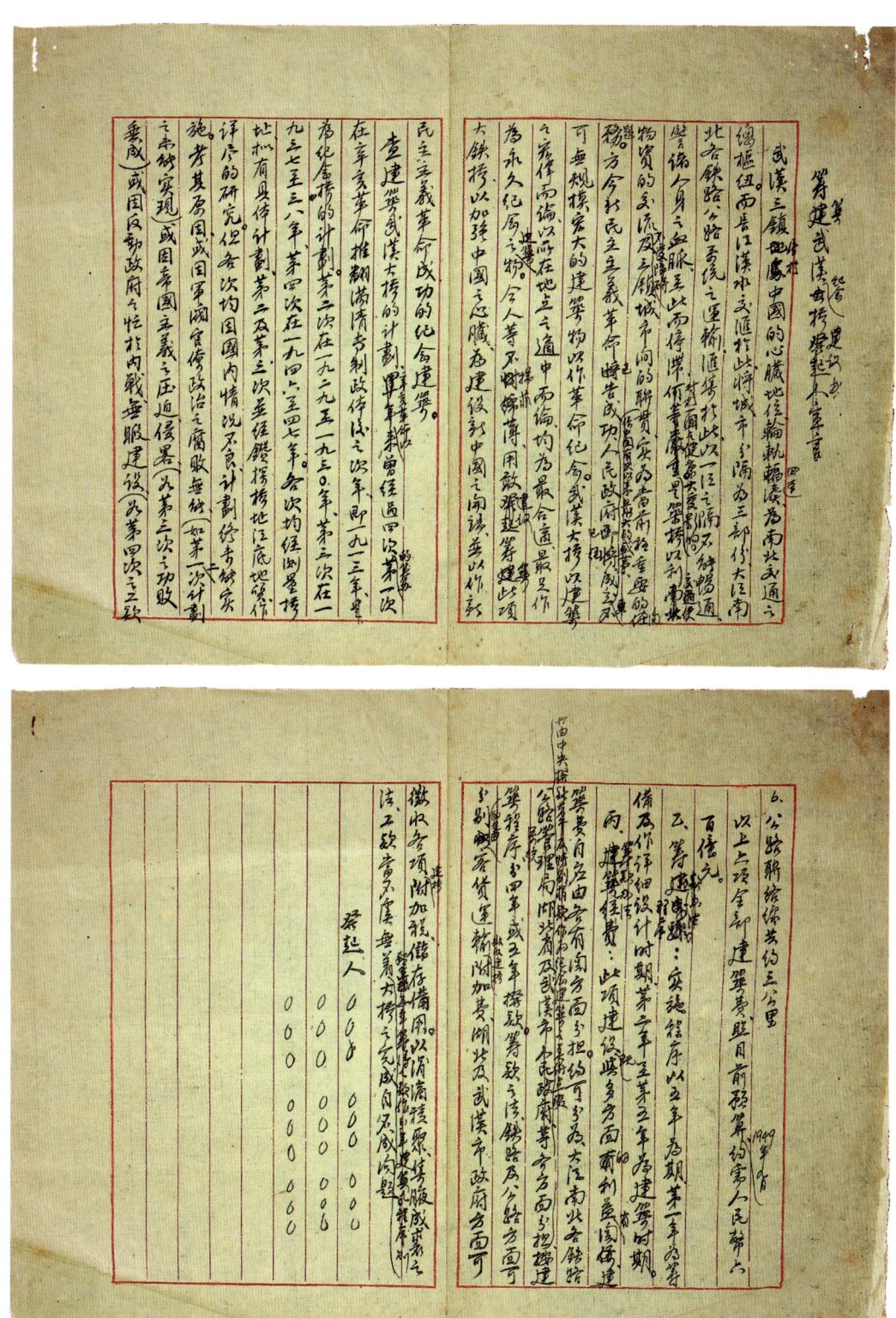

1949年李文骥草拟的《筹建武汉纪念桥建议书》手稿首页与末页

长江上的桥

1950年4月,武汉大桥测量钻探队部分成员合影

武汉大桥测量钻探队在工作。江中是测量船,蛇山白塔旁是测量用的定位三角标

1949年10月

李文骥接中华人民共和国铁道部调令,进京工作。

1950年1月

铁道部"桥梁委员会"成立,李文骥任委员。

华有恒（前左一）、周璞（前中）、唐寰澄（前右一）、李家咸（后中）是上海育英中学的同窗，1944年同以优异成绩考入上海交通大学土木系，1948年大学毕业后各自工作谋生。1950—1951年，四人先后调入铁道部设计总局武汉大桥设计组，成为同事。在设计组里，他们遇到上海交大同学丁饶（后左一）和低两届的学弟赵煜澄（后右一）。1952年，六位校友在北京合影留念。在后来的数十年岁月里，他们都成长为卓有成就的桥梁专家

1951年，在北京西观音寺铁道部宿舍，周璞在设计小组共同完成的武汉长江大桥效果图前

1950年3月

铁道部"武汉大桥测量钻探队"成立，梅旸春任队长，64岁的李文骥再赴汉任顾问，佐之。

1950年8月

测量钻探工作完成，铁道部在京成立"武汉大桥设计组"，梅旸春任组长，李文骥返京佐之。次年4月，李文骥在京病逝，终未能见到长江大桥建成。弥留之际，他已口不能言，示意儿子拿过纸笔，写下不成形的五个字"骥，武汉大桥"。

彭敏（1918—2000），大桥局首任局长，主持建设了武汉长江大桥。抗日战争结束后，他从延安被派到东北，指挥了北满铁路的抢修、维护工作。解放战争期间，他指挥抢修哈长铁路及第二松花江大桥、津浦铁路及淮河大桥、陇海铁路及洛河大桥。新中国成立后，彭敏任铁道兵团第三副司令员兼总工程师。抗美援朝时，彭敏任志愿军铁道兵团总工程师、志愿军铁道兵团、中朝联合军运司令部抢修指挥所司令员，在美军的狂轰滥炸中，铸造了一条坚不可摧的"钢铁运输线"

1953年4月

铁道部新建铁路工程总局"武汉大桥工程局"（简称"大桥局"）正式成立，中共武汉市委书记王任重兼任党委书记，彭敏任局长，汪菊潜任总工程师，梅旸春等任副总工程师。同时设立由26位专家组成的"武汉长江大桥技术顾问委员会"，茅以升任主任委员。

彭敏（左二）在苏联考察时用自己节省下来的津贴买回一台电影拍摄机，他想完整记录武汉长江大桥的建设过程。在工地试用时，苏联专家康斯坦丁·谢尔盖耶维奇·西林（1913—1996，下文简称"西林"）很高兴地"尝鲜"

1953年11月

武汉长江大桥配套工程汉水铁路桥首先开工，为主桥施工做技术准备。

1954年1月21日

周恩来总理主持的政务院第203次会议讨论通过《中央人民政府政务院关于修建武汉长江大桥的决定》。

时空的坐标・起宏图

1955年2月6日,武汉长江大桥技术顾问委员会在武汉召开大会后,部分人员在大桥局领导陪同下到武昌蛇山黄鹤楼原址合影。前排左二为梅旸春,左三为李芬,左五为茅以升;后排左二为杨在田,左三为汪菊潜,左八为李国豪,右一为彭敏

1954年2月6日

《人民日报》头版刊发消息《武汉长江大桥准备兴工》,同时发表社论《努力修好武汉长江大桥》。7月,国家为武汉长江大桥聘请的苏联专家也陆续抵汉。不久,大桥局提出"建成学会"口号。

1955年9月

武汉长江大桥长江主桥正式开建。

长江上的桥

"摊子"铺开了

武汉长江大桥工程是联通汉口、汉阳、武昌的庞大工程,包括公铁合建的长江大桥1座、铁路汉江大桥1座、公路汉江大桥1座和多座跨线桥梁和路基、联络线工程。整个施工区域以汉阳为中心,在武汉三镇共设置了6片工地。

1953年,彭敏带着他不断扩大的施工队伍,把大部分时间和精力都用在了平整地基、修建工棚宿舍,调拨、购置施工必备的机具、船舶上,而调研和整理地质、水文、气象、材料等各项技术资料的工作也在高速推进中。

到年底,共从全国各地调配职工2532人,成立了机械修理经租站,汉水铁路桥开工。

每一片工地上都呈现着热火朝天的劳动场景。图为岸边的临时设施(模板等)制作场地

预制中的大型管柱。管柱钻孔法由苏联专家组组长西林提出,先在汉水铁路桥做试验

时空的坐标·起宏图

1954年夏季，武汉遭遇长江有历史记录以来最高水位的洪水，市内许多街道被淹；武汉长江大桥的职工们也投入到防汛抗洪战斗中。图为地质钻探队的防汛队在召开宣誓大会

施工现场的青年技术人员

长江上的桥

1954年底，汉水铁路桥建成，大大鼓舞了干部职工的建设豪情，在思想、组织、施工技术、机具设备、工作经验上为长江大桥的修建打下了基础，也托起了建设长江大桥的运输线

时空的坐标·起宏图

1956年5月，完成了基础施工的武汉长江大桥开始架设钢梁

1957年5月4日，大桥钢梁合龙后，桥面铺装工作迅速推进。图为职工在铁路桥面施工现场进行技术交流

架设武汉长江大桥钢梁时使用过的铆钉、铆钉枪

长江上的桥

汉江公路桥于1955年底合龙，主体施工完成

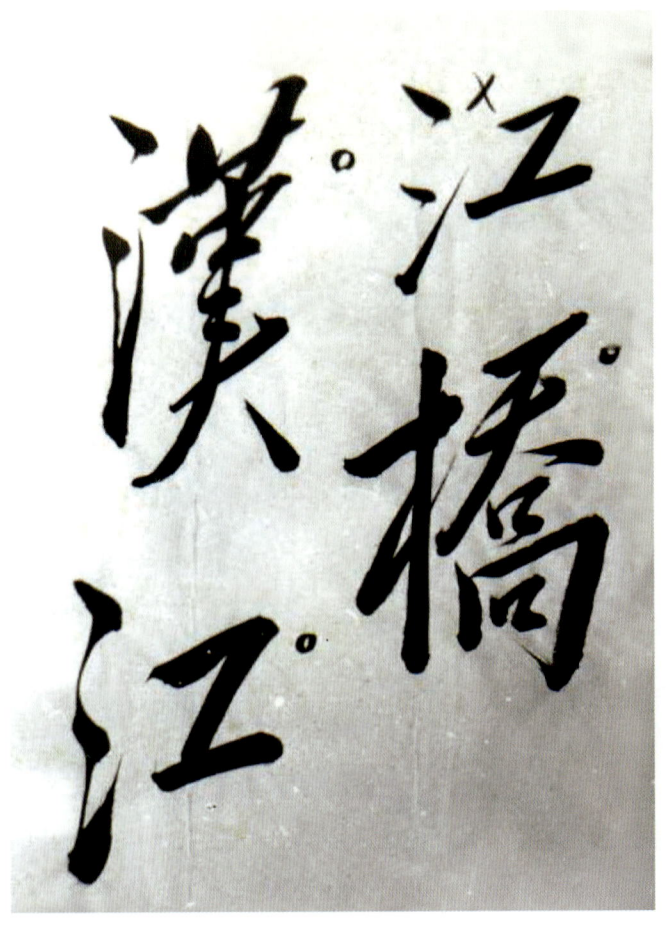

毛泽东主席为汉江公路桥题写桥名时，觉得"江"字没写好，在其上打了个叉，又重新写了一个；最后又在认为可用的三个字旁各打了一个小圈

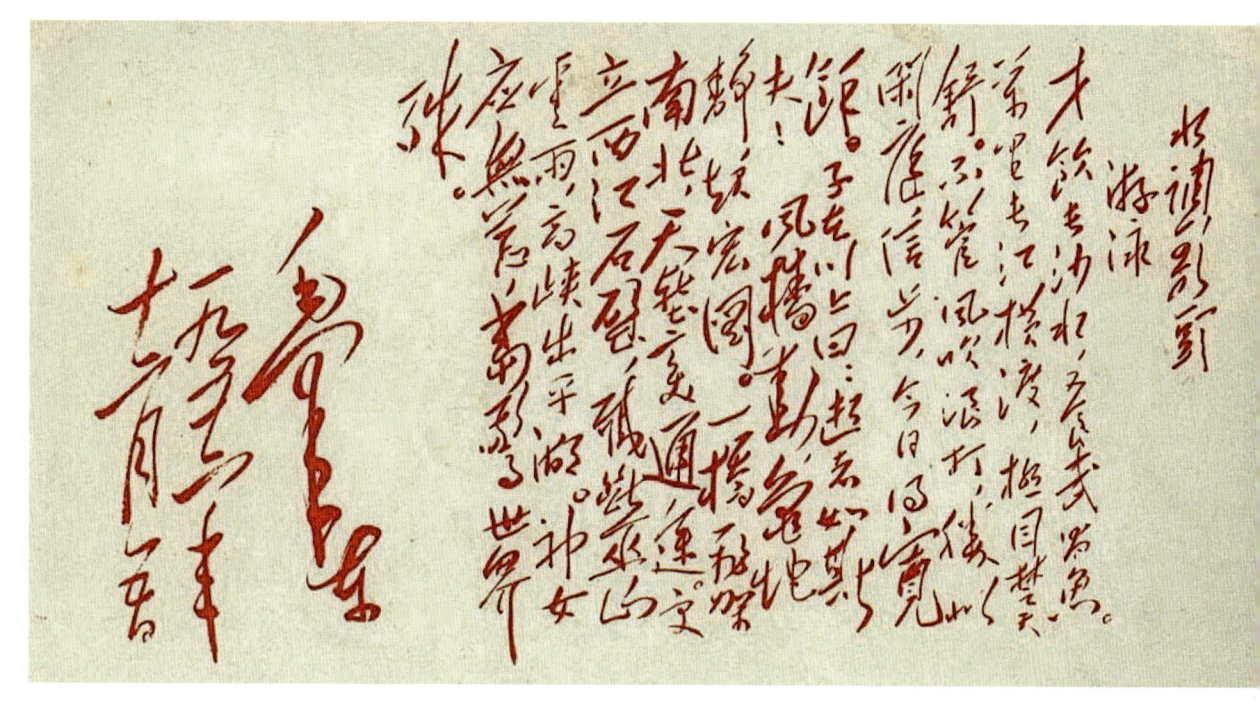

毛泽东主席手书《水调歌头·游泳》

　　1956年初夏，毛泽东在武汉畅游长江，江心伫立着施工中的长江大桥桥墩，桥墩附近水流湍急，他泰然自若地游了过去。第二日，毛泽东在东湖客舍写就《水调歌头·游泳》：才饮长沙水，又食武昌鱼。万里长江横渡，极目楚天舒。不管风吹浪打，胜似闲庭信步，今日得宽馀。子在川上曰：逝者如斯夫！

风樯动，龟蛇静，起宏图。
一桥飞架南北，天堑变通途。
更立西江石壁，截断巫山云雨，高峡出平湖。
神女应无恙，当惊世界殊。

这张刊登于1957年《人民画报》第二期的照片曾引起广泛关注，它呈现了1956年冬天，武汉长江大桥工地大干的火热场景

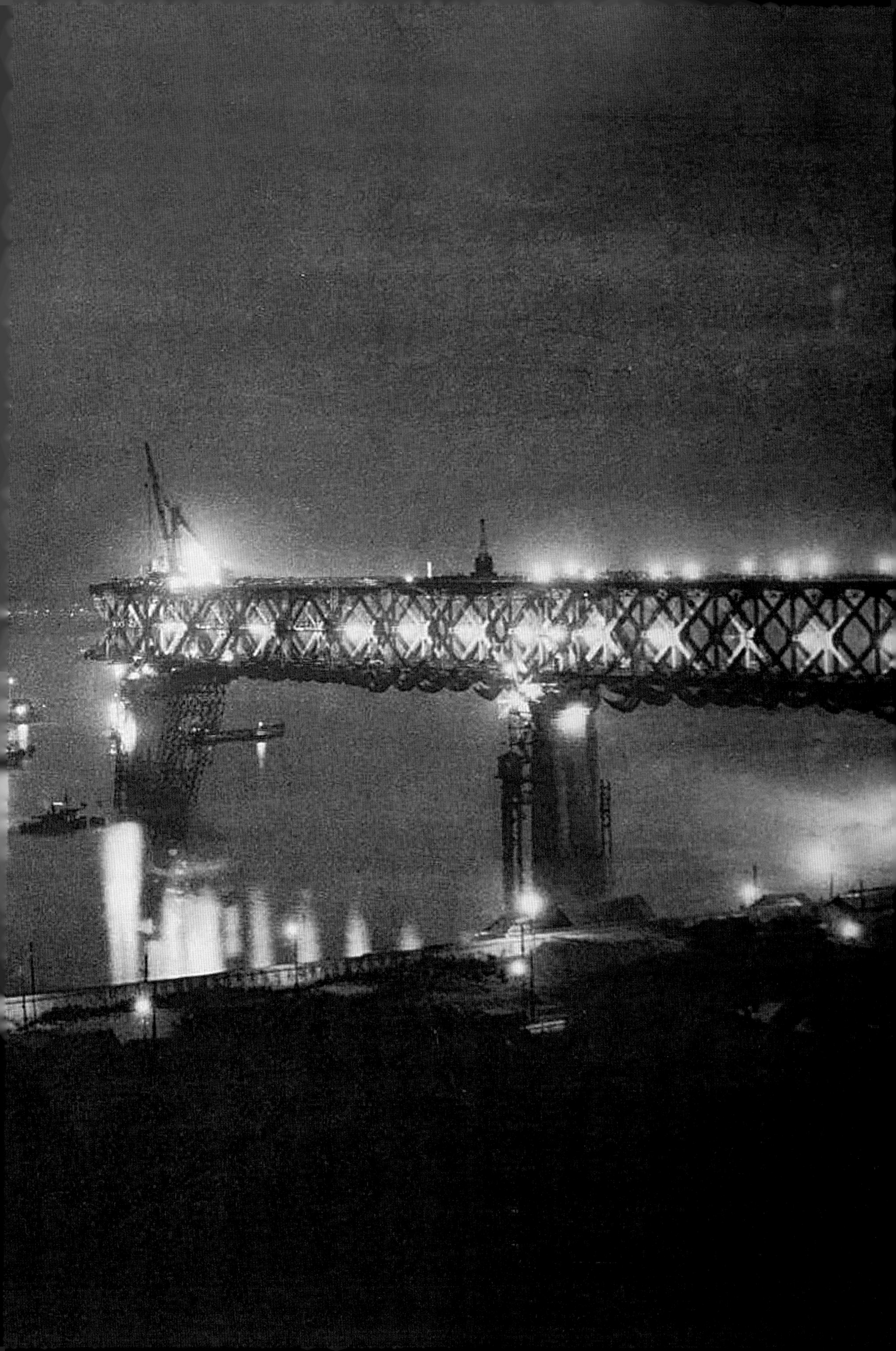

长江上的桥

1956年底，铁道部武汉大桥工程局设计处部分人员合影，他们身后是正在架设钢梁的武汉长江大桥。前排居中者为梅旸春；中排左一为唐寰澄，左七为李家咸；后排左一为周璞，左六为陈新，右五为马冕南

时空的坐标 · 起宏图

长江上的桥

1957年10月15日，武汉长江大桥通车。

1957年5月4日14时59分，武汉长江大桥钢梁的最后一根上弦杆安装完毕，标志着全桥合龙、长江两岸联通。当时，现场许多人眼眶里盈满泪水

1957年10月15日，武汉长江大桥铁路桥通车情景

1957年10月15日，武汉长江大桥公路桥通车情景

当天的《人民日报》发表社论《伟大的理想实现了》。

1957年10月15日，武汉长江大桥通车庆祝大会上，第一列火车驶上大桥

新建的大桥代表了当时超前的工业发展、科技进步，如婴孩般散发着新生命的蓬勃气息，其壮观与先进，同周围环境形成鲜明的对比。

60多年过去，它不再鲜亮也毫不突兀，却依然伟岸而健康，成为武汉这座现代化大都市机体中不可或缺的一部分。

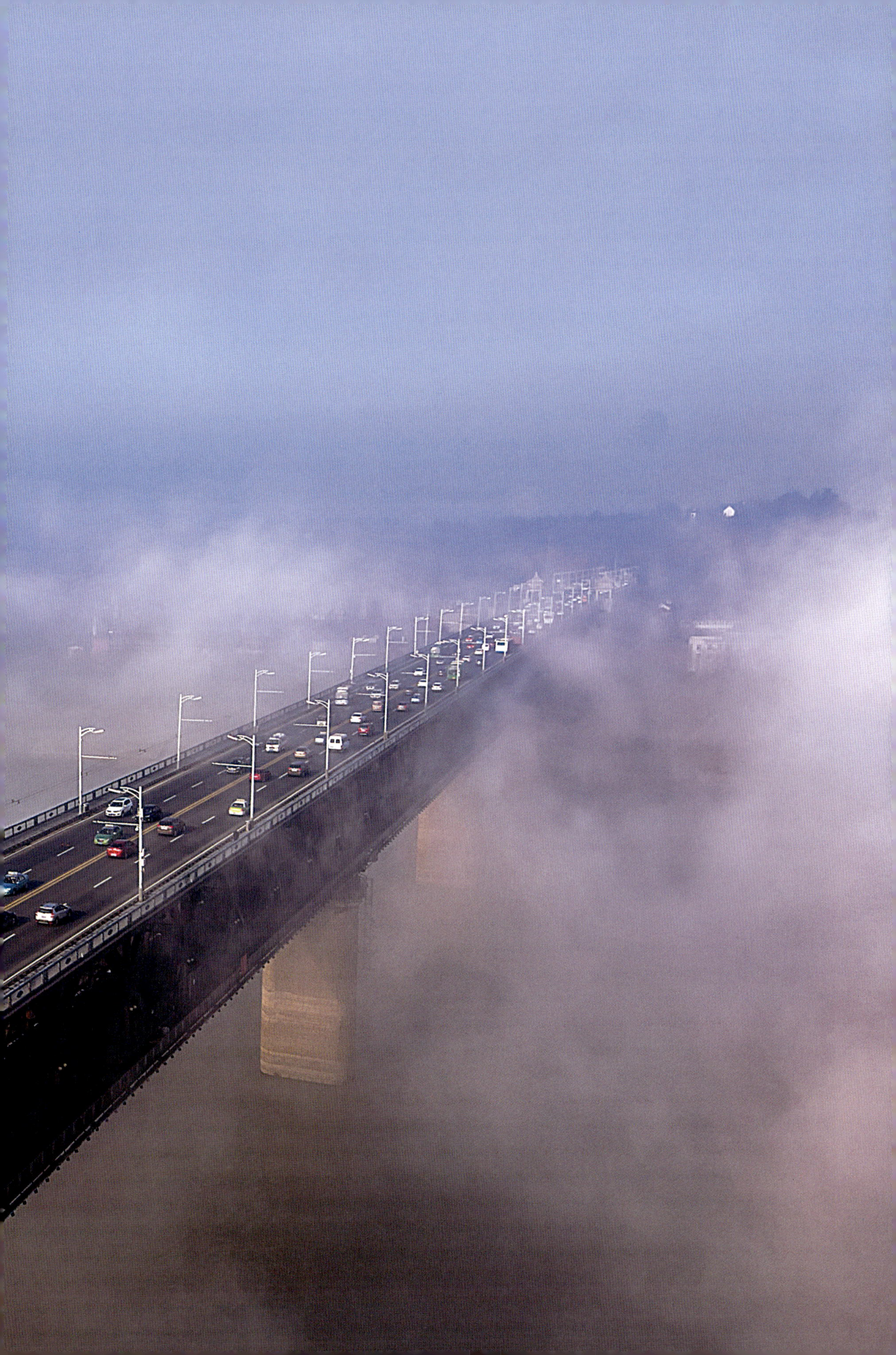

2016年4月，武汉首届马拉松比赛，选手从长江大桥上跑过。跑过万里长江第一桥，是"汉马"最吸引人的亮点之一

2021年夏天的武汉两江三镇。武汉长江大桥位于城市的中心，汉江入江口处的红色拱桥是晴川桥。远处依次可见的四座长江大桥，自近而远分别是武汉长江二桥、二七长江大桥、天兴洲长江大桥和青山长江大桥

2017年，武汉长江大桥迎来通车60周年

② 三大桥

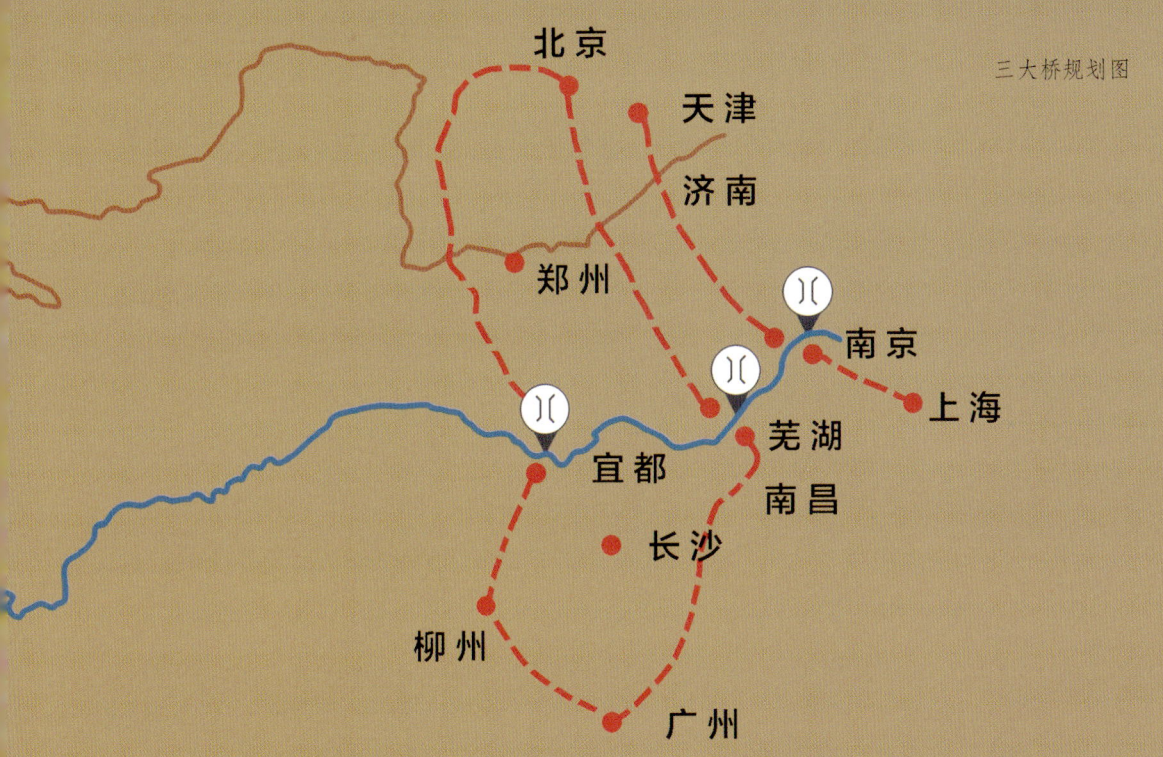

三大桥规划图

万里长江万里长，沿岸市镇星罗棋布，各据要津，为何中国人第一次长江跨越选择在武汉？

李文骥在《筹建武汉纪念桥建议书》的开篇便写道："武汉三镇居于中国的心脏地位，轮轨四达，为南北交通之总枢纽。而长江、汉水交汇于此，将城市分隔为三部分，大江南北各铁路、公路系统之运输，汇集于此，以一江之隔，不能畅通。譬诸人身之血脉，至此而停滞，对于一国之健康大受影响。是筑桥以利交通，使物资的交流不受障碍及三镇城市间的联贯，实为当前极重要的问题。"

关于武汉的地理区位，孙中山先生在他的系列著作《建国方略》之《实业计划》中是这么描述的："武汉者，指武昌、汉阳、汉口三市而言。此点实吾人沟通大洋计划之顶水点，中国本部铁路系统之中心，而中国最重要之商业中心也。"

武汉的被选中，应该在1896年决定修建卢（沟桥）汉（口）铁路时就确立了。

10年之后，1906年4月，由卢汉铁路展建而成的京汉铁路全线通车，从北京乘火车可直抵长江北岸。当时的火车时速虽只有35~40千米，但2000里之遥，不过两三日即可抵达，这对于数千年靠畜力、木轮甚至脚力出远门的中国人来说，无异于风驰电掣。

京汉铁路修建的同时，粤（广州）汉（武昌）铁路也于1900年开工。

无须任何想象力，在武汉造一座跨越长江的大桥，将京汉和粤汉联结成纵贯中国的南北交通大动脉，便成为几代铁路人、桥梁人的梦想。

新中国实现了这个梦想，也开启了真正的长江桥梁建设史。

长江沿岸，与武汉一样需要跨江大桥的地方还很多。

武汉长江大桥竣工前的1957年9月6日傍晚，毛泽东主席在大桥局领导杨在田、杜景云等的陪同下再次视察武汉长江大桥，从汉阳岸往武昌方向边走边问：

"有苏联专家在这里可以修这样的桥，现在如果没有苏联专家可以修了吗？"

"可以修了。"杨在田回答。

"可以修了吗？"毛泽东重复问了一句。

"能修。我们已经有了很大的提高。"杨在田再次肯定地回答。

毛泽东高兴了，说："将来在长江上修二十座、三十座，黄河上修几十座，到处都能走。"

长江上的桥

长江上第一个火车轮渡——宁浦火车轮渡

长江三角洲是我国经济最活跃、最发达的地区之一，中国人自古就有在这里建造跨江桥梁的梦想。1918年，北洋政府在勘测武汉桥位后，曾请法国桥梁专家在南京做过勘察，结果当然是不了了之。1930年，孙科请华特尔规划"武汉扬子江大铁桥"时，也曾请他去考察过南京，最后华特尔得出南京江段"水深流急，不宜建桥"的结论。

1912年建成的津浦铁路是中国东部纵贯南北的交通大动脉，与1908年通车的沪宁铁路在南京隔江相望。1933年，国民政府宁浦线长江轮渡开通，每天可以运载一对客车过江。新中国成立后，曾于1956年和1958年新增了三艘火车渡轮，依然效率低下，加上"夜间不渡，大雾不渡，涨潮不渡，台风不渡"，根本无法满足迅速增长的货运、客运需求。

货车搭载宁浦渡轮过江情景。
远处为旧式蒸汽轮船

1952年，在南京至浦口江面行驶的挤满旅客的渡轮

其实，在武汉长江大桥修建的同时，"三大桥"就被提上了日程。

所谓"三大桥"，是指南京长江大桥、芜湖长江大桥和宜都长江大桥。

其时，(天)津浦(口)铁路与沪宁铁路在南京靠轮渡对接；筹建中的焦(作)枝(城)铁路与枝柳(州)铁路将在湖北宜都隔江相望；规划中的另一条南北大通道(北)京九(龙)铁路计划于芜湖过江。

20 世纪 50 年代，宁浦轮渡码头鸟瞰

1956 年，铁道部设计总局大桥设计事务所开始编制长江下游大桥设计意见书。

1958 年 8 月，大桥局——

因武汉长江大桥已经建成，"铁道部武汉大桥工程局"更名为"铁道部大桥工程局"——完成对"三大桥"的初步勘测设计。10 月 21 日到 23 日，"南京、芜湖、宜都长江三大桥科学技术研究协作会议"在武汉召开，会议由中国科学院技术科学部副主任赵飞克主持，彭敏在会上做了关于长江三大桥修建问题的报告。参加会议的专家分别来自中国科学院所属地质研究所、土建研究所，铁道部科学研究院，公路科学研究院，建筑科学研究院以及唐山铁道学院、同济大学和大桥局等单位。由这一串单位名称，可见国家对"三大桥"的重视程度。

1958 年 12 月，武汉长江大桥通车后调至铁道部基建总局担任副总工程师、主管"三大桥"初步设计的梅旸春又调回大桥局，接替汪菊潜担任总工程师。可是，在就任总工程师之前，梅旸春却与老朋友——苏联科学院院士、桥梁专家西林产生了意见分歧。

武汉长江大桥工地，正在
插打中的大型管柱

武汉长江大桥水上基础施工全景

梅旸春曾公费留美，取得普渡大学硕士学位后，没有立即回国，而是进入费城桥梁公司工作了三年，积攒了难得的现代桥梁施工经验。因而，钱塘江大桥筹建时，他即被茅以升聘为正工程师。抗战时期，滇缅公路修建中，他主持建造和修复了沿途多座桥梁。抗战结束后，梅旸春一直在中国桥梁公司武汉分公司任经理兼总工程师。

西林是修建武汉长江大桥时的苏联专家组组长。他在武汉提出用"管柱钻孔法"取代国际通用的"气压沉箱法"作为桥梁基础施工方案，获得成功的实践经验，武汉长江大桥的落成纪念碑因此被塑造成管柱的形状，永远伫立在大桥身侧，而西林也因为建设武汉长江大桥的成就，回国后被苏联政府授予苏联科学院院士称号。

这次，梅旸春与西林分歧的源头是南京长江大桥基础施工方案。

长江上的桥

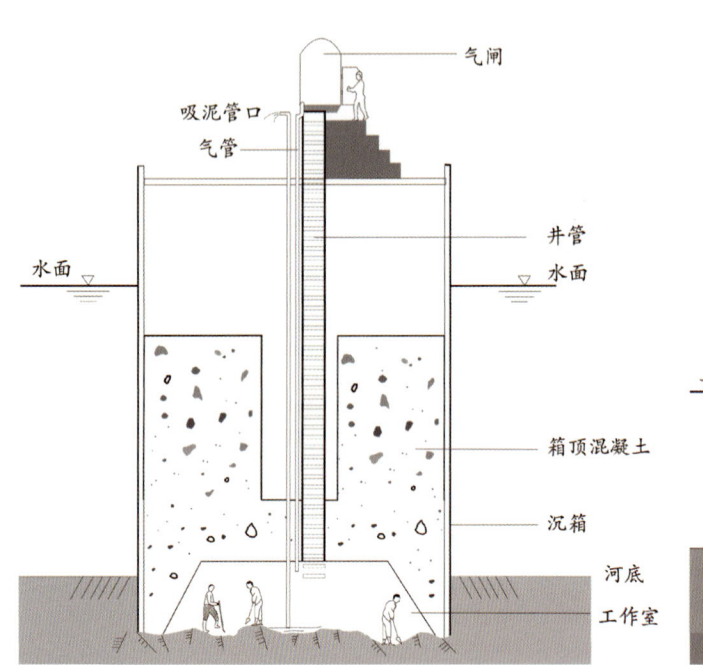

"气压沉箱法"示意图

由潜水钟发展而来，1851 年在英国首次被用于桥梁水下基础施工。在沉箱中施工的人处于高气压下，进出箱体均需经过变压适应期，对变压速度和施工时间都要严格控制，否则易患沉箱病*。

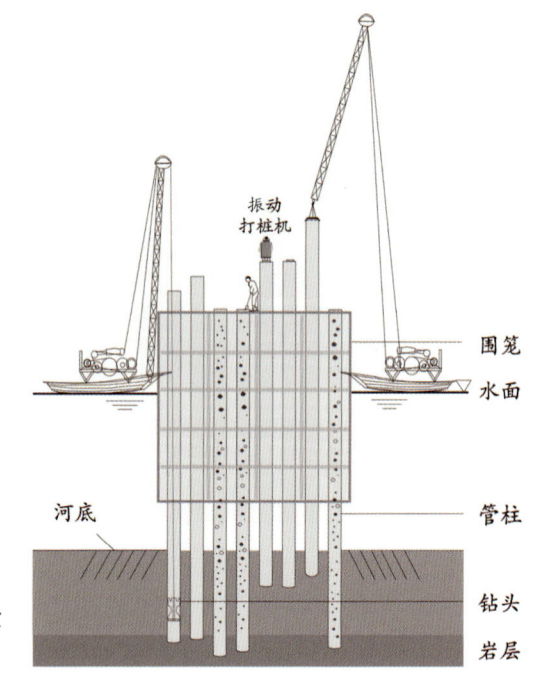

"管柱钻孔法"示意图

管柱分节预制（建造武汉长江大桥时，为钢筋混凝土预制管柱，直径 1.55 米；南京长江大桥时改为预应力钢筋混凝土预制管柱，直径达到 3.6 米），以便于下沉过程中不断接高。

管柱下沉前，需先将预制的钢质围笼沉放，并固定在江心测定的桥墩位置；管柱通过围笼上预留的框格下沉直至岩盘。围笼的上部可以铺成施工平台；贴着围笼的外侧，可以插打钢板桩，形成止水围堰。

---

* 指人在高压空气中工作，由于身体内部的压力在普通空气和高压空气中的变换，人体血液中的高压空气变为气泡，阻滞了血液循环，或气泡窜入关节，终生疼痛；或者由于空气污浊以及乙炔一类的气体留于血液中而发生中毒现象。

任何一座建筑都要从基础建起。跨江桥梁主桥的基础在水下，这就有了与生俱来的施工困难和艰险。

所谓"气压沉箱法"，是把一个密闭的箱体沉到河床上，去掉底部，人进入箱体在河床上作业。由于水下气压大于水面之上的，人在箱体中一次只能待几十分钟就得上岸。箱体内气压会随着水深的增加而增大，人体对此的耐受极限值是水下 35 米，而武汉长江大桥桥址处的水深在 37 米以上。

西林提出的"管柱钻孔法"，是把预制好的钢筋混凝土管柱垂直打入河床，在水面上架起施工平台，用钻机在管柱里钻孔至岩盘后，再用混凝土浇筑成实心桩而成为桥墩的基础。这样就变水底施工为水面施工，大大降低了深水基础施工的难度，并提高了施工的安全系数。

"管柱钻孔法"在苏联并没有被实践过，但仍然得到中国技术人员的大力支持，并取得了永留后世的成功，成为西林一生的骄傲。他与梅旸春也在建设武汉长江大桥的过程中结下了深厚的友谊。而现在，这对好朋友的技术见解有了很大的不同。

相较于武汉桥，南京桥的桥址处江更宽、水更深、地质水文条件更为复杂。

铁道部把修建南京长江大桥的任务交给大桥局时，要求两年半建成。局长彭敏的压力应该是巨大的。所以他在着手进行桥址勘测的同时，组织全国桥梁科技力量进行技术协作。

1958 年 10 月，"三大桥技术协作会议"在武汉召开，恰逢苏联运输部部长列文向中国桥梁专家发出访问苏联的邀请。于是，协作会议结束的当晚，彭敏就带着南京长江大桥初步方案，和梅旸春等人组成的考察团赶赴苏联。

在苏联，运输部副部长霍林召集各方面权威组成专家组，就中国专家带来的方案进行研讨，彭敏等人则抓紧时间考察全苏的重点高校、研究院、设计院、大桥工地和桥梁厂。两个月后，双方交换意见，苏联专家组表示，对于建设这样的大型桥梁，苏方也缺少经验，研讨难以形成统一意见。

关于大桥的水下基础方案，西林建议采用大直径管柱高承台，梅旸春则主张用沉井加管柱的结构。分歧由此产生。西林建议大桥局再次聘请几位苏联专家，如建设武汉长江大桥一样，继续开展技术合作。彭敏和梅旸春心里却很清楚：南京长江大桥的设计、施工，只能依靠中国人自己的力量。

1959年4月，在上海召开的中共八届七中全会上，大桥局的南京长江大桥建设方案得到肯定。此时，国家已决定暂缓宜都、芜湖两桥的建设，要求集中精力建好南京长江大桥。

1960年1月18日，长江下游的第一座跨江大桥——南京长江大桥正式开工。

南京长江大桥的开工仪式是在一艘施工船上举行的。施工队伍从武汉移师而来，带来的是建设过一座长江桥的自信和建一座更大的长江桥的决心

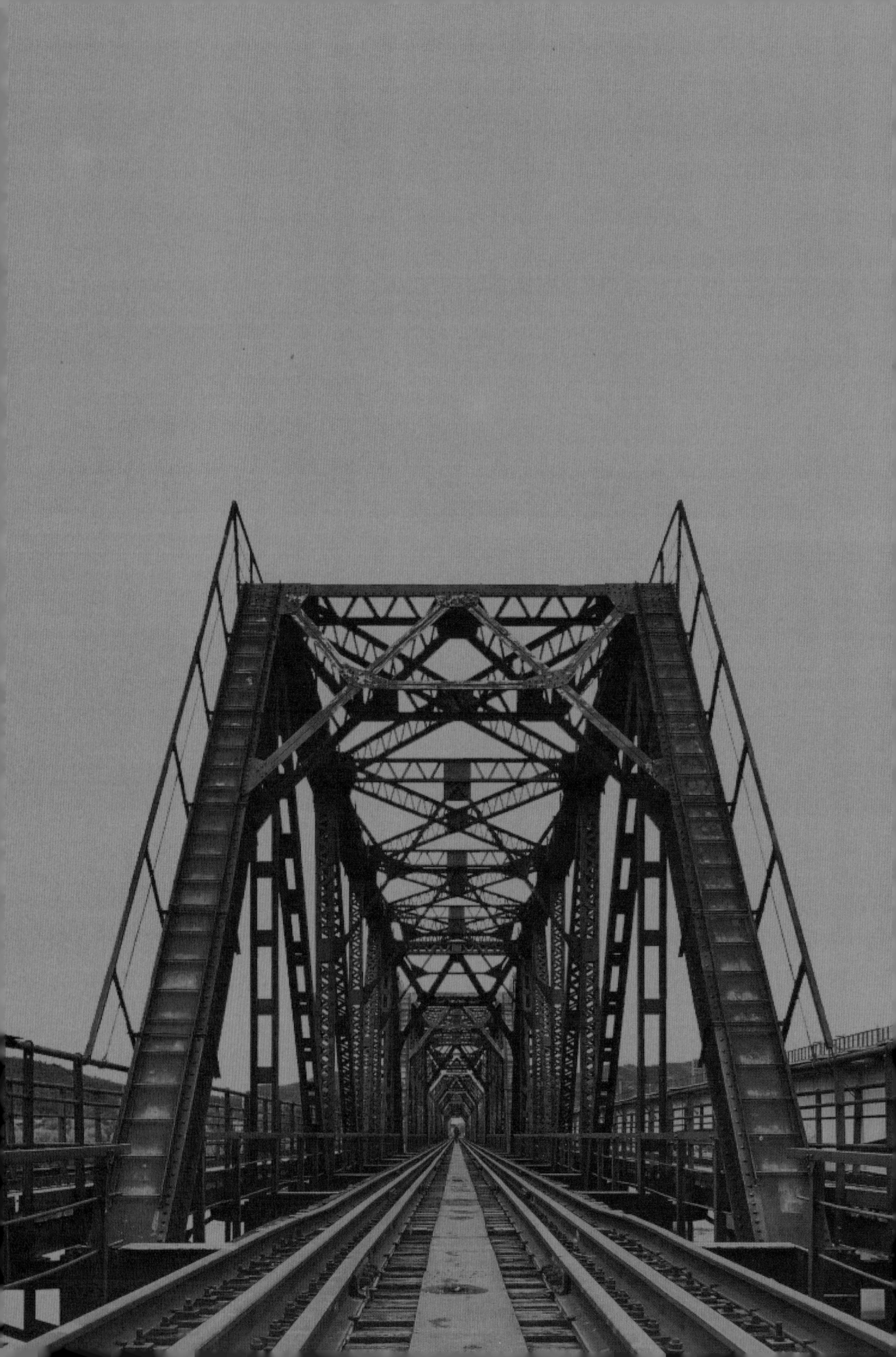

③ 铁路过江

白沙沱长江大桥，长江上第二座现代化桥梁

长江上的桥

1968年9月30日,南京长江大桥铁路桥通车,长江南岸举行了"万人大会",庆祝大桥建成。三个月后,大桥公路桥通车,同样规模的大会又举行了一次。每一次南京城里都是万人空巷,几乎所有人都想办法赶到了现场,密不透风的人群如同坚实的城墙,守卫着这座由中国人自主设计和建造的第一座现代化大型桥梁

1968年12月30日,《人民日报》头版头条用复式标题发布头一天南京长江大桥通车的消息。

大标题是"南京长江大桥提前全面建成通车"。

有一副标题为"雄伟壮丽的长江大桥的建成,沟通了我国南北铁路和公路交通,在政治、经济、战略上有着重大意义"。层层叠叠的标题固然有着显见的时代特征,但其渲染出的浓烈的激动、兴奋与自豪,的确是此时全中国人民共同的心情。

时间回溯到 1962 年——

5月11日，病重的梅旸春终于同意接受铁道部的安排，回北京疗养，但要求走之前再去大桥工地看看。此时，江面、岸边一派热火朝天的施工场景。在长江南岸，坐在车上的总工程师激动不已，他太清楚这个场面的形成是多么来之不易。

南京长江大桥桥址处地质复杂多变，总的建设方案得到中央肯定后，梅旸春一边发动专家学者、技术人员、职工群众集思广益继续细化方案，一边组织力量进行现场试验，最后，9个水中墩采用了四种不同的基础施工方法。但此时，国家遇到了严重的经济困难，投放南京长江大桥建设的资金锐减。同时，中苏关系破裂，原先签订的由苏方提供大桥钢梁的合同被撕毁。梅总工因此病倒。

南京长江大桥四种基础施工方法

南京长江大桥的9个水中主桥墩自北向南编号。1号墩距浦口岸较近，墩位处水浅，河床表层淤泥呈流动状态，其下又为软塑状，采用筑岛重型混凝土沉井基础；8、9号墩靠近南岸，墩位处角砾岩强度较高，采用钢板桩围堰管柱基础；2、3号墩采用钢沉井加管柱基础；4、5、6、7号墩采用深水浮式钢筋混凝土沉井基础。

1号墩沉井内的施工情景

3号墩封底鸟瞰

6号墩沉井就位时的情景

8号墩灌注混凝土的情景

长江上的桥

简支梁与连续梁

梁式桥的梁，大致可分为简支梁和连续梁。简支梁是一个梁体结构两端架在两个桥墩上；连续梁是一个梁体结构跨在两个以上的桥墩上，有的跨两孔，有的跨三孔，甚至更多孔。

武汉长江大桥采用的是三孔一联（共三联）的连续梁；南京长江大桥采用的是一孔128米简支梁，加三孔一联（共三联）的连续梁。

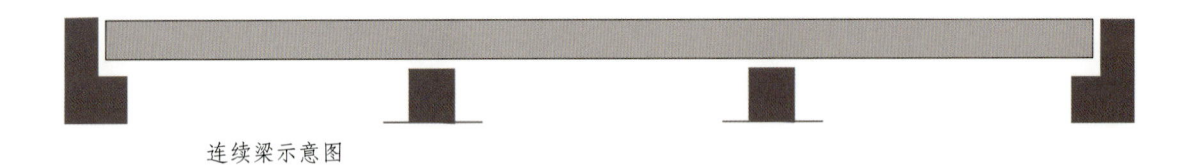

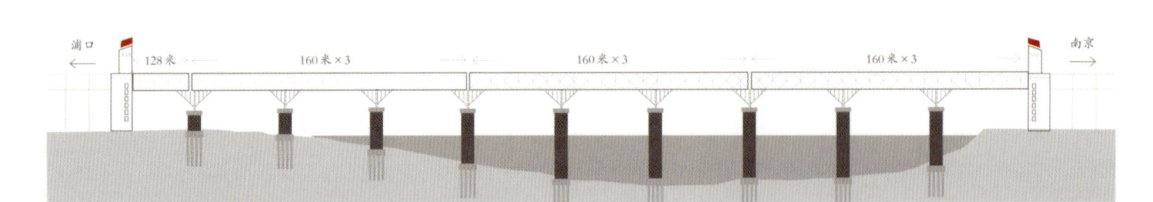

简支梁示意图

连续梁示意图

南京长江大桥钢梁示意图

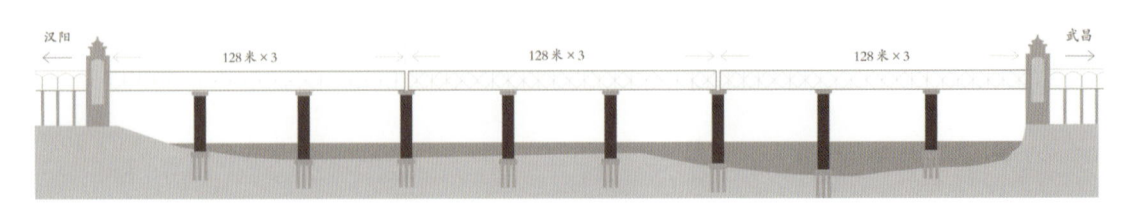

武汉长江大桥钢梁示意图

时空的坐标·铁路过江

1964年9月，南京长江大桥的水中墩施工已全面铺开。18日，长江第二次洪峰突然抵达，致使正处于悬浮状态的5号墩沉井一根钢锚缆断裂，沉井开始晃动。第二天又断裂了一根钢锚缆，沉井晃动加剧，彻底在江水中荡起了"秋千"。10天后，4号墩沉井钢锚缆接连绷断5根，与5号墩比肩荡起"秋千"。两个庞然大物在长江上的动静引起了全国上下的关注。年轻的工程师林荫岳的一个精巧设计被付诸实施后，两个沉井终于在11月6日先后稳定下来。1980年9月，在维也纳举行的国际桥梁与结构工程协会第十一届大会上，林荫岳现场宣读的论文《深水浮式沉井的摆动》引起国际桥梁界关注。图为施工初期的4号墩

长江上的桥

"争气钢"

　　南京长江大桥建设时期,中国的钢材生产能力还比较弱,因而桥梁用钢需向苏联订购。1961年4月,第一批钢梁运到工地,中国工程师发现部分钢材并不达标,为保证大桥质量,只能报废。不久中苏关系破裂,苏联停止钢材供应。中国政府决定自力更生研制桥梁用钢,并终于在1963年底冶炼出适合南京长江大桥的桥梁钢。这种钢就被称作"争气钢"。

工人正在江上拼装钢梁杆件。那时,刚刚出现彩色胶卷,大桥局的专职摄影师任发德就用到了拍摄南京长江大桥上

钢梁即将合龙,任发德等了一个好天气,在江中的交通船上拍下了这张彩色照片

时空的坐标 · 铁路过江

彭敏因工作需要，调回铁道部任职，宋次中临危受命，接任大桥局局长和南京长江大桥工程指挥长的职务。

已调离的彭敏、带病的梅旸春、新任局长宋次中等多方奔走，向铁道部、中央力呈：南京长江大桥在所有墩子出水前不能停工！他们的意见得到中央的重视，周恩来总理批示，南京大桥已订购的机械设备不退，已招收的工人大部分不辞，且要保证大桥建设的物资供应。而钢梁研制则得到全国各界的鼎力支持，由唐山交通大学、铁道部大桥工程局、鞍山钢铁公司多个单位共同研制出16锰低合金钢。

中国由此有了自己的桥梁钢，是名副其实的"争气钢"。

施工又恢复正常，总工程师的病情却已不可逆转，去看工地的当晚，梅旸春因情绪激动而脑病复发，第二日清早，在南京逝世。临终前，他握着妻子的手说："老天爷为什么这么恶，不让我建完大桥？"

1967年8月大桥钢梁合龙，"万人"上桥参观

1968年9月，第一列火车驶过南京长江大桥

1967年8月,南京长江大桥钢梁合龙全景。当时的大桥两岸,楼房少见,尚有农田

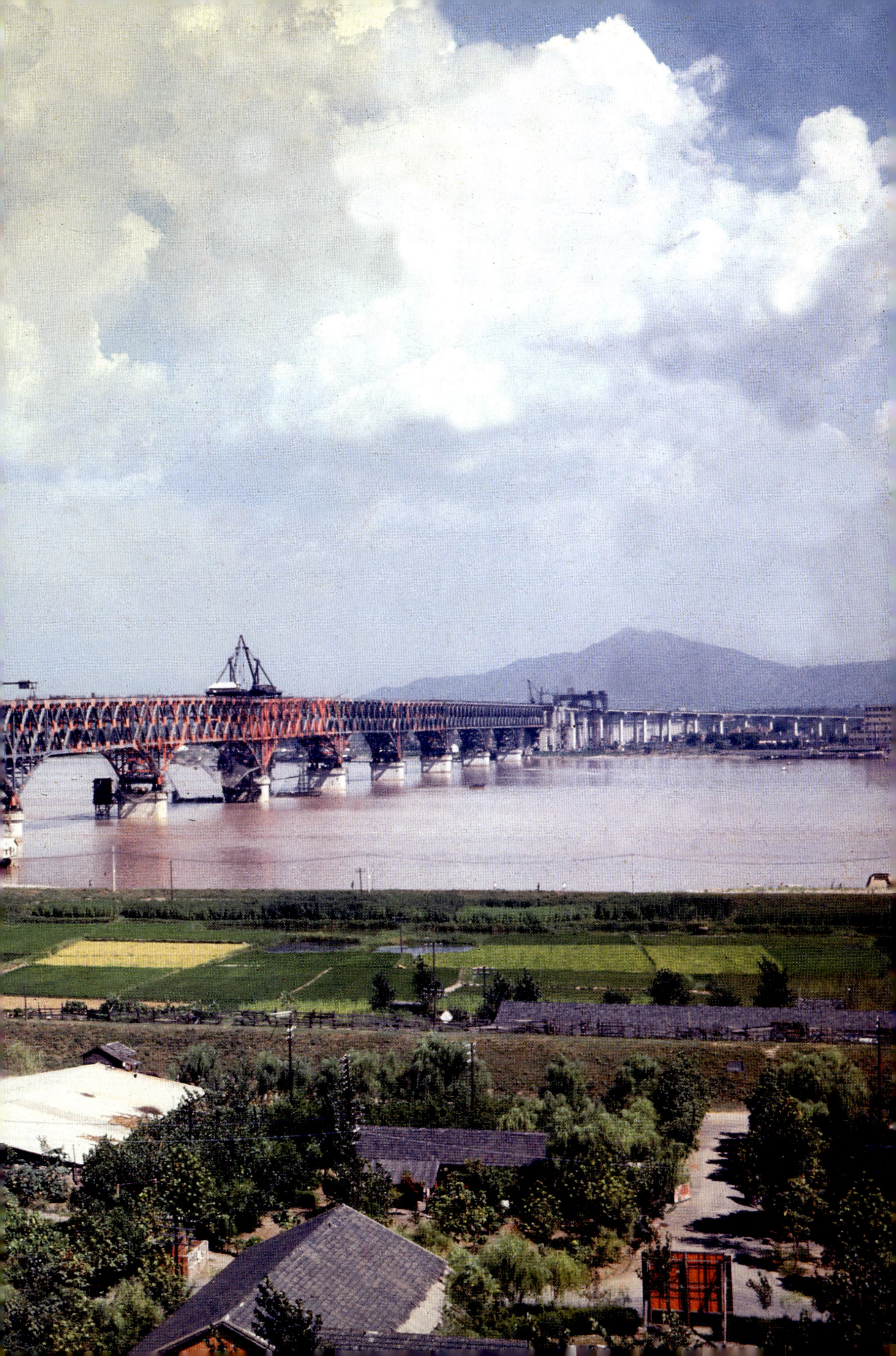

长江上的桥

1968年，梅旸春病故6年后，南京长江大桥终于建成。

12月公路桥通车，举国欢庆之时，大桥局的大部分干部职工却不在现场，他们已转战到新的桥梁工地去了。对于他们来说，3个月前，9月30日铁路桥通车时已意味着大桥建成。

南京长江大桥让中国铁路第三次跨越了长江。

时空的坐标·铁路过江

左图　南京长江大桥的桥头堡分大堡和小堡，大堡的造型是"三面红旗"，小堡的造型是"工农商学兵"群像。此图为1968年12月南京长江大桥公路桥通车后，参观大桥的人们在小堡下徜徉

中图　1968年12月29日，南京长江大桥公路桥通车。人们冒雨举行了庆祝大会

右图　2021年12月的冬日暖阳里，无人机从江北的浦口起飞，俯瞰长江两岸，53岁的南京长江大桥端庄美丽。远处是已更名为"八卦洲长江大桥"的南京长江二桥

第三次？是的，第三次。第一次在湖北武汉，第二次在重庆江津。

新中国甫一成立，怀着建设一个新世界的迫切心情，中国人将企盼中的许多重要交通设施都立即付诸实施。中南有武汉长江大桥，西南则有成渝（成都—重庆）铁路、川黔（重庆—贵阳）铁路。

1950 年 6 月 15 日，重庆解放仅半年，成渝铁路即开工建设。

1952 年 7 月 1 日，505 千米的成渝线通车。

这是新中国自力更生修建的第一条铁路，也是新中国大规模经济建设的发轫之工程。

时空的坐标・铁路过江

刚通车时的成渝铁路路段

长江上的桥

1959年12月10日,载着少先队员的第一列火车在重庆驶过了长江

1956年4月，川黔铁路开建，由于施工艰难、耗资巨大，这条铁路南北两段分头施工。它的北段渝赶段（猫儿沱—赶水）投入运营后，年货运量很快就超过100万吨。江津猫儿沱在长江南岸，成渝线在长江北岸，两条铁路无法对接，这百万吨货物只能驳运*过江。重庆急需一座大桥能让铁路过江。

但此时，长江三峡水库正在筹划中，在水利部门的水坝方案确定之前，长江上游永久性桥梁的设计工作很难进行。1958年5月，国家建委、计委给出批复：修建一座预留双线的铁路专用长江大桥。1958年9月，重庆长江大桥开工。1959年10月大桥竣工，12月正式通车。大桥局的部分职工在修建武汉长江大桥与南京长江大桥之间的空当，让铁路在重庆跨过了长江。

---

*驳运：在岸与船、船与船之间用小船来往转运旅客或货物。

武汉长江大桥建设期间提出的"三大桥",即南京长江大桥、芜湖长江大桥和重庆长江大桥,因重庆的桥提前开建,1958年10月"三大桥会议"讨论的便是南京、芜湖和宜都了。很多年后,重庆主城区第一座长江大桥落成,建在江津白沙沱的这座铁路大桥不得不把自己的名字让了出来,更名为"白沙沱长江大桥"(又名"小南海长江大桥")。

很多很多年后,2018年1月25日,在白沙沱长江大桥下游130米处,世界上第一座六线双层重载铁路桥通车,名曰"新白沙沱长江大桥"。

2019年4月23日17时42分,最后一趟客运列车缓缓驶过60岁的白沙沱长江大桥,**一声长长的汽笛,是向老桥致敬,也是向当年的建桥人致敬。**

这是长江上建成的第一座铁路专用桥梁,也是第一座退休的长江大桥。

时空的坐标 · 铁路过江

2017年夏天，退休之前的白沙沱长江大桥。6年之后，2023年3月，大桥开始拆除

2017年夏，年纪相差近一甲子的两座白沙沱长江大桥并肩而立，准备着交接班。

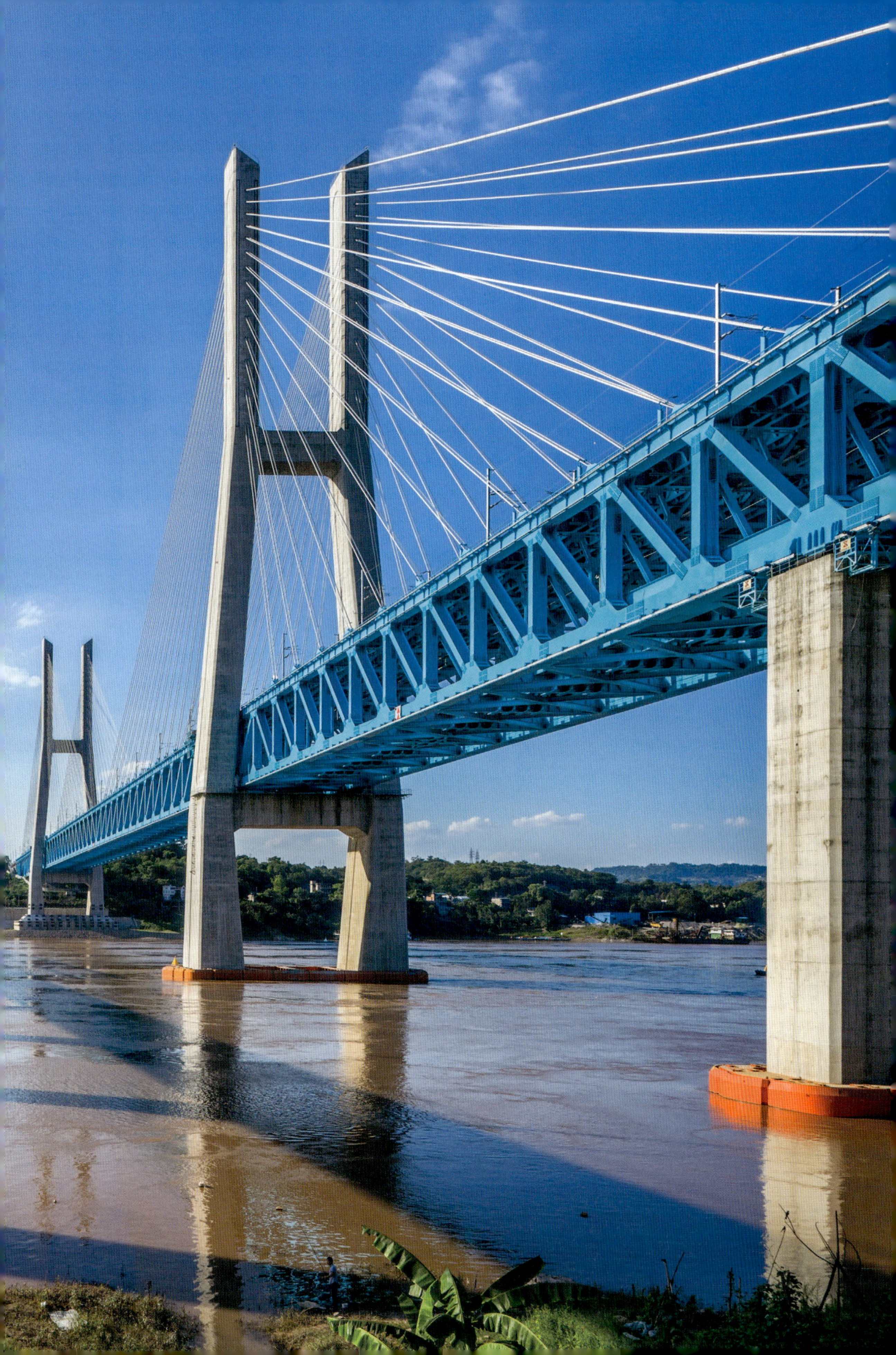

长江上的桥

内昆线安边金沙江桥。图中楼房林立的区域是云南省水富市城区，60多年前，那是一个名为"滚坎坝"的小山村

宜珙支线宜宾金沙江桥以176米的跨度大步迈过金沙江

主跨194米的成昆铁路三堆子金沙江桥

铁路在南京准备第三次过江的同时，在长江上游，开始跨越金沙江。

四川省宜宾市安边镇与云南省水富市之间，内（江）昆（明）线安边金沙江桥1959年12月开工，1960年3月通车。

这是金沙江上的第一座铁路桥梁。

四川省宜宾市，宜（宾）珙（县）支线宜宾金沙江桥1965年9月开工，1968年10月竣工。

这是中国第一座伸臂架设跨中合龙的钢桥。

四川省渡口市（后改名为攀枝花市），成昆铁路三堆子金沙江桥1965年9月开工，1969年10月竣工。

这是我国最大跨度的简支铆接钢桁梁桥*。

---

*现在已不再修建简支铆接钢桁梁桥。

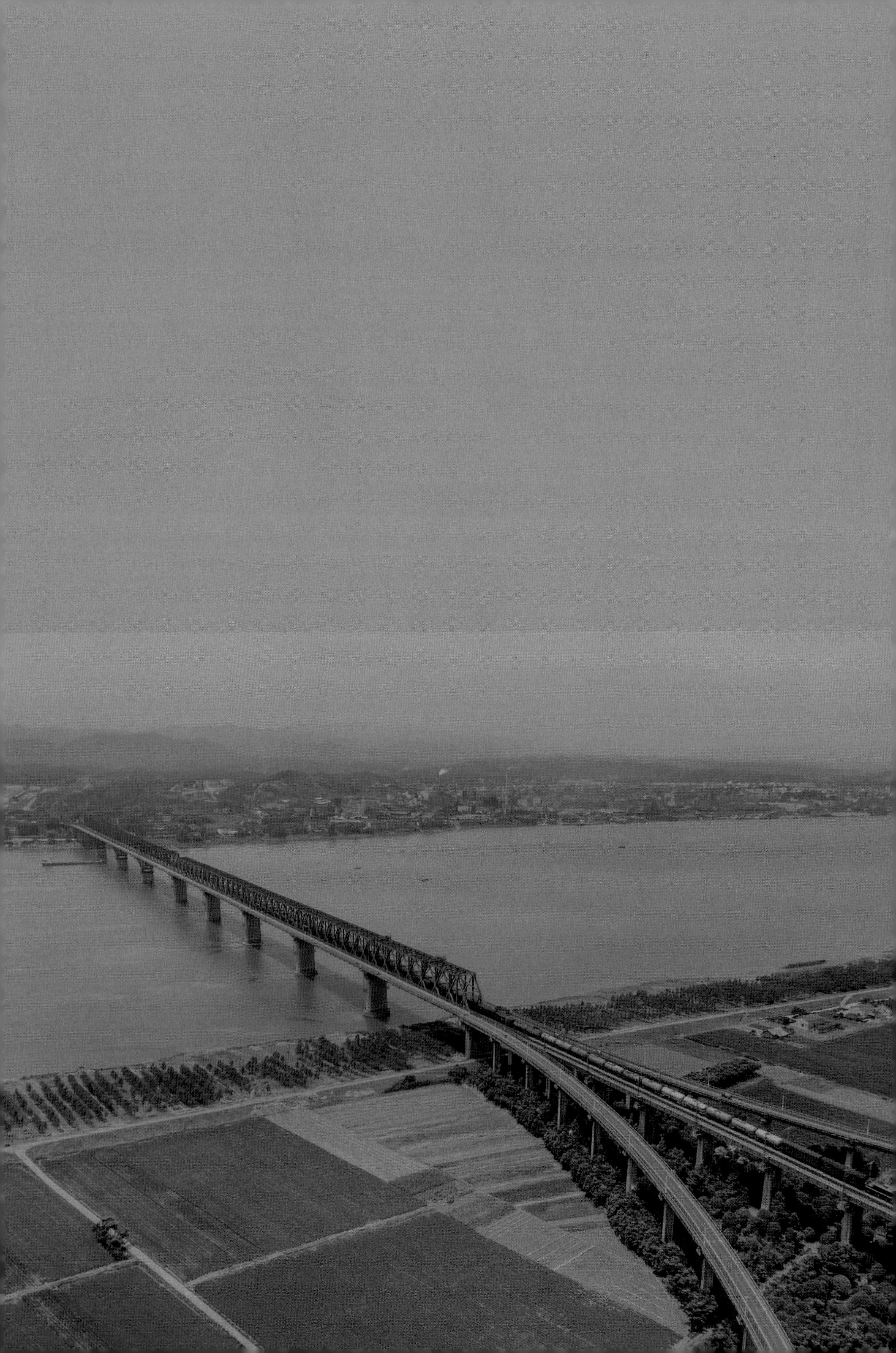

④ 公路过江

枝城长江大桥，长江上第三座公铁两用大桥。它的公路曾在计划之外

1964年，"三线"建设开始，配合焦枝铁路和枝柳铁路建设的宜都长江大桥计划又提上日程。

长江在宜昌南津关冲出谷窄滩险的三峡，豁然开朗，迅速放缓步伐，开始漫行于地势平坦、河道宽阔的中游。这里正是焦枝、枝柳铁路与川汉铁路的交会点。武汉长江大桥建设时期，湖北省极其希望在此也能建座跨江大桥，才有了"三大桥"之宜都长江大桥。因此，铁道部于1958年就开始在宜昌市宜都县江段寻找合适的桥位，并先后进行了多次勘设。1965年10月，大桥局向铁道部提交了枝城桥位的宜都长江大桥初步设计文件，文件提出的建桥规模为双线铁路桥，在两侧各设人行道，无公路。

在多数沿江省份还不敢奢望过江桥梁的时候，湖北却将拥抱第二座长江大桥。为了给将来的发展留出足够的空间，湖北省提出了一个大胆的要求：增设公路。

为加速国家经济发展，新中国成立后建设的桥梁，尤其是跨江的特大型桥梁，首先考虑的是铁路过江。在当时，相较于运力强大的铁路，公路运输能力尚未形成。武汉长江大桥和南京长江大桥位于城市中心，需要公路桥无可厚非，而宜都长江大桥建在宜都县枝城镇外两千米处，此地能有多少汽车过江？

1970年，经中央批准，大桥最终改为公铁两用。1965年11月大桥开工时图纸上的铁路桥，在1971年9月建成通车时，生出两翼，有了双向的公路桥面。建在枝城小镇外的这座长江大桥的桥名，最终确定为"枝城长江大桥"。

湖北为自己争取到了"半座"长江公路大桥。

6年之后，长江上第一座纯公路桥梁开工。

正是这座桥梁，使白沙沱长江大桥把自己的本名"重庆长江大桥"让了出来。

时空的坐标 · 公路过江

1971年建成后,枝城长江大桥的"定妆照"

从空中鸟瞰,增加了公路桥的枝城长江大桥,形似展翅的巨鹏

77

1997年夏，刚刚成为直辖市的重庆，"棒棒"依然是朝天门码头一项刚需职业

无桥的重庆，很难说它是一座完整的城

    1977年11月，桥址位于重庆市渝中区和南岸区之间的长江大桥动工开建。开工仪式在江心的珊瑚坝举行，喜庆的门楼上写着十几个大字："重庆长江大桥开工誓师大会"。开工即"誓师"，确实体现了重庆人火辣辣、脆生生、急切切的个性——重庆太需要一座长江大桥了。

    重庆是山城，也是江城。在主城区，长江好像一条巨龙，从西南向东北蠢蠢而过，留下多个迂回往复的江湾；自北而来的嘉陵江则似一领绸带，飘荡而又坚定地落向龙身。两江汇合处便是朝天门，那里有高高的码头台阶，有被称作"棒棒"的挑夫，有留给世人的许多山城记忆。朝天门身后，是夹在两江之间被称为"渝中半岛"的渝中区。

几千万年前的地壳运动，在重庆地区形成了许多天生桥，如武隆仙女山天生三桥、万州苎溪河天仙桥、奉节龙桥等。巴渝人民自古就能借助这些天生桥梁爬坎越沟，更是修建了众多石桥、索桥和栈道用于沟通连接。

重庆市武隆区国家地质公园内的天龙桥、青龙桥、黑龙桥，是亚洲最大的天生桥群

作为巴渝文化的发祥地，重庆历来为西南重镇。主城区被两江切割分裂，彼此之间全凭舟楫连通的状态维持了千百年，而别无他策。

抗战时期，国民政府内迁，定重庆为中华民国陪都，给山城带来了无法计量的轰炸与毁损。抗战结束，国民政府还都南京，在随后召开的"制宪国大"中，以法律形式规定重庆为中华民国的永久陪都。"永久陪都"的名号给重庆带来了一份建设规划——1946年，国民政府出台《陪都十年建设计划草案》。这份草案为重庆主城区"设想"了4座桥梁：两座长江大桥，一座在东水门，一座在铜元局；两座嘉陵江桥，一座在千厮门，一座在曾家岩。该草案出台不久，内战氛围渐浓，继而全面爆发，设想就只能停留在设想。

1958年，经过新中国将近10年的建设，与渝中半岛隔嘉陵江相望的江北地区已成为重庆市的重工业基地，修建一座嘉陵江公路桥的需求迫在眉睫。当年12月，牛角沱嘉陵江大桥开工。

1966年1月20日，重庆主城区的两江之上有了第一座桥。那一天，从江北观音桥到渝中解放碑的电车开通，全程票价8分钱，几乎全重庆城能出门的市民都出了门，争相感受坐车过江、步行过江的新体验。

新的城市风貌让人们不禁对未来有了更多期待：重庆何时能拥有一座跨过长江的城市桥梁！

时空的坐标 • 公路过江

牛角沱嘉陵江大桥开启了重庆人步行过嘉陵江的历史

2002年1月，在牛角沱嘉陵江身旁，后来被称为"渝澳大桥"的嘉陵江复线桥（图中上侧桥梁）通车。此时的嘉陵江已不再是山城各区域间的阻隔，而成了迷人的风景带

81

长江上的桥

重庆长江大桥来了。

由于大桥北岸位于渝中区石板坡，这座重庆第一桥又被当地人叫作"石板坡长江大桥"。重庆人对这座"自己的"跨江大桥表现出极高的热情，每日去工地参观、摩拳擦掌"请战"的市民不计其数，逐渐形成了当时的一句流行语"人民的大桥人民建"。休息日里，珊瑚坝上万人义务劳动的场景，刻入一代重庆人的记忆。

凝结着无数重庆人汗水和心血的大桥就要建成，竣工前，媒体公布的桥头雕塑方案却引起了轩然大波。

由四川美术学院师生设计的桥头雕塑是四座分别代表着春、夏、秋、冬的人像，雕像所体现出的力与美、古典与时尚、包容与开放、凝重与轻盈，契合着重

雕像健硕的身躯上缠绕着
温柔的纱衣

2006年9月，紧贴重庆长江大桥而建的重庆长江大桥复线桥通车，大桥承载的城市道路扩能为双向八车道

庆的城市精神，然其裸体则不能为当时的大多数人接受，许多市民给媒体、政府写信，强烈要求更改方案。

1980年7月，双向四车道的重庆长江大桥通车，叶剑英元帅为它题写了桥名。1985年，《春》《夏》《秋》《冬》四座雕塑终于站在了桥头两侧，这些"人像"在原方案的基础上各自增添了一件飘逸的纱衣。

重庆长江大桥是长江上首座城市公路专用桥梁，是十一届三中全会之后长江上建成的首座桥梁，是首座仅为了一座城的发展、一城居民的日常生活而建的长江桥梁。

刚构桥

上部结构与下部结构固接成整体，呈刚性框架的桥梁。由桥面系、楣梁与立柱构成。桥面系直接承受荷载，并将荷载传至楣梁上。带弧度的楣梁与立柱也是刚性连接，后者代替了桥墩（台），将荷载传递到地基上。因此，这种桥在竖向荷载作用下，在柱脚处产生水平推力，对地基的要求高。

重庆长江大桥是长江上第一座刚构桥，主跨 174 米。2006 年，重庆长江大桥复线桥建成，大桥主跨达到 330 米。

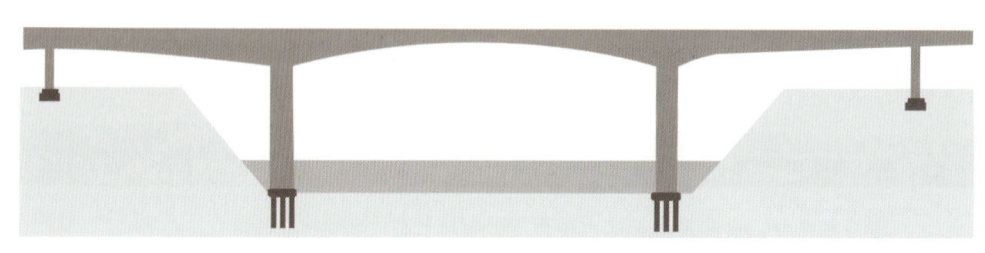

刚构桥结构示意图

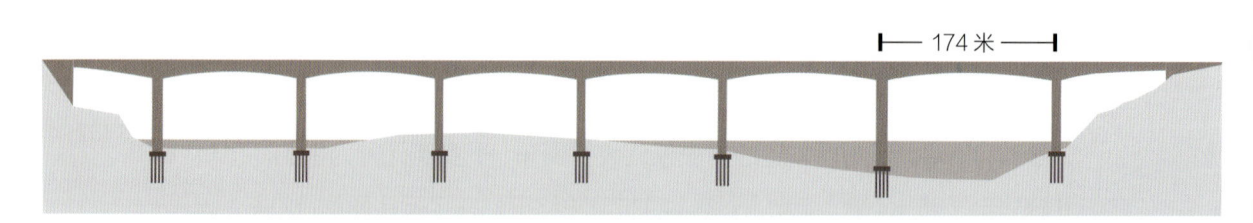

重庆长江大桥刚构示意图

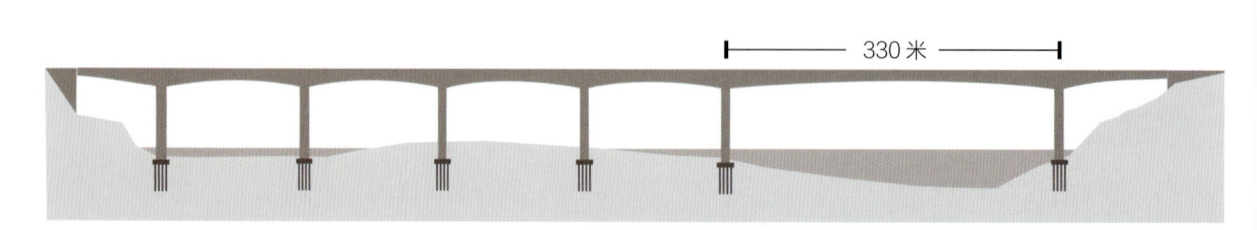

重庆长江大桥复线桥刚构示意图

时空的坐标·公路过江

现在，车流如织的重庆长江大桥与复线桥已是重庆市不可分割的组成部分，少有人会想起这是相隔26年先后建成的两座桥

此时，宜宾合江口以下的长江干流上，已建成5座跨江大桥：3座公铁两用，1座铁路专用，1座公路专用。长江上、中、下游的三座沿江中心城市——重庆、武汉、南京，各自拥有一座城市跨江桥梁。

第 2 章

追赶的步伐

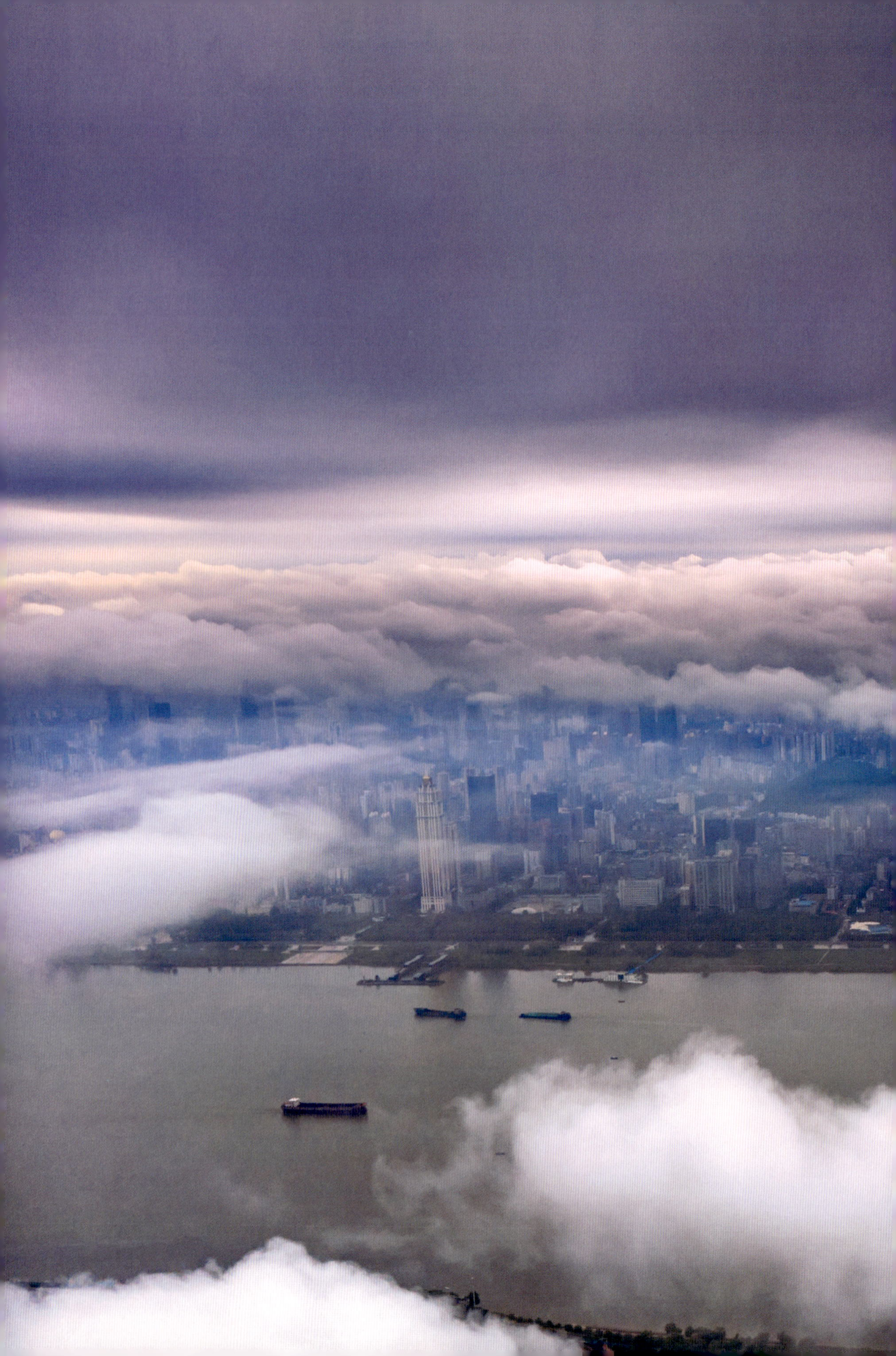

2021年6月，云兴霞蔚的武汉长江江面，26岁的武汉长江二桥挺拔而俊朗

赵州桥，又名安济桥，坐落在河北省赵县的洨河上，已有1400多年历史，是中国古代高超建桥技术的经典样本

众所周知，中国是文明古国，曾拥有强大而先进的桥梁建设技术，首创了浮桥和索桥。建于隋代的敞肩式单孔石拱桥——河北赵州桥，建于北宋的位于海潮影响区域的石梁桥——福建洛阳桥，建于南宋的梁舟结合的启闭式桥梁——广东广济桥，建成于清康熙年间（1706）的大渡河铁索桥——四川泸定桥，等等，诸多使用至今的中国古桥都成为世界桥梁史上的经典案例。19世纪中叶，发源于西方的第二次工业革命深刻地推动了人类文明发展，欧美及日本受益良多，在经济、政治、文化、军事、科技等各方面进行了软硬件大升级。当时的中国因自我封闭而错失机会。19世纪末至20世纪初，中国人民犹在苦难中挣扎和拼搏时，在北美和欧洲，诸多造型新颖的大型现代化桥梁相继建成，1937年通车的旧金山金门大桥就是其中的典范，这座跨越海峡的悬索桥主跨1280.2米、桥塔高342米、设计时速60千米。中国已落后太多。

美国旧金山的金门大桥，在建成后的很多年里，都是现代桥梁建造技术世界高峰的象征

武汉长江大桥是新中国桥梁建设的第一座里程碑，其包含的技术水平可与世界比肩，但它并不能代表20世纪五六十年代中国桥梁建设的整体能力。重庆长江大桥的建成，是一个令人欣喜的信号。

这座大桥的设计、施工均依靠本市和本省（当时重庆尚未直辖，仍属四川省）的力量完成，是首座基本没有铁道部大桥局参与而建成的长江桥梁。

我们似乎可以这样理解它：标志着中国桥梁建设的基础能力开始复苏和崛起。

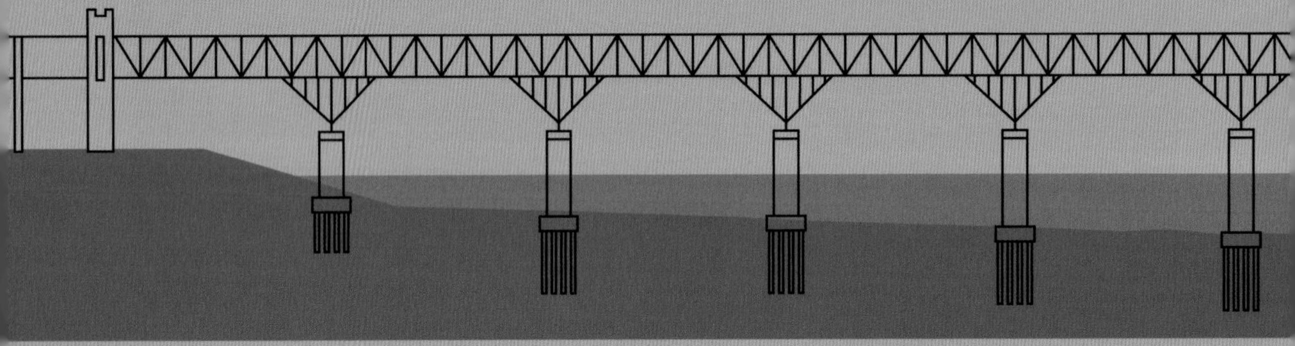

①
第三座里程碑

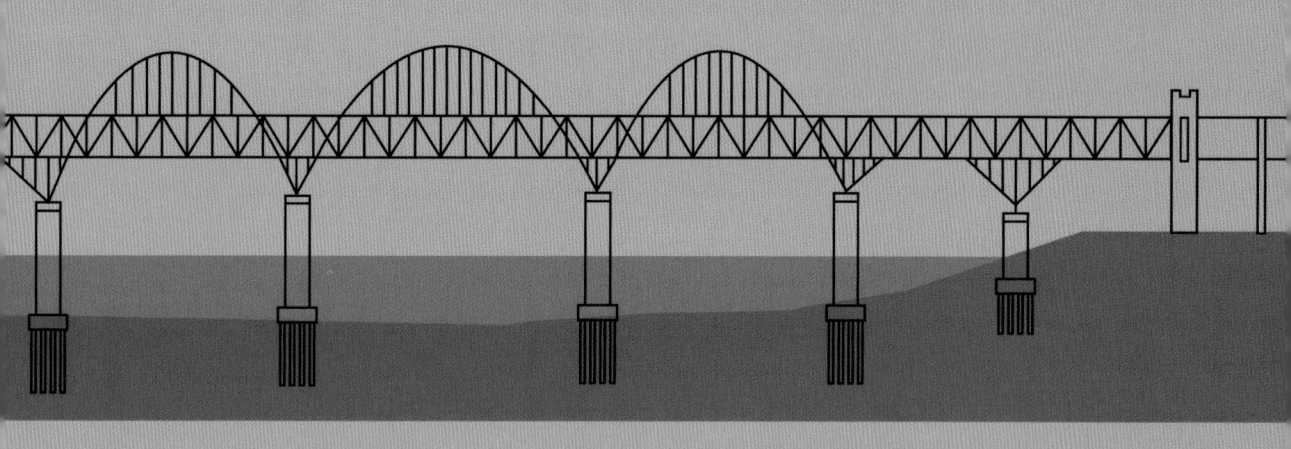

九江长江大桥主桥立面示意图

伴随着九江长江大桥漫长的建设过程,建设者们的子女在大桥工地上慢慢长大,他们中的很多人也成了桥梁人

重庆长江大桥是长江(宜宾合江口以下)上建成的第5座桥梁,但若从开建时间算,它就得往后排,因为远在重庆全城人为他们的桥砸石子义务劳动之前,在长江的中下游交界处,一座空前宏伟的桥梁已经开始扎根。

长江上,恐怕再找不到哪一座桥有九江长江大桥那么长的"成长期"了。

1973年12月26日,完成全部勘测、设计工作的九江长江大桥正式开建;1981年12月,正桥墩台施工完成;1986年底,两岸铁路、公路引桥完成架梁;

1993年1月公路桥通车；1994年10月1日，第一列铁路工程列车驶过大桥，宣告全桥工程完成；1995年6月1日，铁路桥正式开通运营。

这座历时20余年建成的大桥获誉无数，被称为"新中国桥梁建设史上的第三座里程碑"。

这自然不是因为它的建设工期，而是它站在前两座里程碑的肩膀上，探到了桥梁建设技术的新高度。

长江上的桥

九江长江大桥施工中,双壁钢围堰正在岸边拼接

大型水上吊船起吊双壁钢围堰

1972年前后，铁道部大桥局分散在全国各地的工程技术精英半数以上会合到了江西九江，庐山脚下很快凝聚起中国最强的桥梁建设力量。

在第一座里程碑——武汉长江大桥的基础施工中，苏联专家给中国桥梁人提供了在全世界都没有实践过的方案"管柱钻孔法"，大桥局把它实现了，还获得了成功的经验。在第二座里程碑——南京长江大桥的基础施工中，针对更为复杂多变的施工环境，大桥局不惜与苏联专家发生意见分歧，坚持自力更生，将多种形式相融合，以四种不同的基础施工方法完成了9座水中主墩的施工。

到九江长江大桥的基础施工时，中国人则有了更多自己的新技术、新工艺、新装备、新发明诞生。例如，陈新（1932—2011）创造了"双壁钢围堰钻孔基础法"，发明的"双壁钢围堰"就给桥梁基础施工带来了革命性变化。这项创新于1978年获得"全国科学大会奖"，而陈新于1995年当选中国工程院院士。

长江上的桥

> 桥是车的路，河是船的道。桥的墩子密了，就会严重阻碍水流和行船，所以建桥人都努力把跨度放到尽可能大。

武汉长江大桥钢梁跨度128米，南京长江大桥钢梁跨度160米，到了九江长江大桥，三大拱的主跨216米、边跨180米。递增的数据背后，是材料、装备、技术的进步。为了满足九江长江大桥新跨度的需求，铁道部科技委、铁道科学研究院、铁道部大桥局、山海关桥梁厂、哈尔滨焊接研究所、大连铁道学院、鞍钢研究所等单位从1975年起就展开了协作试验和研究，到1981年终于研制出满足需要的15锰钒氮高强度钢。有了这个特种钢，才有了九江长江大桥的刚性梁、柔性拱和超200米的跨度。主持这项工作的工程师方秦汉[*]由此被称为"钢霸"。

九江长江大桥的建成，标志着中国桥梁建设技术继武汉长江大桥、南京长江大桥之后，又一次问鼎世界水平。

---

[*] 方秦汉（1925—2014），南京长江大桥建设时期为大桥设计组钢梁组组长，1997年当选中国工程院院士。

右上图 2021年2月18日，工人在九江长江大桥上进行检修作业

右下图 九江长江大桥为赣、鄂、皖三省交界处增添了一道浓重的工业色彩

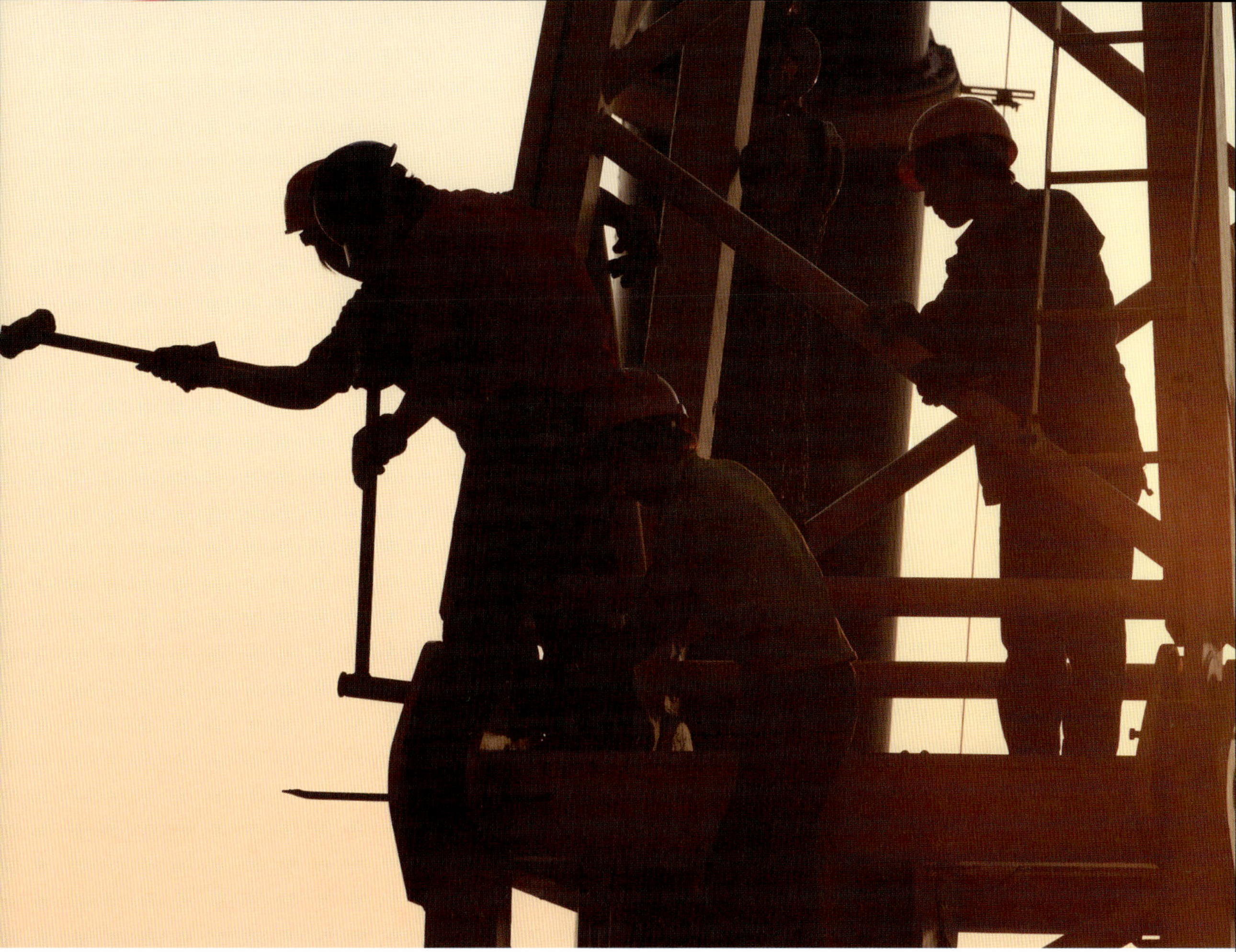
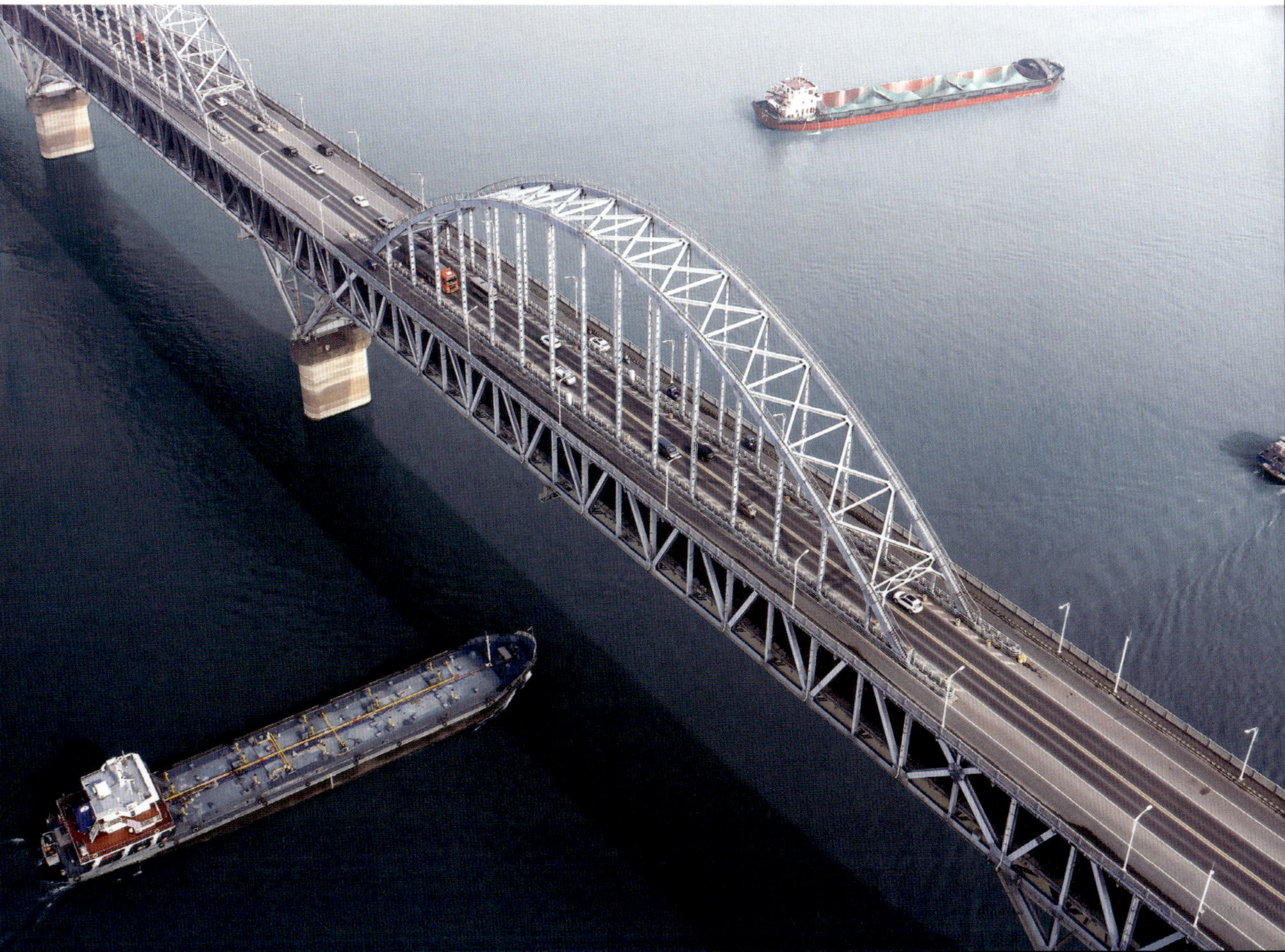

长江上的桥

> 九江长江大桥建设期间，重庆长江大桥通车之后，长江的上、中、下游先后建起了几座特殊的跨江桥梁。

1981年5月，湖北省宜昌市西陵区，位于江中的西坝岛与长江左岸之间的葛洲坝三江大桥通车。从桥名上不难看出，它是葛洲坝水利枢纽工程的附属工程，的确，建设它的初心便是为修建长江上第一座大型水电工程提供服务。1989年葛洲坝水利枢纽完工交付使用后，作为连接宜昌市区和西坝岛的唯一固定通道，葛洲坝三江大桥成为一座市政桥梁。

眼前的桥梁便是葛洲坝三江大桥，远处为2016年7月通车的至喜长江大桥之三江桥

泸州长江大桥是泸州市第一座跨越长江的桥梁,建成后,其名称随着市区内跨江桥梁的增多,按建成时间叫过"泸州长江一桥",按排列顺次也叫过"泸州长江四桥"

　　1982年10月,四川省泸州市,泸州长江大桥建成通车。这是长江(宜宾合江口以下)上第二座城市公路专用桥梁,桥型与重庆长江大桥相似,都是混凝土刚构梁式桥,170米主跨只比重庆长江大桥少了4米。

长江上的桥

这是一种功能特殊的桥梁，是使煤气管道、石油管道跨越江河湖海、山涧峡谷的工程

　　1991年7月，在四川涪陵东郊10千米处，一座特殊的跨江桥竣工。它是重庆建峰化工股份有限公司专用的过江管道桥，全称为"八一六厂大型化肥厂输气管线工程长江跨越"。虽是专用桥，但桥上铺设的管道身侧，仅一人宽的检修通道不时也对两岸百姓开放，成为他们过江的捷径。

扬中长江大桥正桥长1172米，主跨100米，桥宽15米，为2级公路桥。这座看似普通的桥梁，在其建设过程中依然创造了许多纪录，比如第一次采用我国自行设计制造的120吨拼装式浮吊

1994年10月，江苏省镇江市区下游，在扬中岛与长江右岸之间，扬中长江大桥（后更名为"扬中一桥"）建成。扬中市（县）位于江心岛上，千百年来孤悬江中。扬中长江大桥的通车，终于让扬中人不乘船也能上岸了。

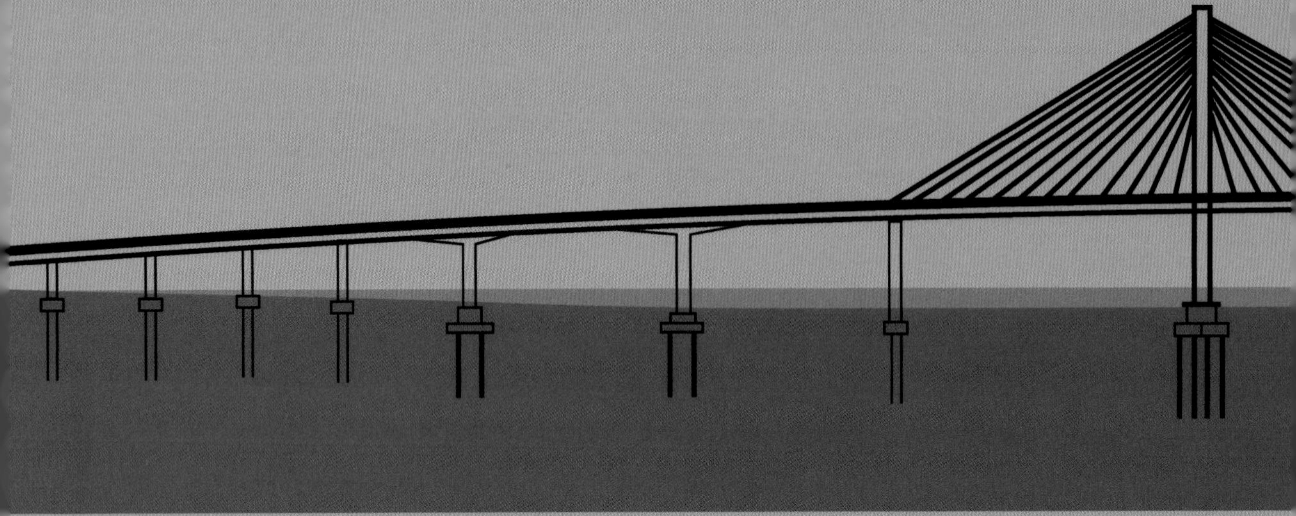

② 斜拉

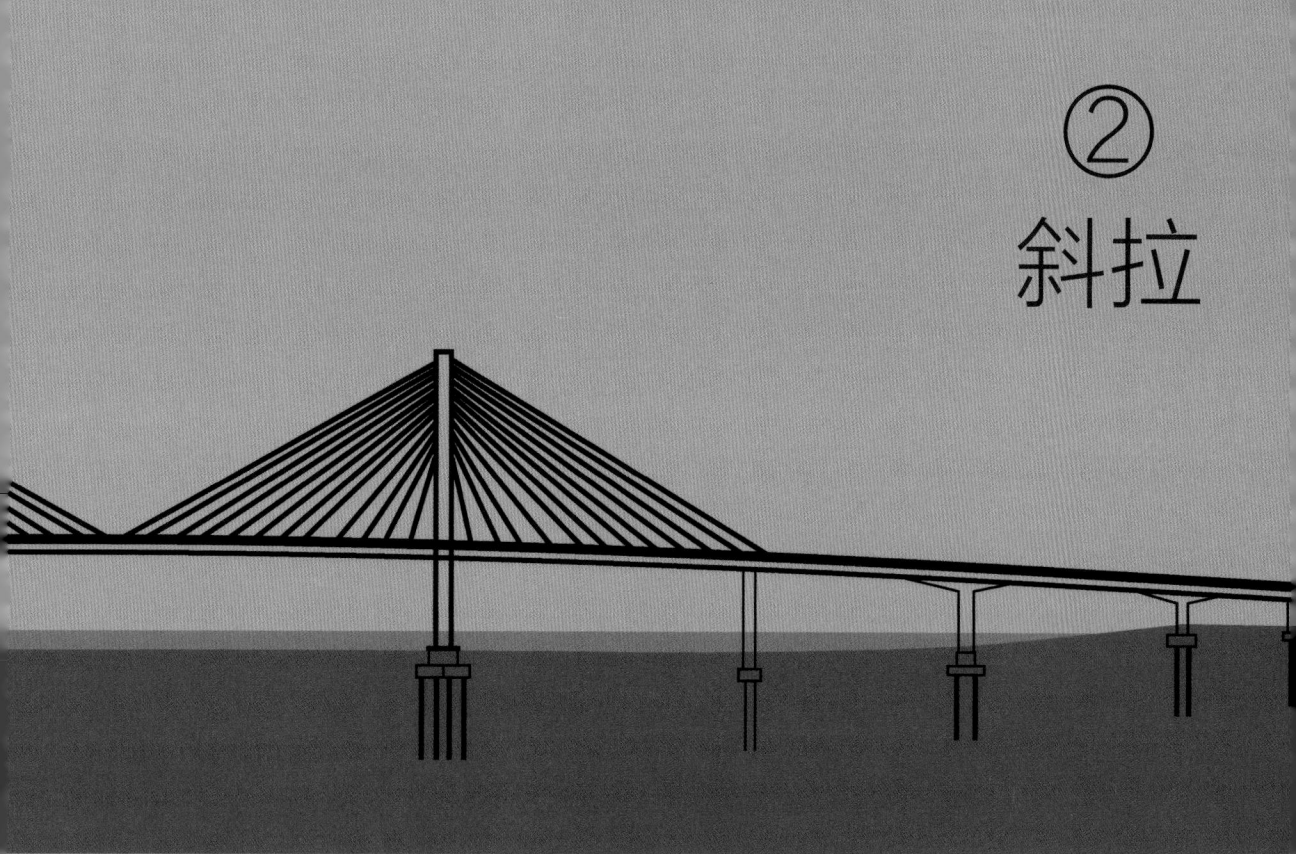

武汉长江二桥主桥
立面示意图

2014年11月,武汉市汉口与武昌之间的长江江面。近处是19岁的武汉长江二桥,远处是通车3年的二七长江大桥

斜拉,不只是不同寻常的视觉冲击,还是非同一般的思维方式。

优雅的拱式、端庄的梁式,直到20世纪70年代末,都是中国人眼中桥梁的正常样貌。

举着"一把伞""两把伞",或者"三把伞",张开在水面上,自带舞姿,江风穿过,似有乐音,加上起步便超过百米的跨度,让斜拉桥一经面世,就惊艳了看桥人、过桥人。

1991年5月3日，长江上第一座斜拉桥——武汉长江二桥正式开工。

回溯20年前，1971年前后开始设计九江长江大桥时，人们"对斜拉桥桥型尚缺乏认识和研究，对其他所有的桥型方案都做过设想"，除了斜拉桥。斜拉桥不是一个古老的桥式，它综合了多种桥型特点。建设斜拉桥需要新理念、新技术、新材料和新设备。20世纪80年代，斜拉桥开始出现在中国的江河之上。1982年7月通车的济南黄河大桥、1987年10月完工的胜利黄河大桥、1987年12月建成的天津永和大桥、1988年12月开通运营的重庆嘉陵江石门大桥，这些斜拉桥的主跨分别是220米、288米、260米和300米。

长江上的桥

1995年3月，合龙前的武汉长江二桥

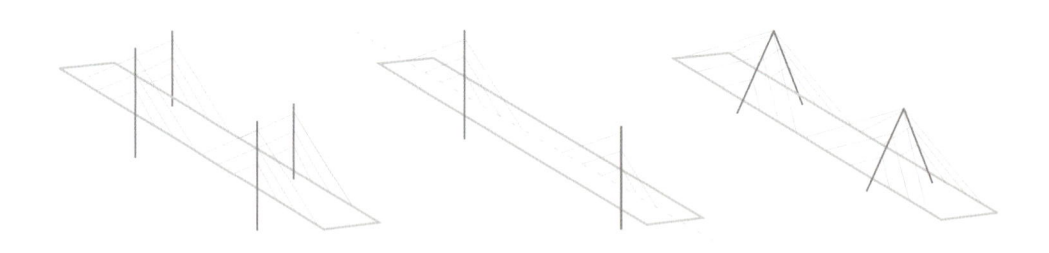

斜拉索面的几种形式

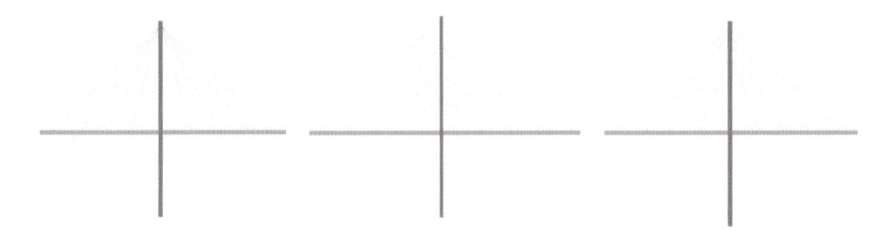

斜拉索的几种类型

现在，斜拉桥来到了长江上。这一次，它的"大长腿"要迈过400米的跨度。

大步跨越的背后，是现代技术的支撑。武汉长江二桥是特大型预应力混凝土双塔斜拉桥，主梁施工用对称悬浇的方式进行。简单来说，就是先让两个主塔长高，然后以主塔身上的梁段为中心，往两侧对称着一节一节长出"胳膊"来，最后在跨中，两个主塔的长"胳膊""伸手"握在一起，实现合龙，它们各自的另一只"胳膊"与岸边的边跨对接。

主塔长高、"胳膊"长长，都是技术活儿，技术水平如何，则要看最后合龙的误差值。武汉长江二桥中跨合龙时，两悬臂端的相对高差小于3毫米，中线偏差不到2毫米，仅相当于五六张打印纸的厚度，这妥妥地就叫"高精度合龙"。

1995年6月18日，武汉长江二桥正式通车。1996年，"武汉长江二桥大跨度预应力混凝土斜拉桥建造技术"获得铁道部科技进步特等奖，正桥工程获铁道部一等优质工程奖；1997年，武汉长江二桥获中国建筑工程鲁班奖。

长江上的桥

武汉长江大桥通车 38 年之后，武汉的第二座跨江桥梁终于来了！

二桥位于大桥下游 6.8 千米处，在汉口与武昌之间，以双塔挺立的姿势向"大哥"致敬。"大哥"是武汉的，更是国家的。"老二"虽然在通车后很长时间内担负着"北京—广州""兰州—福州""上海—拉萨"等国道过江的任务，也是全国公路网中沟通南北、连接东西的重要枢纽，但作为城市公路桥梁，它更具有"自家孩子"的特性。武汉市后来建成的长江大桥都是按桥址取的名字，如白沙洲长江大桥、军山大桥、阳逻大桥等，只有"大桥""二桥"是以排行命名的。"大桥"是敬重，"二桥"则透着亲昵。

通车前，二桥向市民开放了三天。那三天，数百万市民上了桥，成了欢庆的节日。

九省通衢的武汉终于有了一座纯粹的城市公路桥梁，"三镇交通一线牵"的状况得到极大改善。

右上左图　1995 年 6 月 9 日，武汉长江二桥通车前的市民开放日，桥面上人山人海

右上右图　2021 年 3 月 22 日，夜幕初降时的武汉长江二桥

右下图　2020 年初，武汉因新冠病毒封城两个多月，4 月 12 日，解封后的首个周日，武汉长江二桥上闪烁着"武汉加油"的霓虹字样。远处身影重叠在一起的依次是武汉长江大桥、鹦鹉洲长江大桥和杨泗港长江大桥

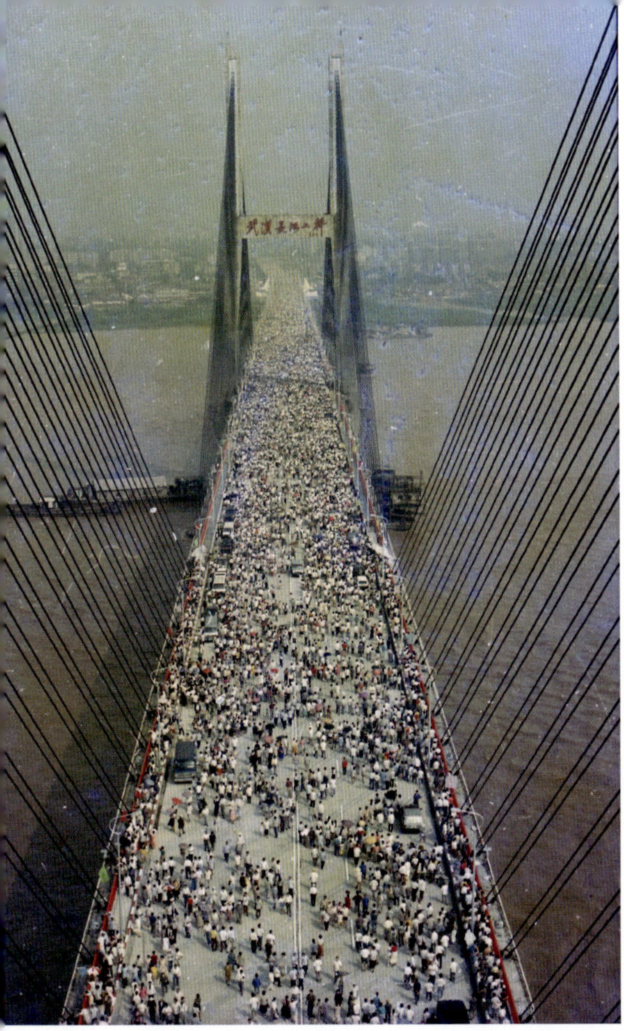
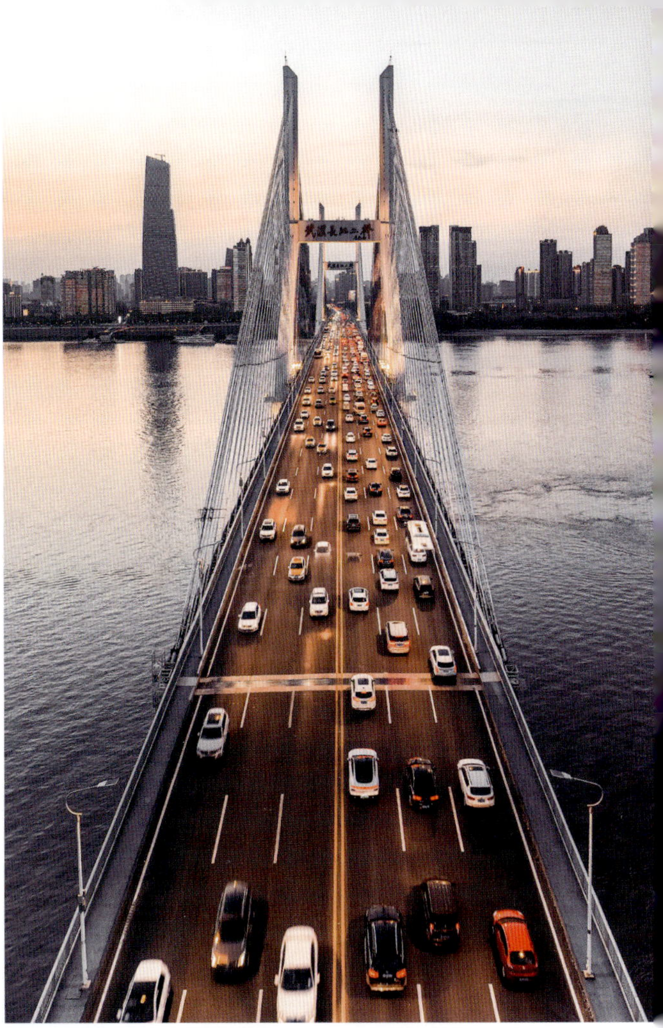
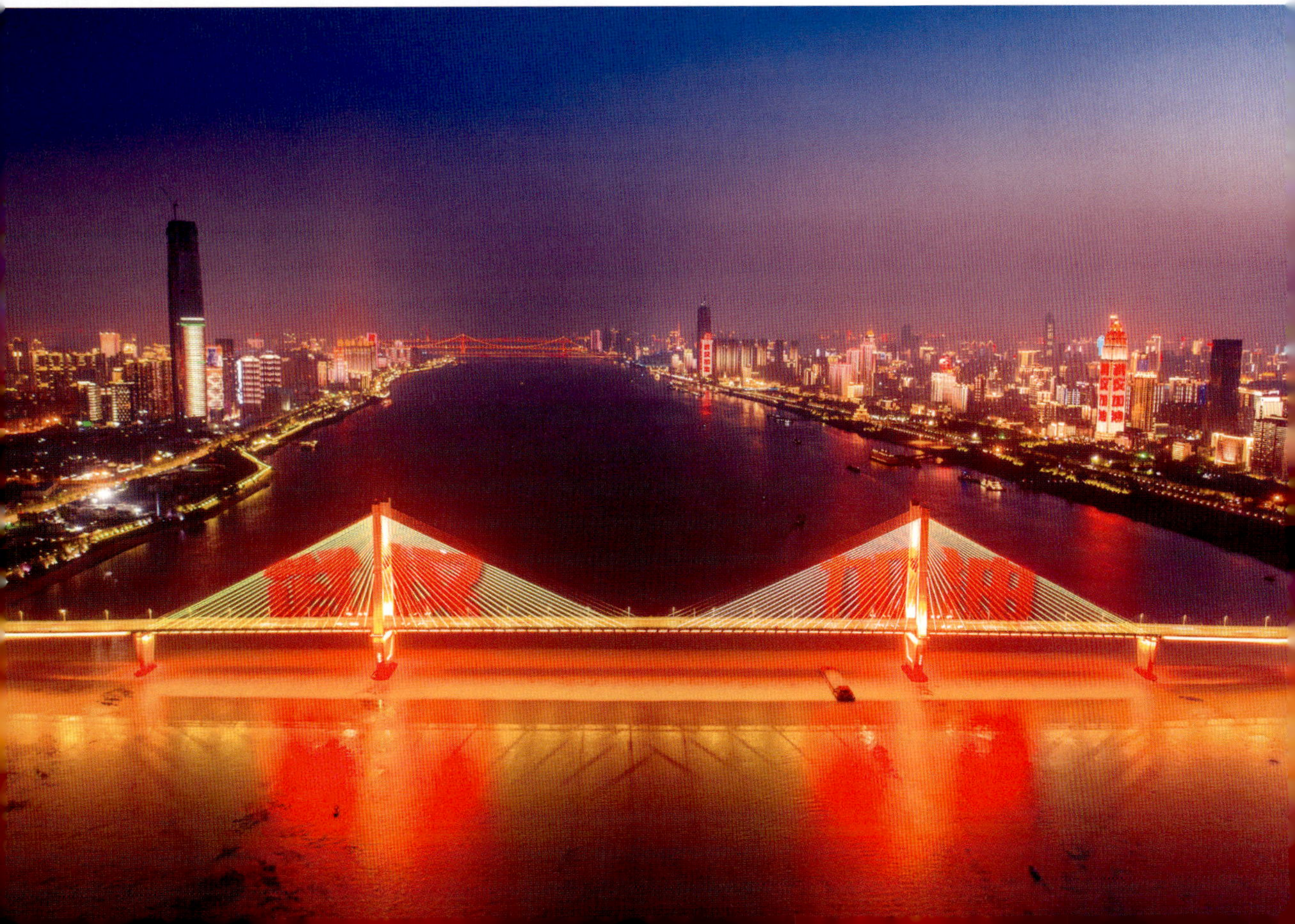

武汉长江二桥建成之后的几年内，它的上游和下游，很快就出现数座跨越长江的斜拉桥。

1995年12月26日，安徽铜陵长江大桥通车，这是"八百里皖江"（安徽江段的别称）上的第一座大桥。

1997年1月12日，重庆主城区的第二座长江大桥——李家沱大桥通车，比"老大"——重庆长江大桥小了16岁；1997年5月1日，重庆涪陵长江大桥通车，是三峡库区较早建成的跨江桥梁之一。

左上图　铜陵长江大桥在安徽省铜陵市郊区,全长2592米,主跨432米,建成时是世界上同类型第三大跨径的桥梁

左中图　涪陵长江大桥主跨330米,桥塔高163米,通车时桥塔为中国第二高

左下图　2017年7月,桥面维修中的李家沱大桥。重庆人喜欢称这座桥为"长江二桥"

右图　受地势所限,涪陵长江大桥南岸坡陡路窄,2012—2014年改造后,建成这样一个多层回旋的上下桥匝道

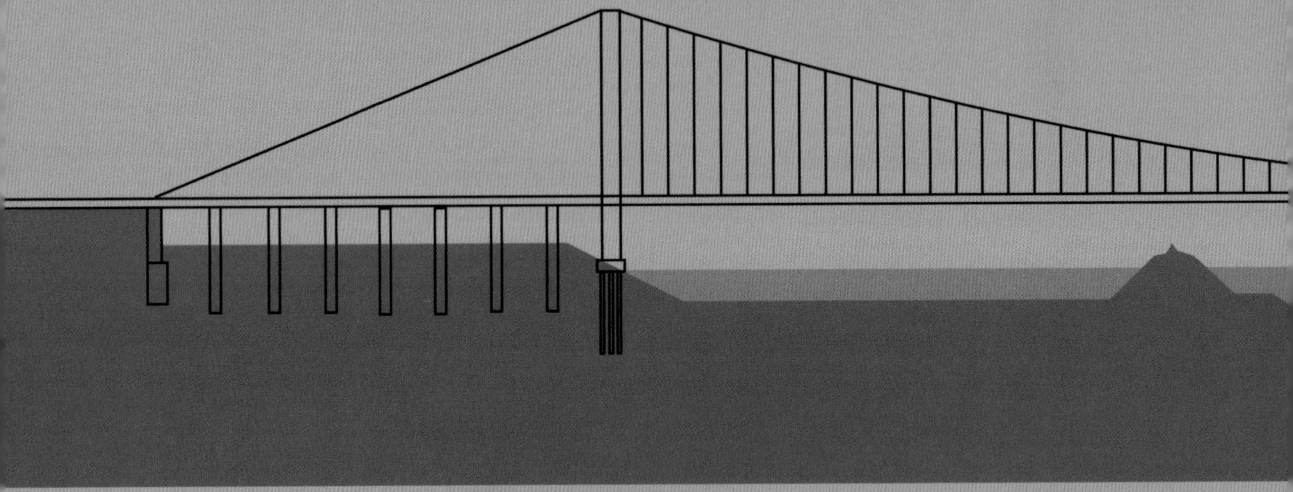

③ 神州第一跨

西陵长江大桥主桥立面示意图

20 世纪 90 年代中期，中国湖北西部山区的一个村庄引起全世界的关注，它叫三斗坪。1994 年 12 月 14 日，世界上最大的水利枢纽工程——三峡工程正式开工。"正式开工"这四个字说明，其实在那天之前，许多配套工程业已开工。西陵长江大桥就是那些已开工项目中的一项关键工程。

三峡水利枢纽位于长江三峡之西陵峡中段，坝址就在三斗坪。西陵长江大桥在三峡大坝中轴线下游 4.5 千米处，桥中线自北向南穿过北滩回填区、船闸引航道、隔流堤和大江航道。建设西陵长江大桥的目的很明确：一是在三峡工程施工期间，保障两岸物资运输通畅；二是在三峡大坝建成后，成为坝区交通的永久性城市桥梁，乃至沟通鄂西南大江南北的永久性公路干线桥梁。建设西陵长江大桥的时间很紧迫，要求 1996 年底以前交付使用，"赶上或者基本赶上第一个过江运输的高峰期"。

因此，这座随着举世瞩目的三峡工程被举世瞩目着的长江大桥，在设计方案的选择上就得考虑多重制约条件：临时 + 永久 + 大跨 + 快速施工。

随着时间的推移，"快速施工"越来越成为影响方案选择的主要因素。
1992 年 11 月，水利部长江水利委员会委托铁道部大桥局勘测设计西陵长江大桥。大桥局设计院副总工程师杨进提出 900 米一跨过江的悬索桥方案。当时，由杨进主持设计的中国第一座现代悬索桥——汕头海湾大桥刚刚于 1992 年 3 月 28 日开工。

开创了中国现代悬索桥先河的汕头海湾大桥主跨452米，1995年12月建成通车后，历史悠久的妈屿岛如同一个巨大的桥墩，与这座长达2500米的大桥融为一体

地锚式悬索桥示意图

自锚式悬索桥示意图

杨进（1930—2017）在业内素有"桥界爱迪生"之称，设计大胆，常有创新和突破。汕头海湾大桥位于台风多发区，杨进为它设计了预应力混凝土梁，这样的梁体有较大的自重，也就有了良好的抗风稳定性。

当时，大桥局刚从国外引进钢箱梁技术，实施这项技术需要一个绝活儿：单面焊双面成形的焊接技艺，焊接作业还得在不稳定的悬吊状态下进行。

杨进在汕头海湾大桥的建设中没有采用钢箱梁，但仍然对它做了深入研究。他还专门设计了一个模型，来检测国内钢箱梁制作厂家的焊接能力。模型是一座人行天桥，位于武汉市汉阳区钟家村，架在鹦鹉大道与汉阳大道的交叉口上，形如字母X，将路口四角连通。天桥的桥体就是全焊接的钢箱梁，最大跨度达

左图　2011年3月的钟家村天桥。第二年此桥被拆除，武汉最大的过街天桥从此封存于人们的记忆中

右图　猫道是架设悬索桥主缆和梁体的重要的空中脚手架。1995年秋，猫道铺设完毕的西陵长江大桥给了三斗坪村民更为具象的期待

42.8米。钟家村天桥于1991年12月建成，2012年因为修建地铁而拆除。它是武汉较早的人行天桥之一，也一直是江城跨度最大的天桥。后来，这种X形的钢结构天桥几乎成为城市人行天桥的样板。

钟家村天桥的成功架设让杨进心里对中国的钢箱梁生产和焊接技术有了底，也由此拓展了国内桥梁产业链下游企业的发展之路。杨进的研究，在西陵长江大桥的建设中更是发挥了功效——西陵长江大桥的900米钢箱梁被分作72个节段在工厂制作完成，主塔建成，主缆穿好，节段箱梁运到现场就开始吊装焊接架设。大桥的施工工期几乎被缩短到了极致。

1994年1月，西陵长江大桥正式开工。1996年8月10日，一座飞架在三峡坝区的悬索桥就开始为三峡工程的建设提供高质量的运输服务了。轻盈的西陵长江大桥也成为三峡景色中的景色。

2017年5月，从三斗坪山顶看见的西陵长江大桥全景。老三斗坪村的大部分都已淹没到桥下的江水里

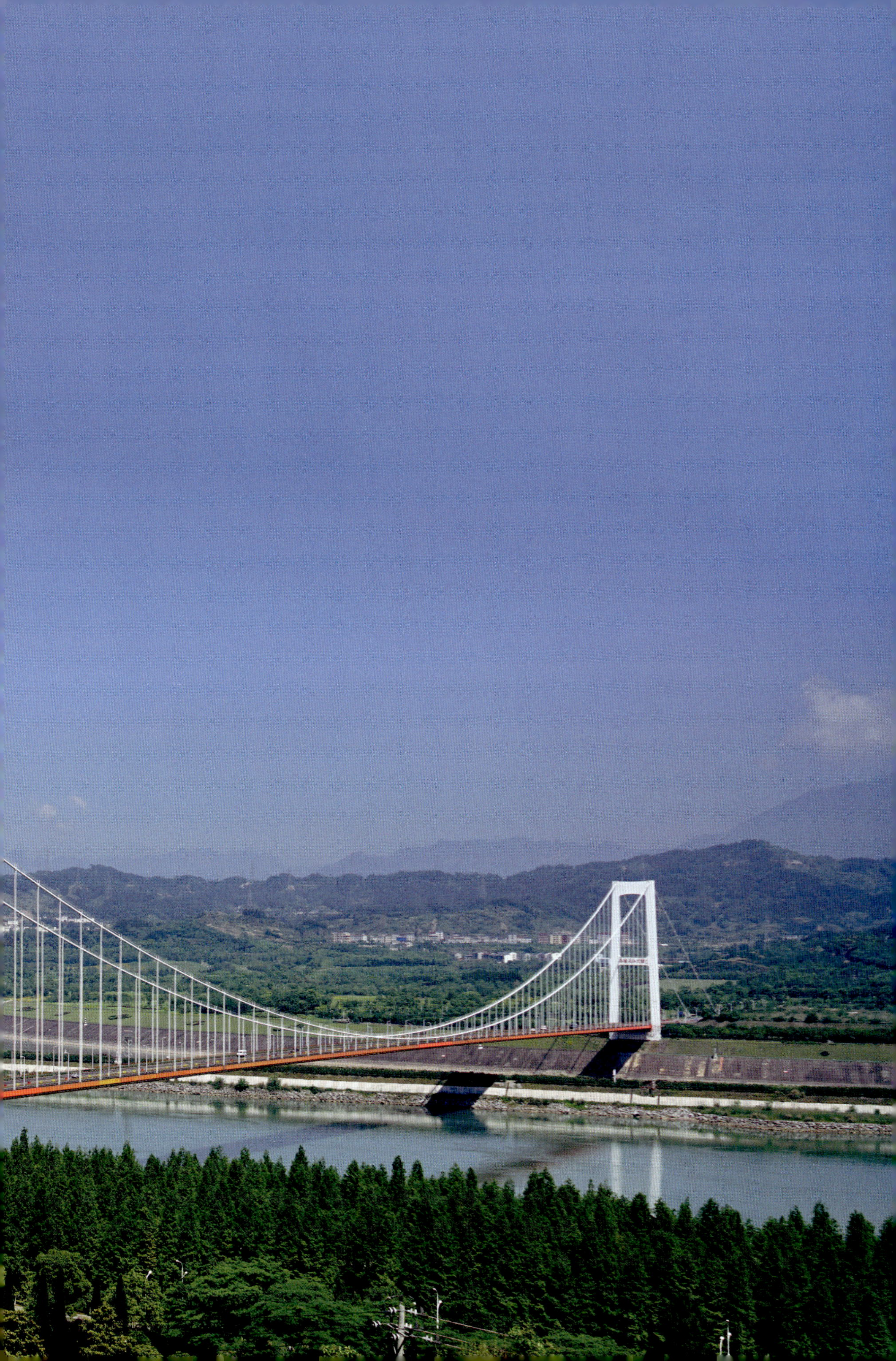

西陵长江大桥建设时，中国的另外两座悬索桥正在建设中，香港的青马大桥主跨1377米，于1997年5月落成；广州的虎门大桥主跨888米，于1997年6月通车。它们开建都在西陵长江大桥之前，但因通车时间晚，只能眼睁睁地看着"神州第一跨"的桂冠戴在了这座长江大桥的头上。

2019年9月17日，晴空下的西陵长江大桥和三峡大坝

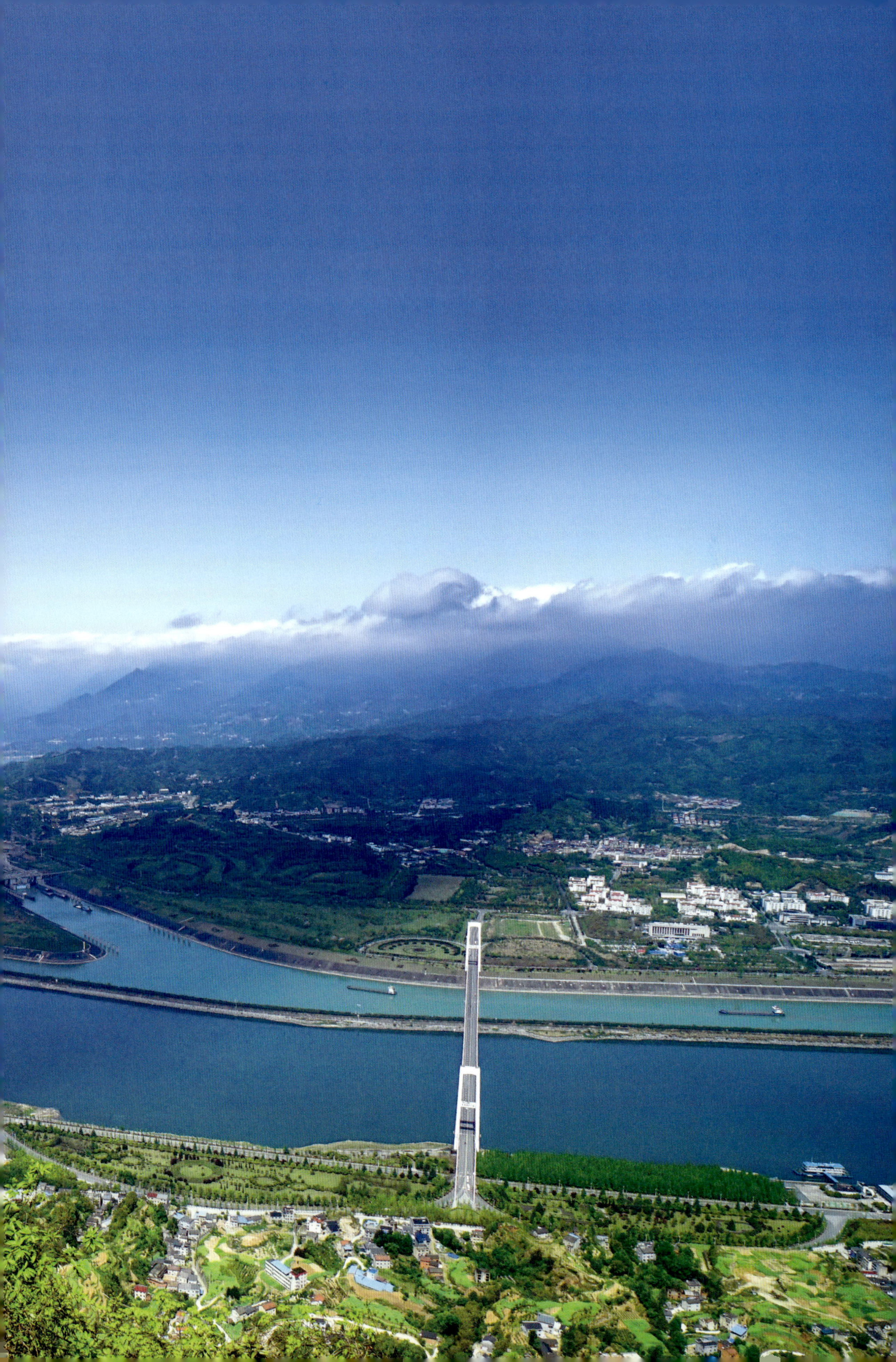

长江上的桥

西陵长江大桥之后,悬索桥技术在索桥的故乡中国快速发展起来。长江上,悬索桥的身影也越来越多。

1997年1月通车的丰都长江大桥,主跨450米。

1999年9月通车的江阴大桥,主跨1385米。

左上图　丰都长江大桥历时27个月建成,是一座由县市筹资修建的"移民桥",桥头的"功德碑",录入了捐资100元人民币及以上金额的个人和单位的名单

左下图　江阴大桥是我国内地(大陆)第一座跨径超过千米的桥梁,建成时它的跨度是世界第四

长江上的桥

2000年12月通车的重庆鹅公岩长江大桥，主跨600米。这是长江上的第四座悬索桥、重庆直辖后主城区的第三座跨江桥梁。重庆主城区的头三座跨江桥梁以三种不同的桥型呈现，或许也映射了些许重庆"智慧创新、开放包容"的城市特色。

2000年，因为在悬索桥技术等诸多方面的成就，杨进当选全国工程勘察设计大师。

2016年5月29日，鹅公岩长江大桥处的重庆夜景。暗影里的桥塔为施工中的鹅公岩轨道大桥

追赶的步伐 · 神州第一跨

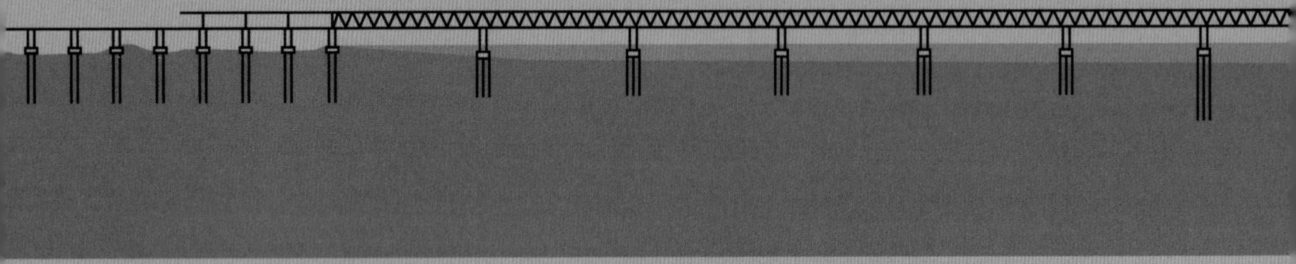

④ 质量宣言

芜湖长江大桥主桥立面示意图

1997年，武汉长江大桥满40周岁。在这一年里，长江（宜宾合江口以下）上有5座新大桥建成通车，从上游往下游数，依次为重庆的江津长江公路大桥、李家沱长江大桥、涪陵长江大桥、丰都长江大桥、万县长江大桥和南通的长青沙大桥。到这一年末，长江已经拥有19座大桥，还有谁想得起当年的长江"三大桥"？南京的桥、重庆的桥、宜都的桥都已服役多年，芜湖的呢？芜湖的桥怎么样了？

这一片江域的水下和两岸，在20世纪五六十年代曾接受过为建桥而进行的详细勘测

芜湖是安徽的沿江重镇，水系发达，别称"江城"。估计受碍于武汉江城的名气太大，芜湖的这个别称，外省人知之甚少。芜湖城区在长江右岸，从合肥来的火车需先到南京过江，再沿江南的铁路西进而来。曾被孙中山先生称为"长江巨埠、皖之中坚"的芜湖，等待一座过江桥梁的时间太久了。

　　1997年3月22日，安徽省芜湖市的江岸上举行了一场隆重的典礼，典礼上宣布：芜湖长江大桥正式开工。

长江上的桥

晚了 30 多年，姗姗来迟的芜湖长江大桥已全然不是当年初步规划中的单薄体量。因为安徽已不是当年的安徽，中国也早已换了新模样。作为"九五"计划的重点工程，芜湖长江大桥需要承担双线铁路、四车道双向公路过江的任务。但是，发展中的芜湖却对它期盼的桥"预设"了许多限制：附近的空军基地限定了大桥的高度，沿江的重要港口限定了桥下必须留出的通航净空，需要对接的既有铁路编组站限定了铁路桥面的线位高程。

"戴着镣铐跳舞"，勘察设计师们把芜湖长江大桥设计成了一座矮塔、大跨的钢桁梁公铁两用斜拉桥。塔有多矮？桥面以上仅 33.2 米；跨有多大？312 米。

就像小短腿要迈大步子，这腿得是壮汉的腿。芜湖长江大桥就是个"壮汉"，它的总工程量相当于武汉长江大桥、南京长江大桥的总和。

芜湖长江大桥开创了中国公铁两用斜拉桥的先河，矮塔斜拉公铁两用桥的结构也是世界首创。

芜湖长江大桥，是中国重载桥梁跨径发展的一个里程碑，标志着中国桥梁终于跻身世界大跨重载铁路桥梁的先进行列。

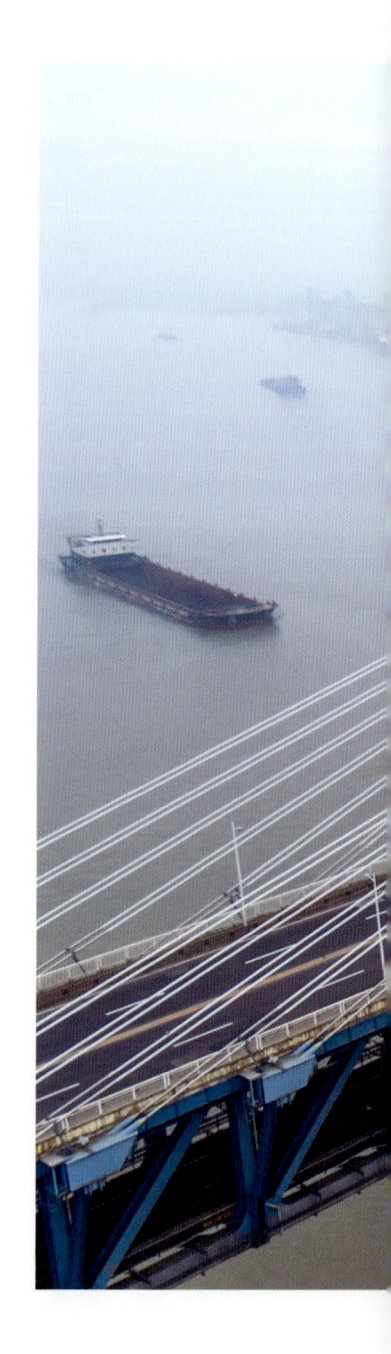

芜湖长江大桥桥塔之矮，是纪录，可谓矮出了"高度"

作为"新中国桥梁建设史上的第四座里程碑",除了在技术创新和突破上的成就,芜湖长江大桥还给当时和后来的中国桥梁、中国基建留下了另一块警示之碑。

芜湖长江大桥建设时期,正是 20 世纪末的最后几年。那时的中国,经过 10 多年改革开放,社会主义市场经济逐步确立,变革过程中管理不规范、不充分带来的非良性竞争开始抬头,在基建市场的表现就是工程质量受重视程度下滑。

1999 年 8 月 23 日,又是在芜湖的江岸,又是一个隆重的典礼。只不过典礼现场的旁侧不再只有滚滚流水,曾经空荡荡千万年的江面之上,此时已有一座半成品的桥梁。

上午 9 时,60 名身着整齐工装的建桥职工代表列成方队,挺胸昂首,举起右拳,齐声宣誓——

追赶的步伐 · **质量宣言**

芜湖长江大桥桥头的汉白玉石碑，上面镌刻着建桥者的誓言。因大桥建成于 2000 年，又有媒体称其为"世纪大桥质量宣言"

  我们承诺：视大桥质量为生命，对大桥质量终身负责，保证建成国优桥，誓夺质量"鲁班奖"。

  我们倡议：开展桥梁建设质量竞赛，把每一座桥梁建成内实外美的精品工程，使之成为现代文明的标志。

  这个典礼就是当时为世界所瞩目、后来为国人所称道的《芜湖大桥质量宣言》揭碑仪式，镌刻着这段宣言的汉白玉石碑至今还伫立在芜湖长江大桥身侧的江岸上。

长江上的桥

芜湖长江大桥施工期间，年轻人在一起讨论施工技术是工地最常见的情景

2000年5月，大桥合龙的关键技术难题被攻克，芜湖长江大桥钢梁合龙

2019 年 5 月，霞光里的芜湖长江大桥

2000 年 9 月 30 日，芜湖长江大桥通车。400 辆

芜湖本地产的奇瑞牌轿车排着整齐的队伍浩浩荡荡驶过长江，笑逐颜开的芜湖人在桥上欢呼着："大桥通车了！"

通车之后，芜湖长江大桥陆续捧回了中国建设工程鲁班奖、中国国家科技进步奖一等奖、中国土木工程詹天佑奖，后来入选中国首届十大建设科技成就工程、新中国成立 60 周年"百项经典建设工程"。建设芜湖长江大桥的桥梁人没有辜负这座世纪之桥。

"将来在长江上修二十座、三十座，黄河上修几十座，到处都能走。"当年毛泽东主席说这句话时，一定是豪情满怀的。

2000 年 9 月 8 日，武汉第三座跨江大桥——白沙洲长江大桥建成通车。芜湖长江大桥通车之后，同年，在长江上游，泸州隆纳高速长江大桥（当时被称为"泸州长江二桥"）于 11 月 30 日通车，重庆鹅公岩长江大桥于 12 月 29 日通车。

至此，长江（宜宾合江口以下）上已建成 24 座桥梁。

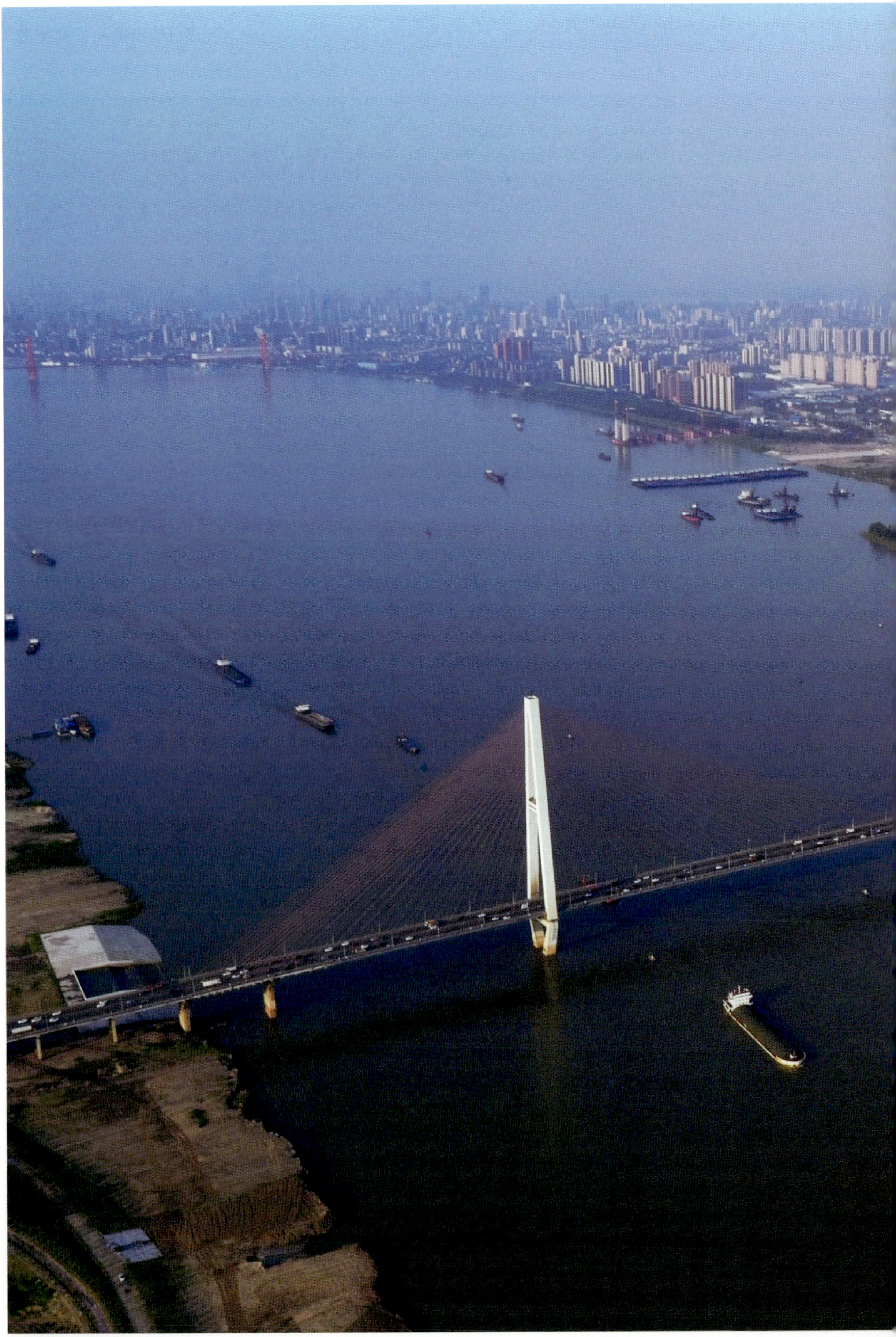

2017年6月，已在江上伫立了17年的白沙洲长江大桥。这是武汉市的第三座跨江桥梁，是一座主跨618米的双塔斜拉桥，比武汉长江二桥的主跨多出了218米，但是，与二桥当年的惊艳面世相比，它显得太过普通了

第 3 章

跨越的身影

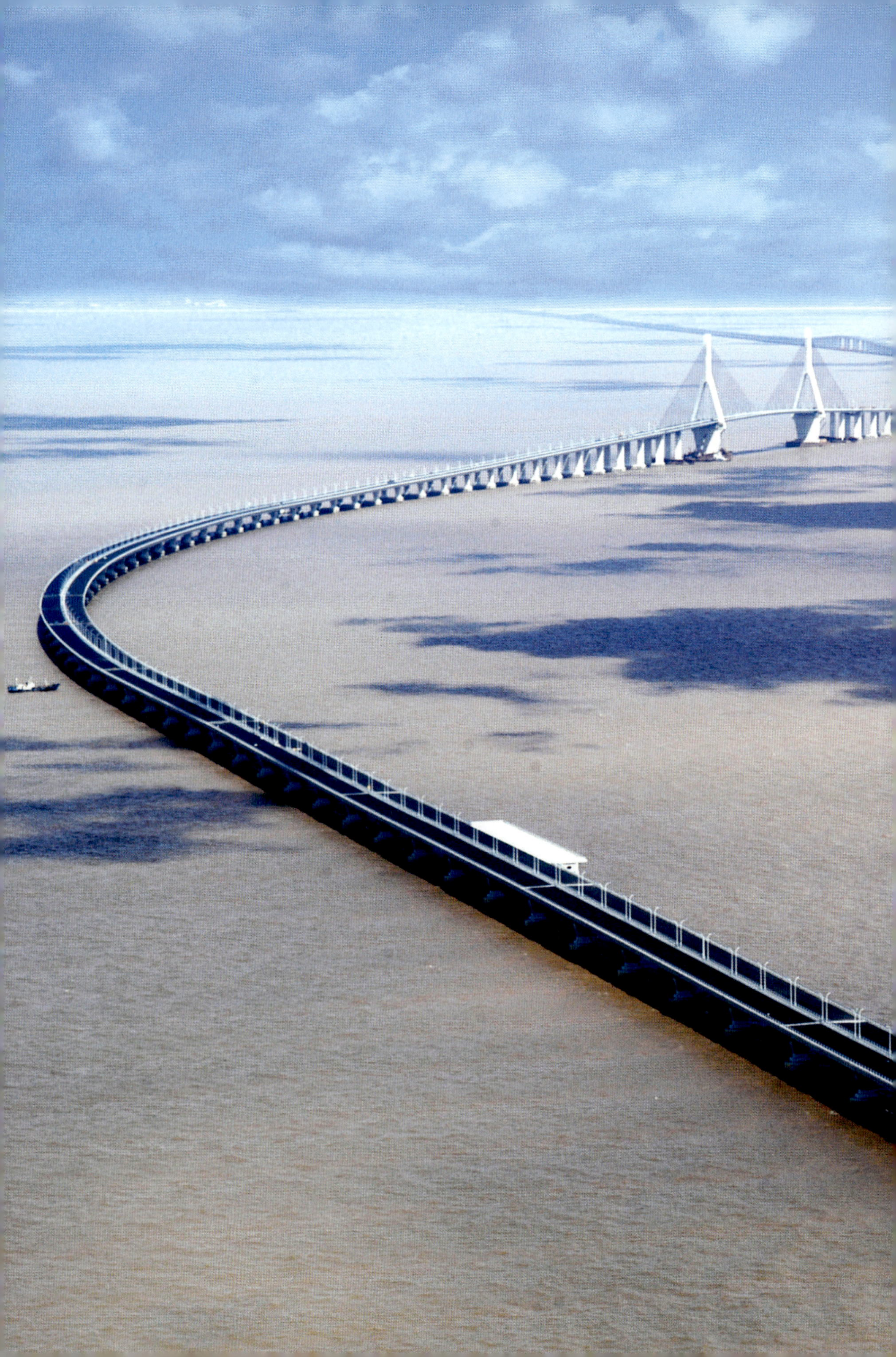

2005年9月，静待通车的东海大桥。长江入海口外，东海大桥的建设，开启了多项跨海大桥和长大桥梁*建设新课题的研究

*长大桥梁指超长、大跨度、工程规模巨大的桥梁。

长江上的桥

战黄河斗长江之后，中国的桥梁开始跨越海洋。

2002年6月，东海大桥开工。这是连接上海市浦东新区与浙江省洋山深水港的跨海域桥梁，全长32.5千米，曾被《解放日报》等媒体报道为"中国第一座外海跨海大桥""中国连接世界的海上桥梁"。

2005年12月，东海大桥开通运营时，杭州湾跨海大桥已开工一年有余。杭州湾跨海大桥，跨越的是钱塘江入海口的强潮涌海域，全长36千米，2008年5月通车时是"世界上最长的跨海大桥"。

2005年5月、9月，舟山陆岛联络工程之关键——西堠门大桥、金塘大桥先后开工。西堠门大桥以双塔悬索的身姿、1650米的跨度飞越飓风多发海域，2009年12月建成时是世界上跨径仅次于日本明石海峡大桥的悬索桥梁。

2006年12月，胶州湾大桥（时称"青岛海湾大桥"）开工，全长31.63千米，跨越胶州湾，2011年6月通车运营。

左图　杭州湾大桥通车后获得中国建设工程鲁班奖、国家科技进步奖二等奖、中国土木工程詹天佑奖

右上图　西堠门大桥桥塔颜色为"佛光黄"，以体现舟山"海上佛国"的地域特征。2023年2月，在它的身侧，甬舟铁路西堠门大桥开建，1488米的主跨刷新国内公铁两用桥跨度纪录

右下图　胶州湾大桥曾被《福布斯》评为"全球最佳桥梁"，2013年获得国际桥梁协会颁发的乔治·理查德森奖

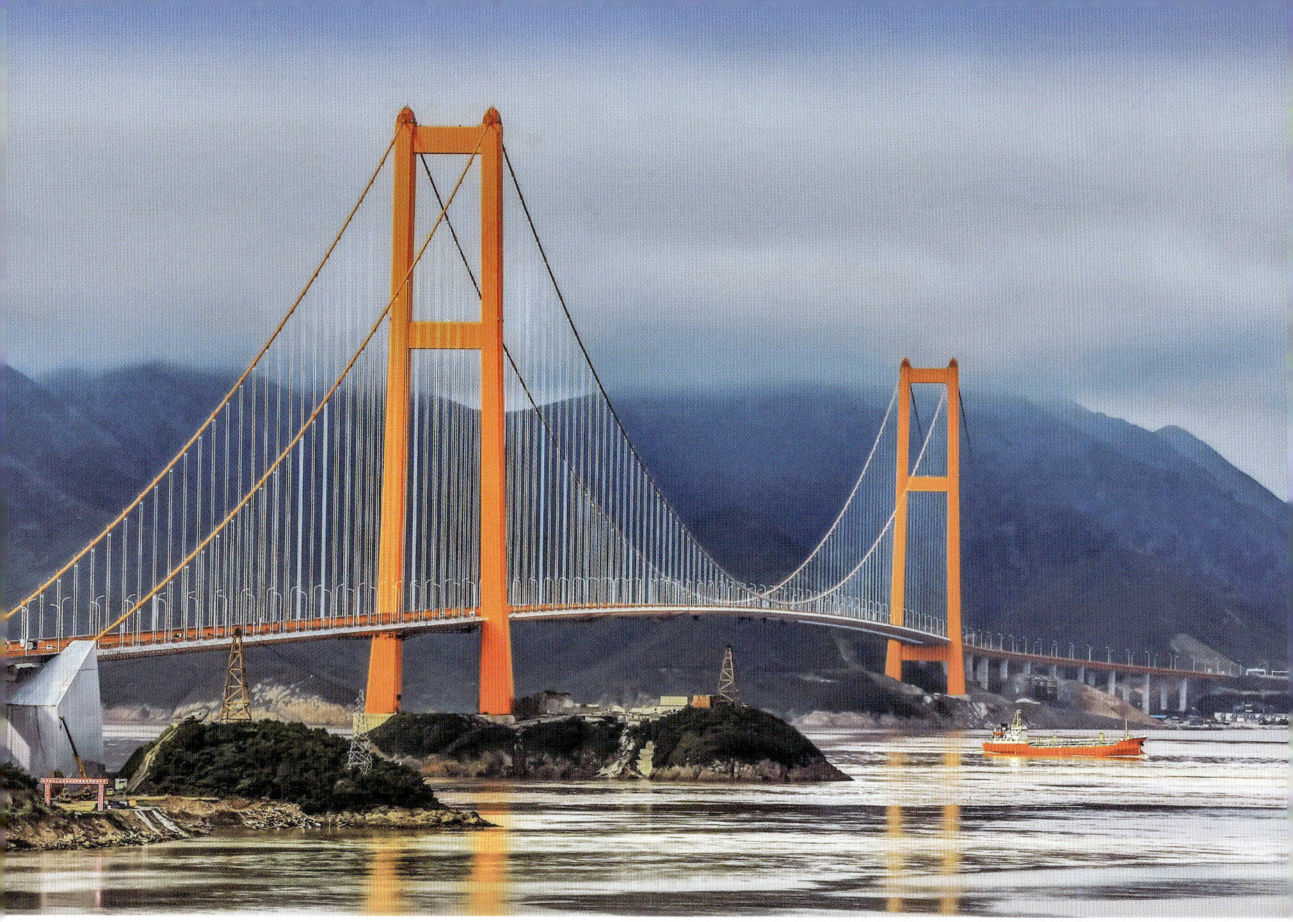

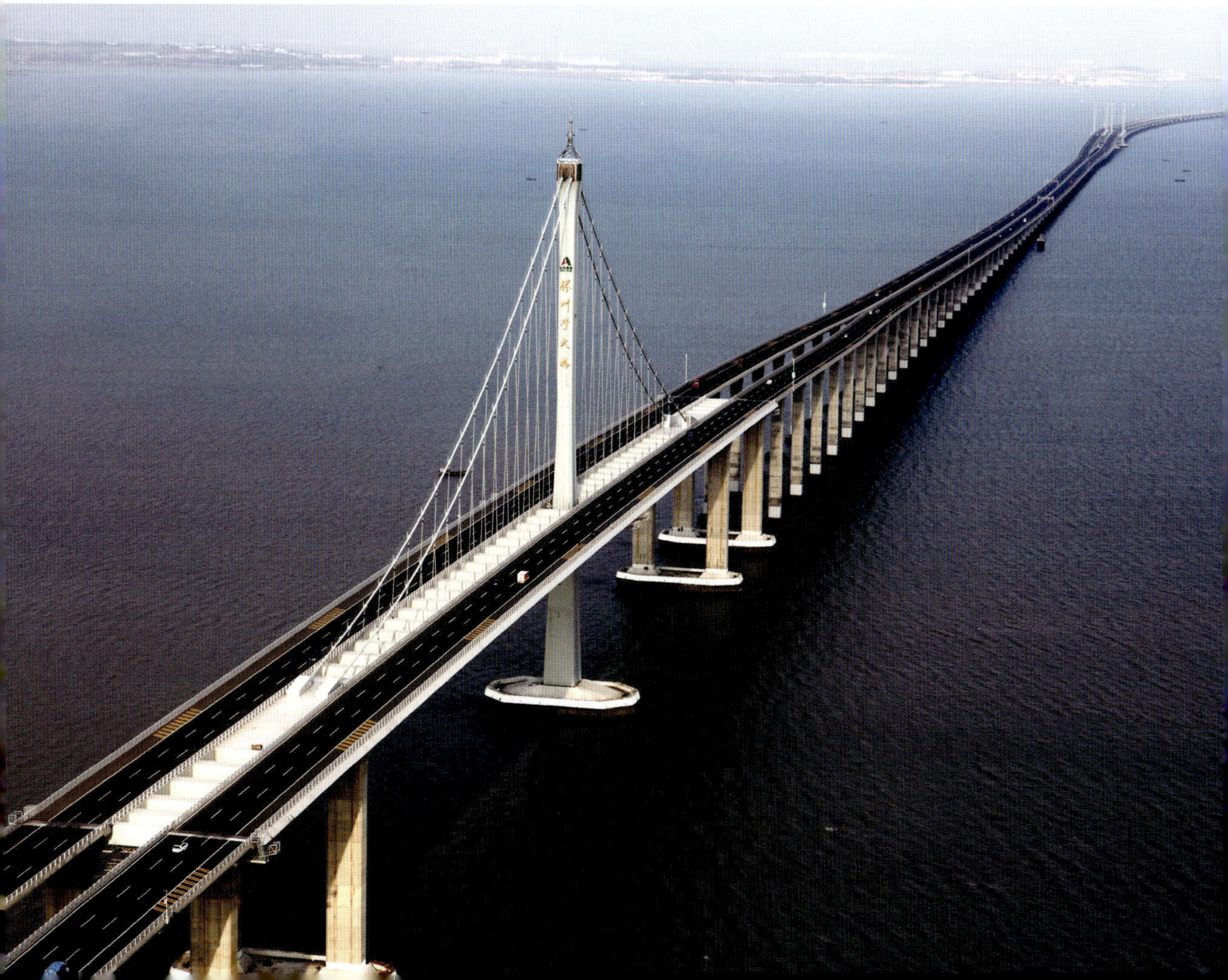

中国桥梁在向海洋延伸的同时，也在向山区挺进。

进入新世纪，中国西部大开发的号角吹响，目的是"把东部沿海地区的剩余经济发展能力，用以提高西部地区的经济和社会发展水平、巩固国防"。发展经济，交通先行，一条条新建铁路和高等级公路开始修建。这些穿山越涧的铁路、公路自然有极高的桥隧占比。青藏铁路的建设和全线通车，使以拉萨河大桥为代表的沿线桥梁，成为21世纪第一个10年里，高原山区桥梁建设成就中最耀眼的明星。

如果说跨海、跨河、跨湖的桥梁，跨度是其重要的技术参数，山区桥梁则多了一项与"众桥"不同的数据值——高度。2009年11月15日，位于湖北省宜昌市与恩施土家族苗族自治州交界处的沪蓉高速公路*四渡河大桥通车，这座主跨900

左图　拉萨河大桥是青藏铁路全线唯一非标准设计的桥梁，也是青藏铁路的标志性工程之一，其造型创意来自于飘扬的哈达，桥墩则模拟了牦牛腿。设计施工过程中，针对高原特殊的自然环境，采用了多项新材料和新工艺

右图　坝陵河大桥建成之后，因高度合适、四周景色宜人，吸引了全世界的低空跳伞、蹦极等极限运动爱好者前来挑战

米的悬索桥桥面距桥下谷底560米——相当于200层楼高，这个惊人数字，使俊俏又伟岸的四渡河大桥在建成时成为当之无愧的世界第一高桥，吸引了全球目光。一个月后，2009年12月23日，位于贵州省安顺市关岭县的沪昆高速公路坝陵河大桥通车，这座主跨1088米的钢桁梁悬索桥，桥面至坝陵河水面370米，虽然比四渡河大桥新创的世界纪录少近200米，但这个高度也相当于120多层楼高了。

---

* 上海至重庆、编号为G50的高速公路，原称沪蓉高速公路。后来，上海至成都、编号为G42的高速公路建成，称沪蓉高速公路，原沪蓉高速公路便改称沪渝高速公路。

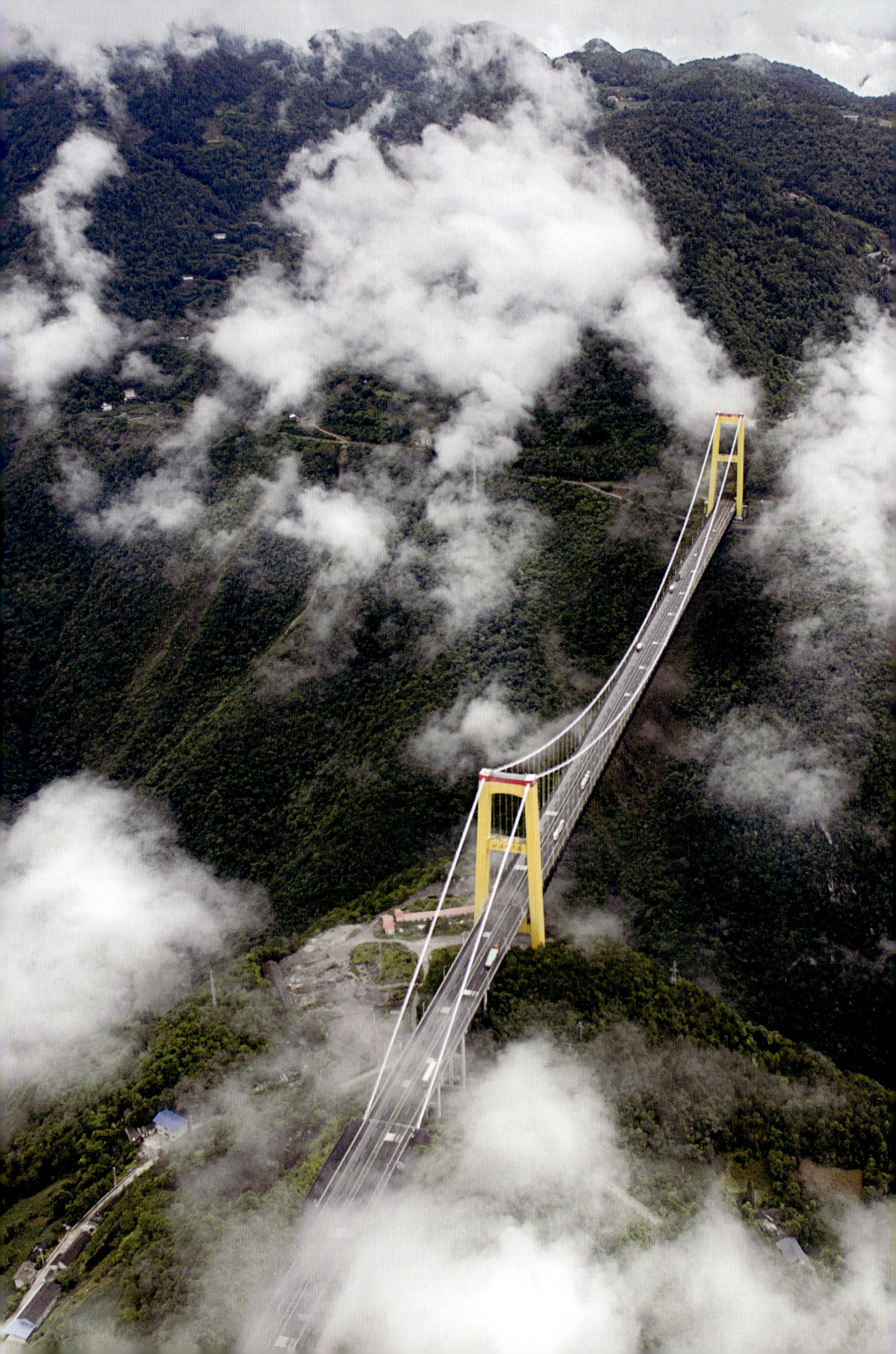

四渡河大桥与山水交融，作为野三关风景区的新景点，迅速成为网红打卡地

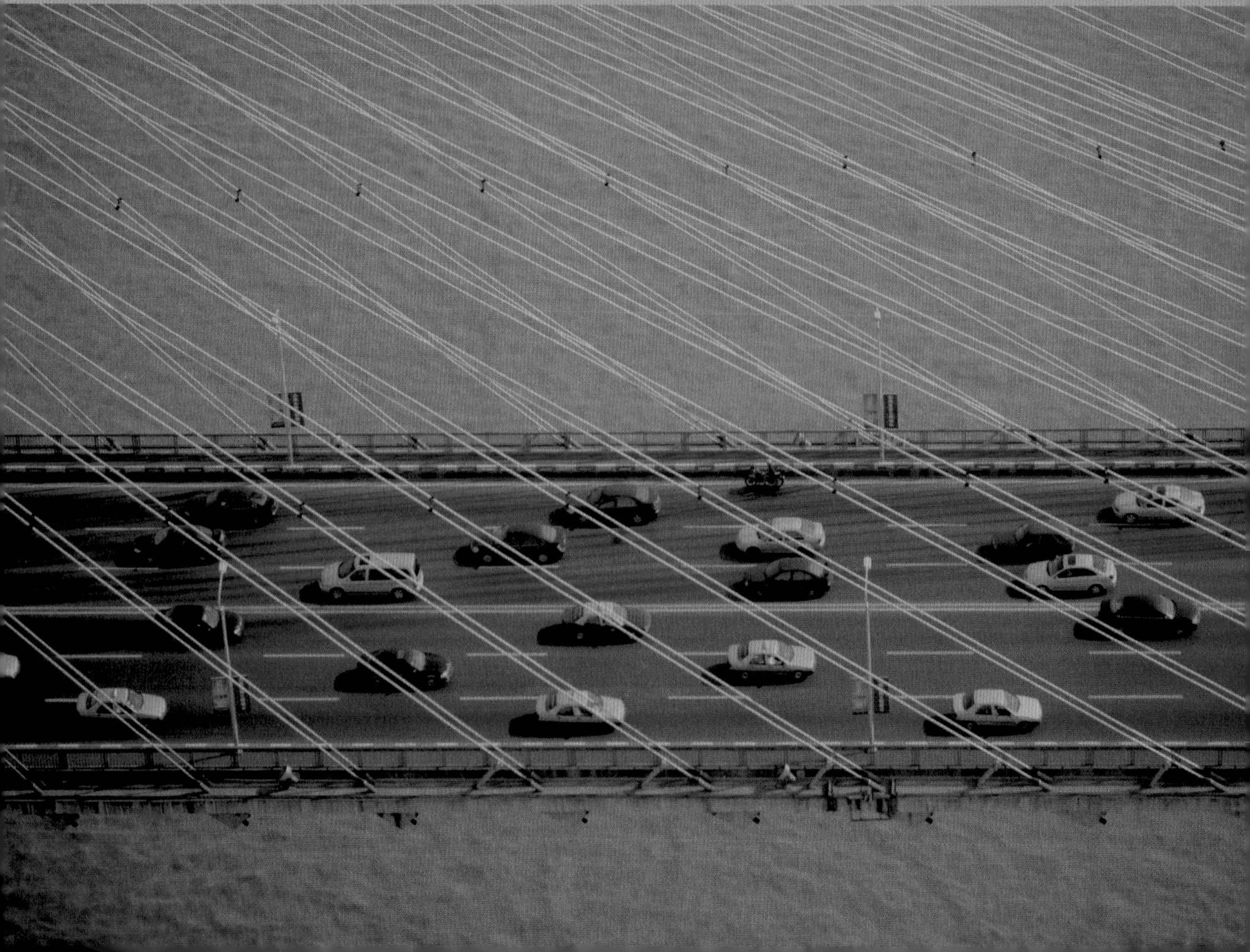

①
"二桥"时代

武汉长江二桥，是第一座
跨越长江的"二桥"

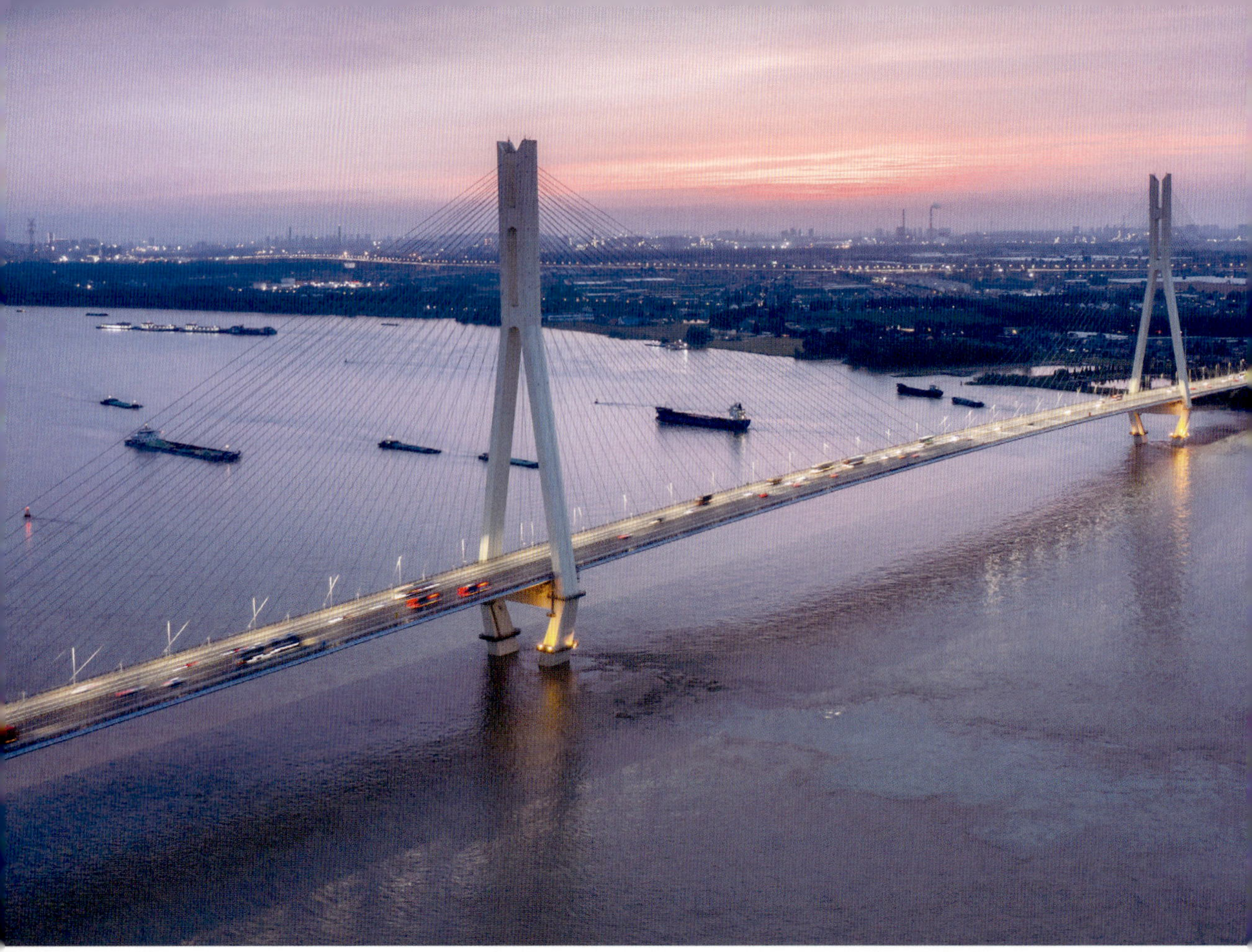

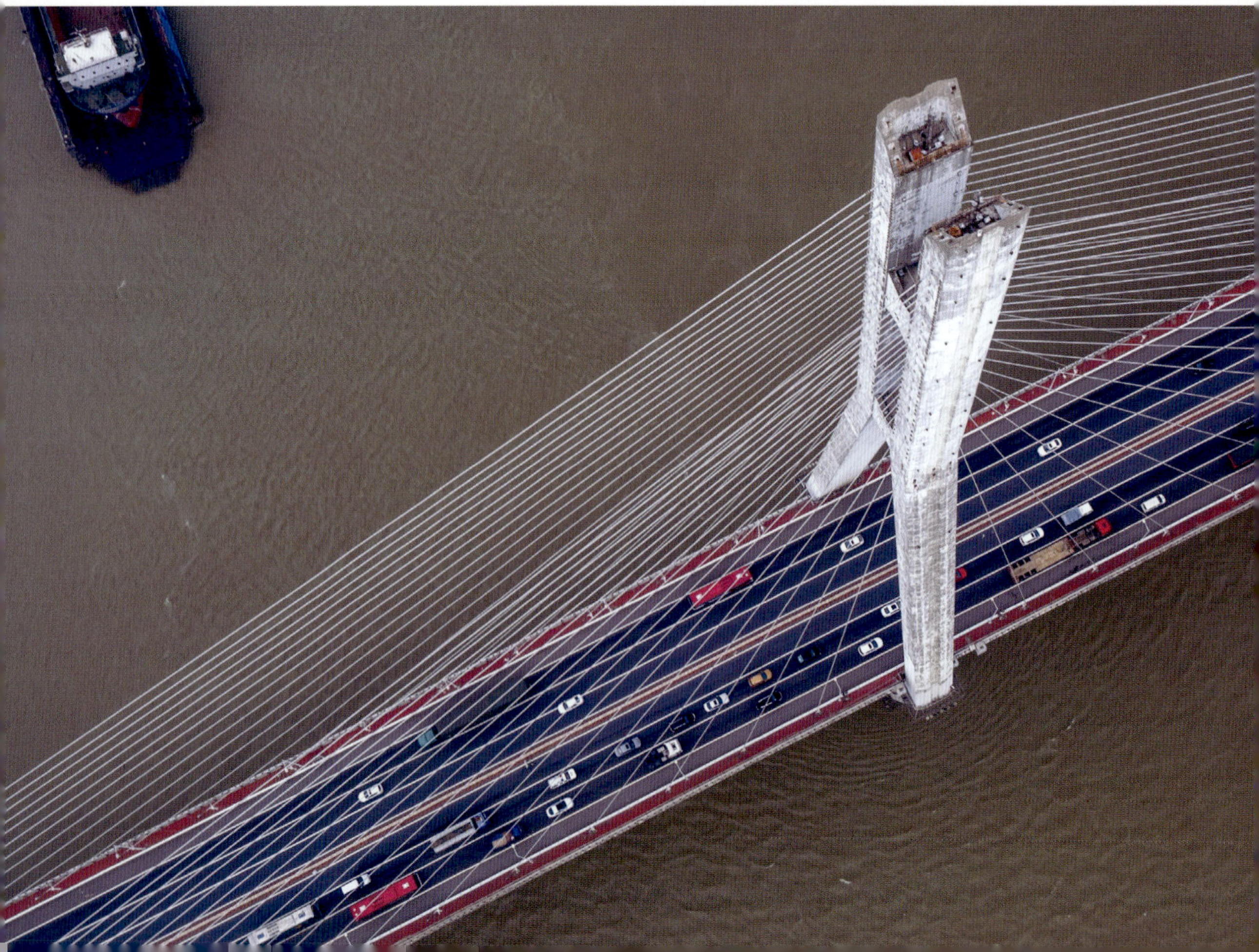

跨越的身影·"二桥"时代

武汉人等待"二桥"用了38年，南京人等的时间稍短一些，32年半。

2001年3月26日，南京的第二座长江大桥通车，其重要性和受重视程度，从次日《人民日报》刊发于报眼处的消息中可见一斑。

消息说，南京是长江中下游的中心城市和国家干线公路主枢纽城市之一，有4条国道和1条国道主干线在此跨越长江。当时，运行32年的南京长江大桥公路桥已严重超负荷运转，堵车现象经常发生。位于南京长江大桥下游11千米处的南京长江第二大桥的建成，将大大缓解南京地区过江交通压力，进一步沟通长江南北联系，促进南京大都市圈、长江三角洲地区及华东地区的经济发展。

21世纪刚刚开启，沿江的城市就纷纷迈入"二桥"时代。

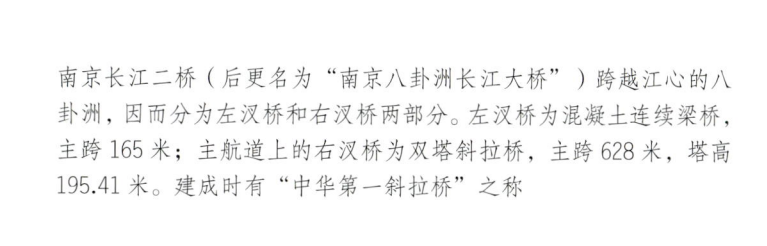

南京长江二桥（后更名为"南京八卦洲长江大桥"）跨越江心的八卦洲，因而分为左汊桥和右汊桥两部分。左汊桥为混凝土连续梁桥，主跨165米；主航道上的右汊桥为双塔斜拉桥，主跨628米，塔高195.41米。建成时有"中华第一斜拉桥"之称

153

长江上的桥

继南京之后的，是宜昌。

宜昌于1971年有了枝城长江大桥，1981年有了葛洲坝三江大桥，1996年又有了西陵长江大桥，但是，它们一座在宜昌城下游的宜都枝城小镇外，一座仅连接江中岛屿，一座在宜昌城外上游的三峡之中，无一在市内横跨长江。2001年，宜昌得到"大礼包"：同时拥有了两座城区长江公路大桥。9月19日通车的宜昌长江公路大桥，是主跨960米的双塔悬索桥，虽然要承担沪渝高速公路过江的重任，但在两侧开设了人行道，城区的宜昌人终于可以步行过江。

宜昌的"二桥"来得很快。三个月后，12月28日，夷陵长江大桥通车。**这是长江上第一座三塔斜拉桥，三塔呼应着三峡，桥塔的倒Y字造型令人耳目一新**。夷陵长江大桥让在宜昌交会的两条国道和十条省道不再隔江相望。

左上图　宜昌长江公路大桥的钢箱梁被创新设计为鱼鳍式断面，既减小了风阻，又节省了耗资

左下图　双主跨348米的夷陵长江大桥开拓了斜拉桥的新造型，建成后获中国建设工程鲁班奖和中国土木工程詹天佑奖

长江上的桥

　　紧随宜昌之后的是万州。万州城的"一桥"通车于1997年6月28日,当时,重庆宣布直辖仅10天,万州还叫万县,因此桥的名字就叫"万县长江大桥"。"万县长江大桥"是长江上第一座单孔过江的公路拱桥。2004年9月28日,悬索桥型的万州长江二桥通车。

　　万州城迎来"二桥"一个月后,在长江下游,扬中二桥通车,扬中岛与右岸的镇江之间终于在10年后有了第二条跨江通道。

　　2009年3月,忠县的"二桥"建成通车。有趣的是,它的"一桥"名为"忠县长江大桥",8年后建成的"二桥"则采用了忠县曾经的古地名,叫"忠州长江大桥"。

右上图　万州是三峡库区最大的移民城市,万州长江二桥的建成方便了库区移民的生产生活,大大促进了万州的发展

右中图　扬中二桥为江苏省扬中市插上了腾飞的翅膀

右下图　忠州长江大桥是一座双塔三跨斜拉桥,主跨460米,两边跨205米,H形桥塔高247.5米

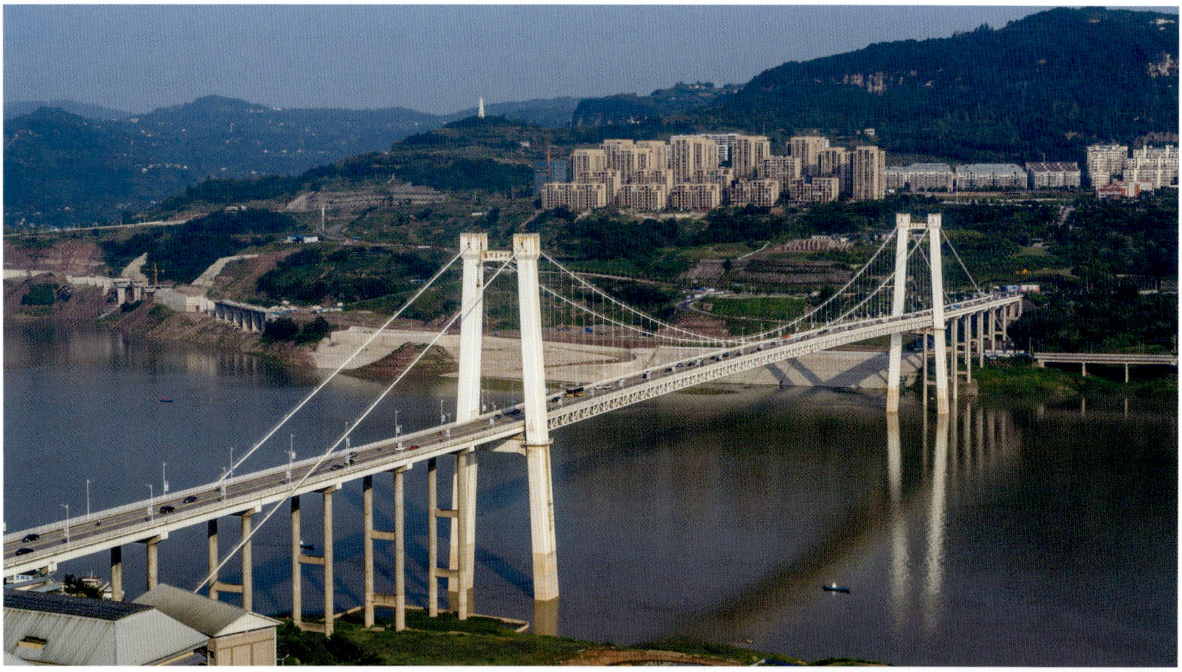

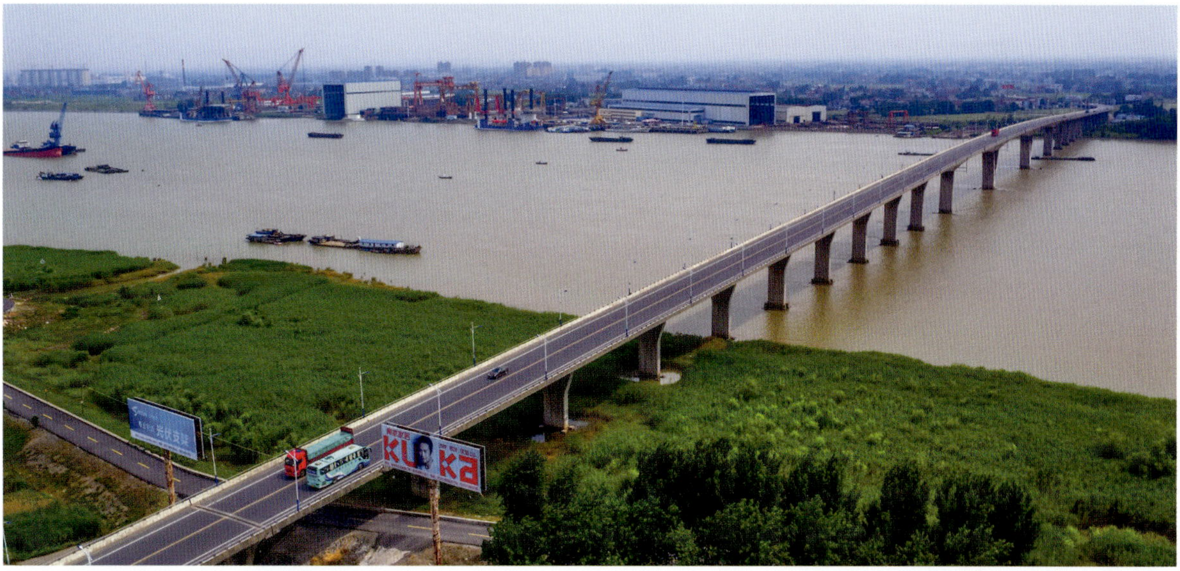

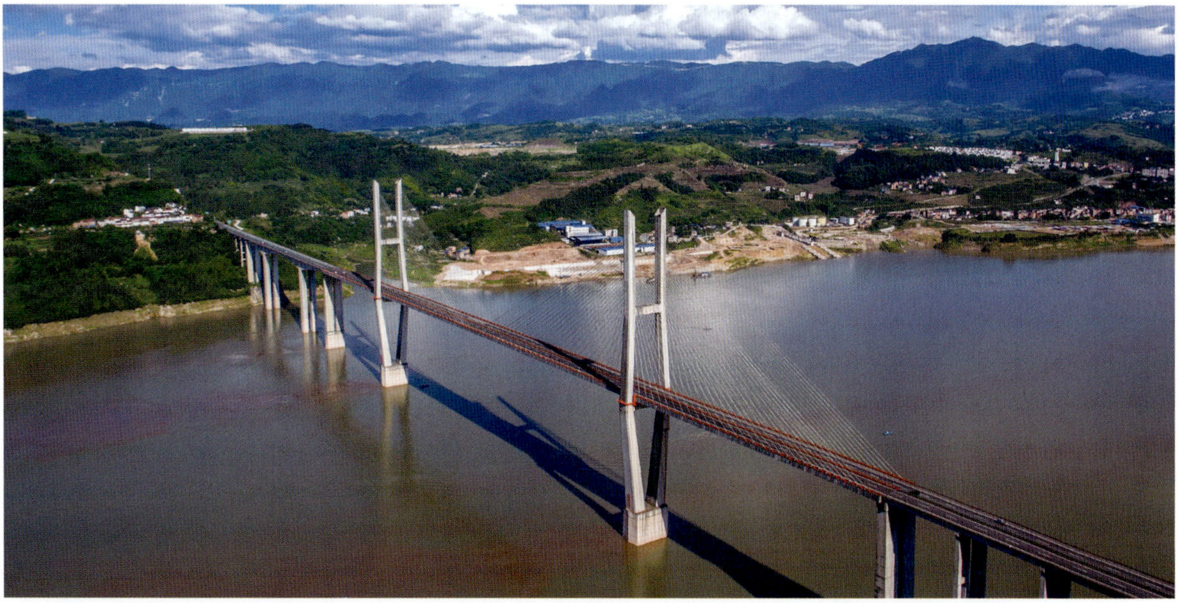

2001年建成的忠县长江大桥打通了忠县县城与外界的连接。仅仅8年之后，忠州长江大桥在其上游数千米外承担起G50高速过江的任务，为这种连接提了速，将这座山区小城推入"二桥"时代

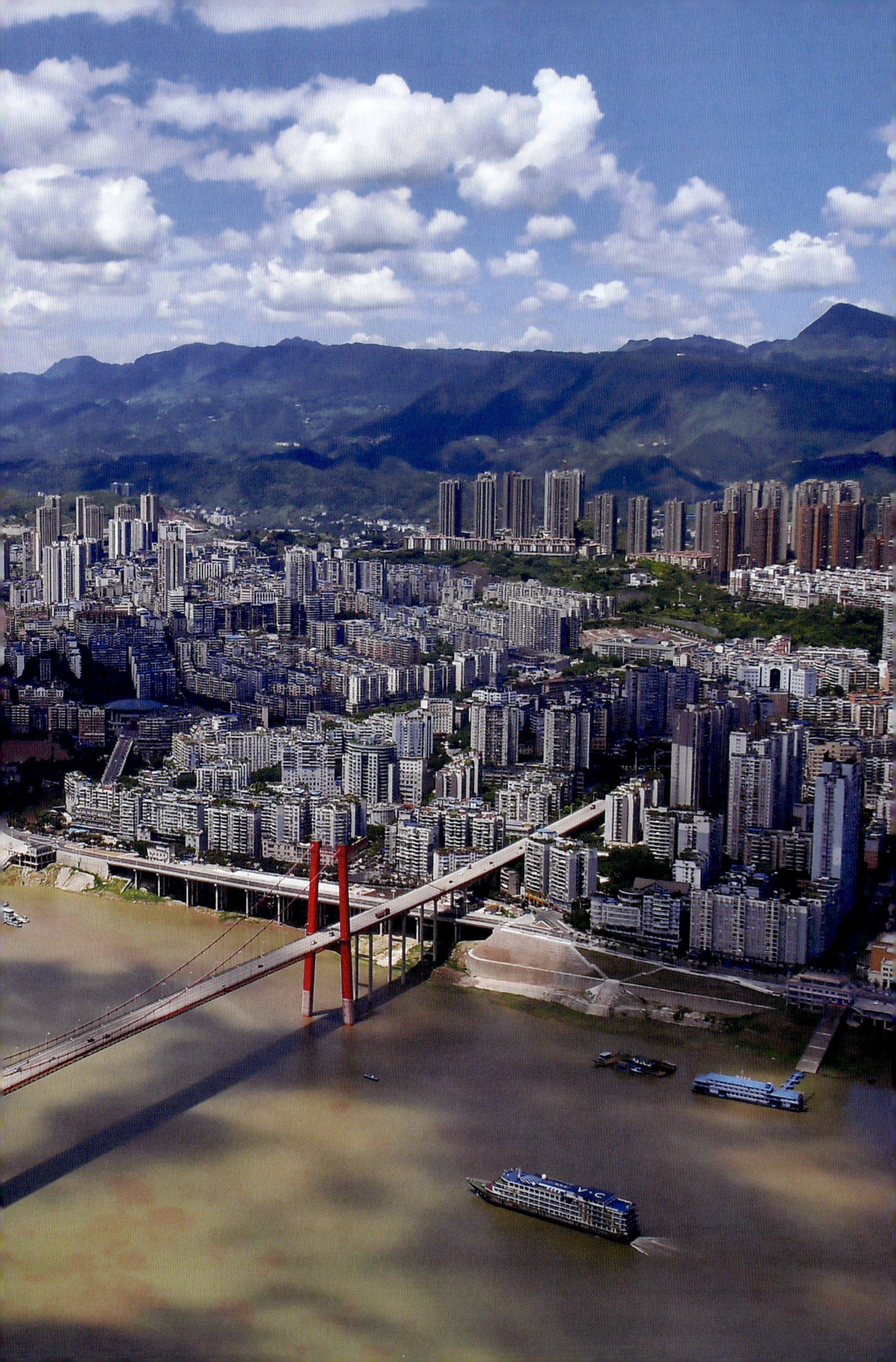

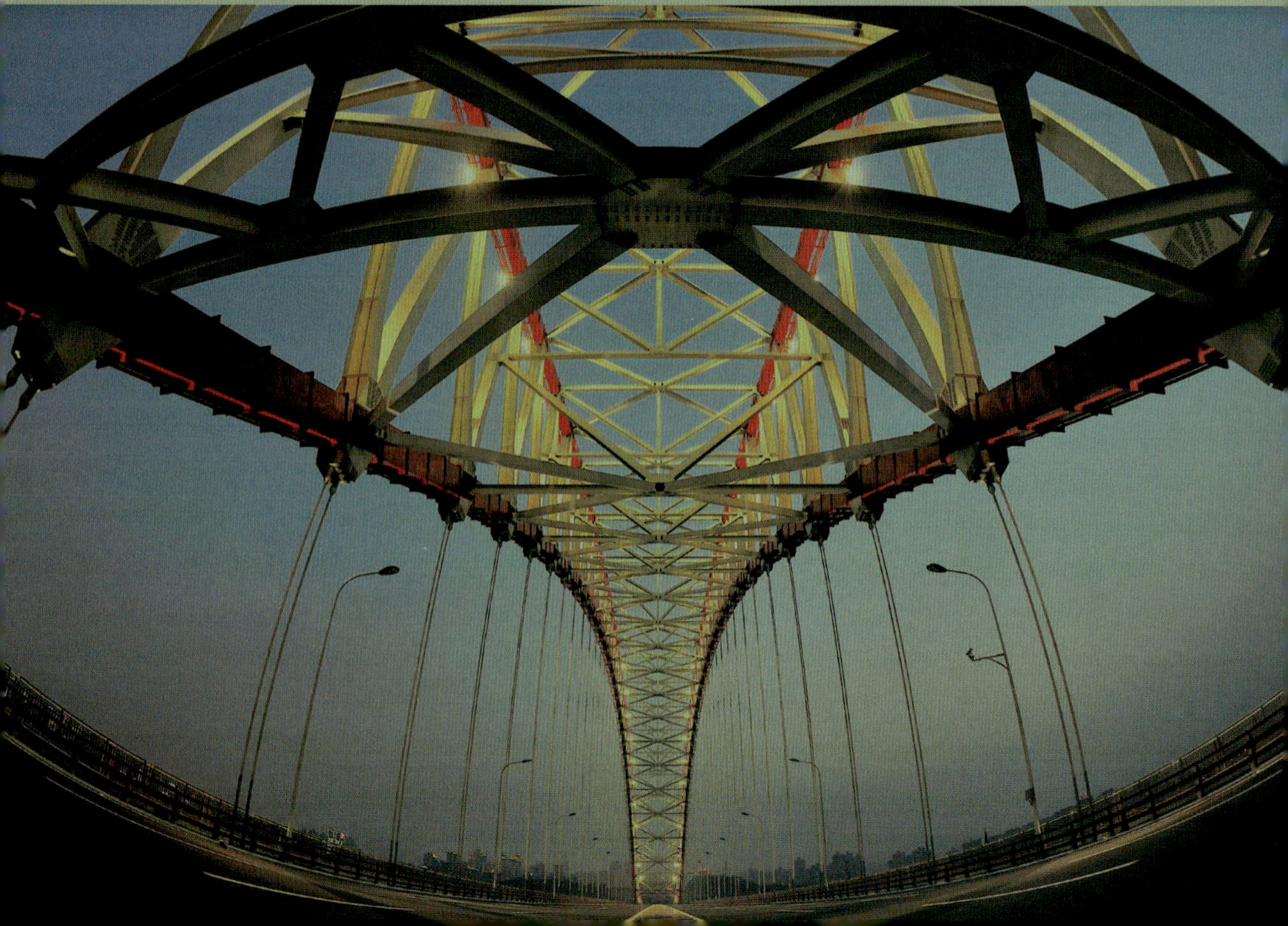

② 桥都话题

朝天门是重庆的标志之一,
朝天门大桥也是

众沿江城市在为"二桥"的到来欢欣鼓舞时,重庆与武汉论起了"桥都"的话题。

"山城""江城"皆大自然鬼斧神工所为,"桥都"却凿凿是人类的创造,何城堪任?

重庆的"一桥"在1980年通车后,很快便成为全城最大的堵点。建桥不易,"山城+江城"的特殊地理构造,让重庆人发明了一种特别的过江通道——索道。

1983年元旦,嘉陵江索道在试运行一年之后,正式移交轮渡公司营运,日运营155班次,年平均日载客量达5105人次。

1987年10月,第一条飞越长江的客运索道——重庆长江索道投入运营。这条索道日运营137班次,年平均日载客量为4602人次。

索道可以暂时缓解过江压力,但要解决日渐膨胀的市民过江需求问题,只能寄希望于过江桥梁。1997年1月12日,仅晚于武汉一年半,重庆城开始享受长江"二桥"的便利。重庆的"二桥"大名"李家沱大桥",但重庆人喜欢叫它"长江二桥"。而就在这一年,重庆城带着周边的数十个区县市,成为国家直辖市,许多县升格为区,城区被称为"主城区"。

坐"缆车"过江，可能是山城人最独特的出行记忆

　　除主城区外，重庆有 11 个区县临江，由东往西数分别是巫山县、奉节县、云阳县、万州区、忠县、石柱土家族自治县、丰都县、涪陵区、长寿区、江津区、永川区，其中江津、永川在主城区上游。由于三峡水库的库尾延绵至江津，重庆几乎所有的沿江区县都在三峡库区的范围内，均涉及三峡迁城移民的工作，于是，在三峡大坝正式开建之前，沿江的库区桥梁就已在规划、筹建，并按照三峡水位上涨高程的时间节点，开始分批施工。1997 年建成的首批库区长江大桥有丰都、涪陵、万县、江津 4 座。

　　1998 年 12 月 12 日，国家对重庆提出了建设长江上游经济中心和国际化大都市两大长远目标，这两大目标都需要通江达海的交通体系支撑，在山水相间的重庆，这个交通体系则意味着桥梁的高出镜率。

长江上的桥

　　进入新世纪。2001年12月26日，重庆主城区同时通车了两座长江大桥，一座是大佛寺长江大桥，在朝天门码头下游5千米处，另一座是马桑溪长江大桥，在大渡口区与巴南区之间。

　　之后，用"雨后春笋"来形容重庆桥梁的"生长"速度毫不为过。即便是这样，到了2005年，重庆市仍有轮渡码头29座、运营客船17艘，轮渡的年客运量达294万人次。随着城市范围呈几何倍数地扩容，重庆对桥梁的需求量越发增大。

三峡新景

扼守在瞿塘峡峡口和巫峡两端峡口的夔门、巫山、巴东三座长江大桥分别建成于2006年、2005年和2004年，是长江三峡的新景致。

左上左图
马桑溪古镇（后更名为"义渡古镇"）因马桑溪长江大桥的建成而声名远播

左上右图
巫山县城位于大宁河入江口的右岸，巫山长江大桥与之遥遥相对

左下左图
大佛寺长江大桥右岸是重庆市南岸区大佛滩，这里有一座俗称子弹石的小山，山上有摩崖石刻大佛

左下右图
奉节人把夔门大桥当作广告牌，将当地景点白帝城和国家喀斯特公园的名字刻在了桥塔上

右图
巴东长江大桥让从内蒙古来、往广西去的209国道摆脱了过江汽渡

长江上的桥

左上图
重庆地维长江大桥 2004 年 8 月 22 日通车

右上图
重庆云阳长江大桥 2005 年 9 月 28 日通车

下图
2009 年 4 月 29 日，通车当天的重庆朝天门长江大桥。这座公轨双层结构的钢桁拱桥主跨 552 米，至今仍为世界上已建成的跨度最大的拱桥

跨越的身影・桥都话题

左上图
重庆涪陵李渡长江大桥 2007 年 10 月 28 日通车

右上图
重庆菜园坝长江大桥 2007 年 10 月 29 日通车

长江上的桥

重庆鱼洞长江大桥 2008 年 10 月 31 日通车

跨越的身影 · 桥都话题

　　2010年12月22日，宜（昌）万（州）铁路通车，铁路线两端的两座跨江铁路桥梁——宜昌长江大桥和万州长江大桥，随之通车运营。至此，重庆已拥有31座长江大桥，其中11座在主城区。

　　此时，在长江中游，湖北省拥有长江大桥18座，其中武汉市6座；在长江下游，安徽省拥有长江大桥2座，江苏省拥有11座，其中南京市4座。

　　重庆"桥都"的名号，由自称起始，竟也不胫而走。

上左图　重庆长寿长江大桥2009年3月31日通车

上右图　重庆涪陵石板沟长江大桥2009年9月25日通车

下左图　重庆江津外环长江大桥2009年12月31日通车

下右图　重庆鱼嘴两江大桥2009年12月31日通车

③
高速

2019年1月的武汉阳逻港。此时，承载高速公路过江、助力阳逻港发展的阳逻大桥已通车11年

中国大陆高速公路建设实现"零"的突破是在1988年，这年10月31日，上海至嘉定的沪嘉高速公路通车，全长约20千米，设计时速120千米。

20世纪90年代中期之后，国民经济快速发展，在私家车渐增、物流业兴起和国家对各类假期调整的加持下，高速公路如春雨中的草茎藤蔓般在全国各地铺陈开来。据相关部门发布的数据，2000年底，全国高速公路里程是1.63万千米，而到2010年底已达7.41万千米。

纵贯南北的高速公路是需要过江的。

1995年12月26日，京台高速G3跨过长江，搭载它的是铜陵长江大桥，一座主跨432米的双塔斜拉桥。

4年后，1999年9月28日，江阴大桥以1385米的跨度载着京沪高速G2一步迈过了长江。

2000年11月30日，厦蓉高速G76的隆（昌）纳（溪）段在四川过江，泸州二桥担当了承载重任。

右上图　铜陵长江大桥是安徽首座跨江大桥，"服役"26年之后，2022年1月4日，在它身侧，一座名为"G3铜陵长江公铁大桥"的桥梁开建。待新桥建成，老桥将卸下G3过江重担

右下图　江阴大桥桥址处的江阴要塞自古为军事要地，清同治、光绪年间，为防外舰入侵，在此增筑炮台，因而有"江河门户""镇航要塞"之称

173

长江上的桥

在接近入海口的地方跨越长江，往往不是建一座单体桥梁就能实现的，可能需要一组系列工程。2017年6月14日，薄雾中的润扬长江大桥已在这里伫立了12个春秋

新世纪来临时，长江的上、中、下游已各有了一座专职为高速公路提供服务的桥梁。高速公路桥与普速公路桥有什么不同？高速行驶的车辆对公路桥梁的平顺度、承载力等技术指标有更高的要求，且随着高速公路的不断升级，要求越来越高。

2000年10月20日，江苏镇江和扬州之间的一座备受瞩目的桥梁工程举行了开工典礼。**这座桥叫作润扬长江大桥。**

"京口瓜洲一水间，钟山只隔数重山。春风又绿江南岸，明月何时照我还？"王安石的诗《泊船瓜洲》中的"京口"便是现今的镇江，位于长江右岸，"瓜洲"现隶属扬州，位于长江左岸。

历史上，镇江和扬州隔江相望，在这两座文化名城之间建一座桥是许多人的梦想。

跨越的身影 · 高速

世业洲上的高架桥连接着左右汊河上的两座宏伟的大桥，它们共同组成了"润扬长江大桥"

　　孙中山先生曾计划建两座长江大桥，一座在武汉牵起龟蛇，一座就架在"京口"和"瓜洲"之间。

　　润扬长江大桥跨越江心世业洲，大桥正桥自南向北分为三个部分：右汊桥、世业洲高架桥和左汊桥。右汊桥为主跨1490米的双塔悬索桥，这个跨径是当时的中国第一、世界第三；左汊桥为主跨406米的双塔斜拉桥。建江阴大桥时，建设单位借助了欧洲的桥梁力量，**而润扬大桥揭开了在宽阔的长江下游、完全依靠中国力量自主建造超大规模现代公路桥梁的篇章。**

　　2005年5月1日，润扬长江大桥通车，后获中国土木工程詹天佑奖。

润扬长江大桥通车当月，在它下游的苏州与南通之间，苏通长江大桥两座主塔的承台完成。

这座全长32.4千米、主跨1088米的大桥是当时世界上第一座超千米跨度的斜拉桥，也是当时中国工程规模最大、综合建设条件最复杂的超大规模桥梁工程。

苏通大桥创造了最大主跨、最深基础、最高塔桥、最长拉索四项斜拉桥世界纪录。建设过程中，中国的桥梁科技工作者对桥梁抗风、抗震、防冲、防撞、防腐蚀进行专题研究，攻克了多项世界级施工技术难题。

2008年6月30日，苏通大桥正式通车，北方的沈阳至南通高速公路，从此与南方的苏州到海口高速公路连在一起，在我国东部沿海发达地区，形成了一条纵贯南北的国道快速主动脉。国际上认为，斜拉桥1000米跨径已达极限，**苏通大桥突破了这一极限，主跨长度达1088米，这是中国桥梁建设者摘取的一块世界桥梁建设的"奥运金牌"。**

建成通车后，苏通大桥获国家科技进步奖一等奖，同时还捧回了国际桥梁大会颁发给中国桥梁的首个乔治·理查德森奖。

左上图　苏通长江大桥基础施工时的情景。不论多么高大的桥梁，都是从基础做起的

右上图　苏通长江大桥的辅航道桥为T形连续刚构桥，268米的跨度是当时同类型桥梁的世界第二

左下图　苏通长江大桥辅航道桥T形连续刚构合龙

右下图　苏通长江大桥的主塔高300.4米，这个世界纪录一直保持到2020年7月沪苏通长江公铁大桥建成通车

2017年6月20日,即将"年满"9岁的苏通长江大桥。此时的它,作为中国现代化桥梁的经典之作,依然稳居排头位置

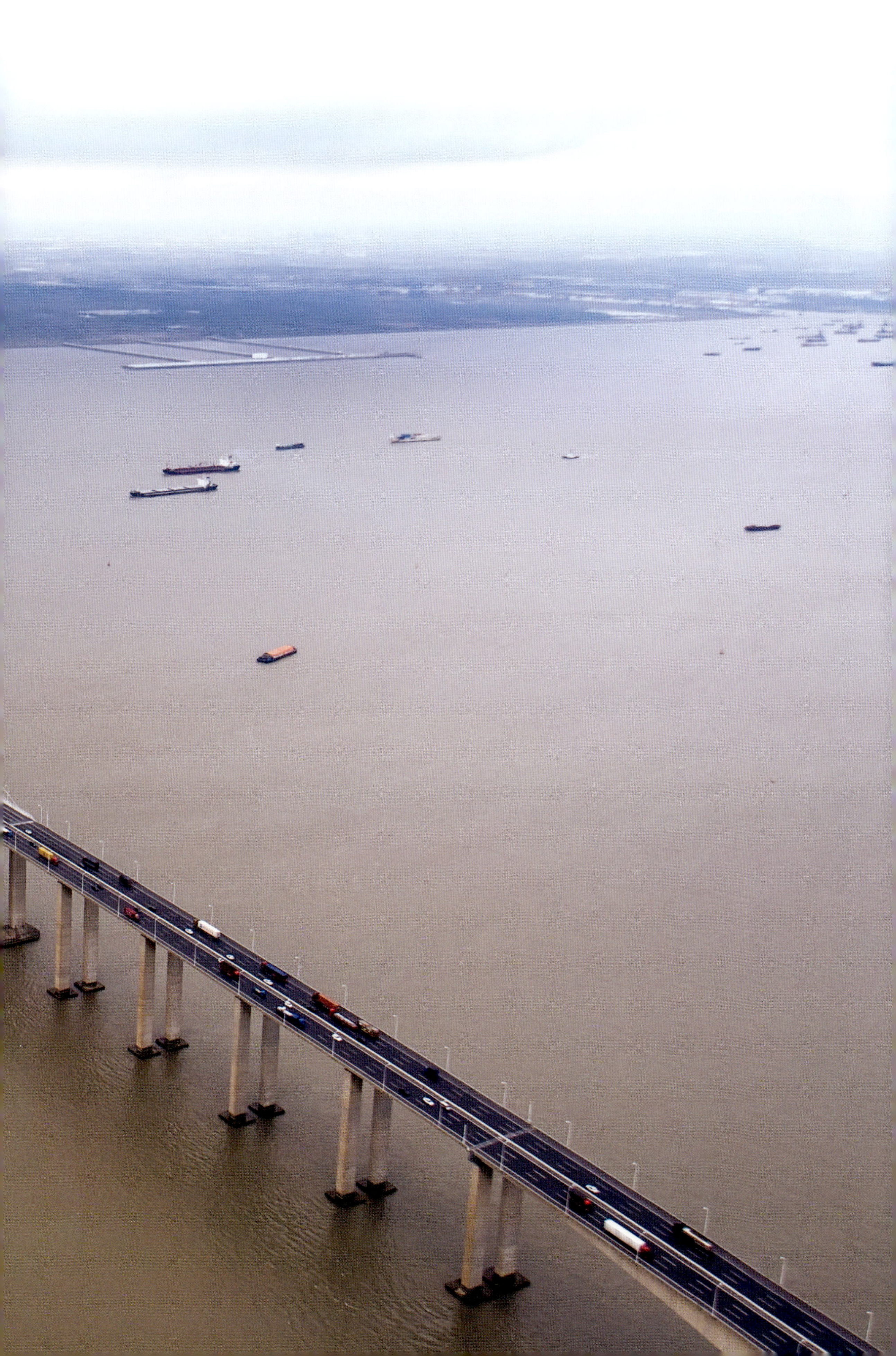

长江上的桥

跨越的身影·高速

建成前后的上海长江大桥。如果不是这座桥，这个江岸便似海岸

长江上的桥

2009年10月31日，苏通大桥通车一年多后，上海长江大桥通车。上海长江大桥是连通上海宝山与崇明岛的"上海长江桥隧工程"的一部分，架在崇明岛与长兴岛之间，远没有横跨整个长江水域，但其正桥就长达9970米，那是一眼望不到头的距离。

这座距入海口最近的长江桥梁，施工过程中深受海潮、海浪、海涌等的影响，基本就是一座跨海桥。

上海桥隧工程让崇明岛这座中国第三大岛与江岸有了陆路连接，它建成后就开始静静等待，等待着崇明岛北边另一座跨半幅长江水域的桥梁建成。要与它一起把崇明绑定，将沪陕高速G40送过长江去。

那座桥便是2011年通车的崇启长江大桥。

右上图　2017年6月22日，自崇明岛往南眺望上海长江大桥。大桥全长16.55千米

右下图　自崇明岛往北眺望崇启大桥。大桥工程全线长达51.763千米，6.84千米长的过江主桥的主通航孔部分采用六跨钢连续梁，最大跨度185米

跨越的身影 • 高速

长江上的桥

跨越的身影・高速

21世纪的第一个10年，长江上除了重庆的桥梁建设突飞猛进、各城的"二桥"迅速成长，普速公路和高速公路也在多地借桥梁实现了天堑之跨越。

湖北的荆州长江大桥于2002年10月1日通车。通车那天允许市民上桥参观，许多人用一个多小时的时间从这头走到那头

长江上的桥

武汉的军山大桥于 2001 年 12 月 15 日通车

湖北的鄂黄长江大桥于 2002 年 9 月 26 日通车

安徽的安庆长江大桥于 2004 年 12 月 26 日通车

南京三桥（后更名为"南京大胜关长江大桥"）于 2005 年 10 月 7 日通车

四川的江安长江公路大桥于 2007 年 5 月 28 日通车

武汉的阳逻大桥于 2007 年 12 月 26 日通车

四川的宜宾长江大桥于 2008 年 4 月 7 日通车

四川的 1573 长江大桥（又名"泰安长江大桥"）于 2008 年 9 月 28 日通车

南京夹江大桥于 2010 年 5 月 28 日通车

湖北的鄂东长江大桥于 2010 年 9 月 28 日通车

湖北的荆岳大桥于 2010 年 12 月 9 日通车

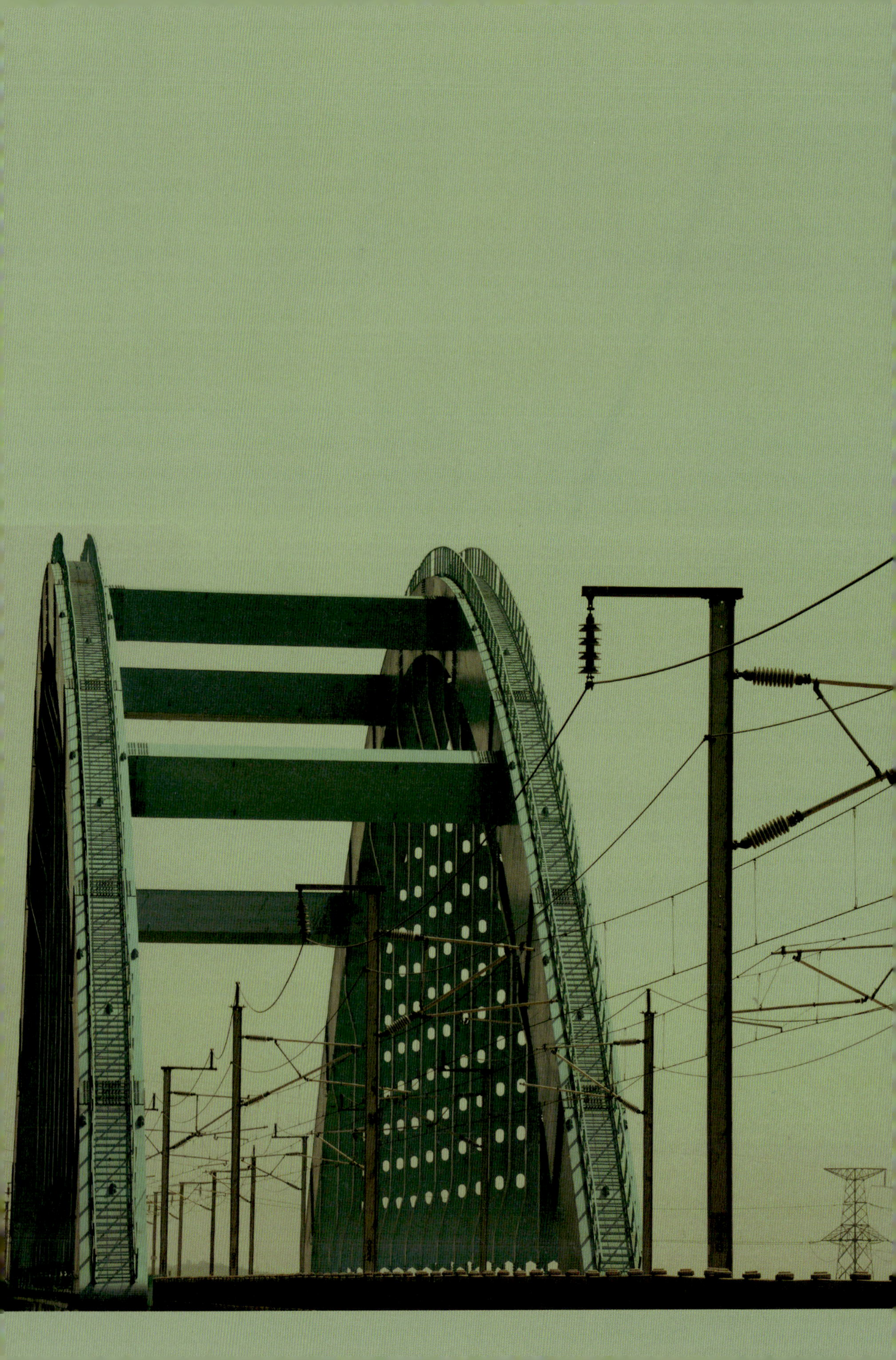

④
高铁

2009年9月,武广高铁开通前的一处路段,有桥拱有接触网。从那时起,这样极具科技感的场景在全国各地渐渐多起来,改变着中国人的出行方式

高速公路将中国普通百姓推入了时速过百的快节奏生活。似乎运力强大的铁路在速度上已远远落在了后面。

其实，20世纪90年代中期，一场改写中国交通历史、深刻影响中国经济发展的"速度革命"已开始酝酿。

1997年4月1日0时，中国铁路第一次大提速，京广、京沪、京哈三大干线最高时速达到140千米，全国铁路客车平均时速由48.1千米提至54.9千米。78组快速列车和夕发朝至列车开行，40组特快列车开行。

2007年4月18日0时，中国铁路第六次大提速，52对时速200千米以上的车组开行。快速铁路以应接不暇的发展速度刷新着人们对它的认知，并迅速影响百姓的日常生活，改变着中国人的观念和思维。似乎在不知不觉中，中国就拥有了里程6000千米、时速达200千米的准高速铁路。但是，这场速度革命还远未结束，准确地说才刚刚开始，因为至少在那时，每年的春运"迁徙"，仍是铁路部门和返乡人群面临的一场大"战役"。

这场革命与桥梁有何干系？对于这个问题，我们可以得到这样的答案：没有桥梁，就没有交通大发展的"速度与激情"。

京津城际的高速列车在华北大地上空飞驰

中国铁路连续 6 次大提速的 10 年，是中国高速铁路技术的孕育期，中国第一代高铁人为之付出了艰苦卓绝的努力。而中国桥梁人的行动开始得似乎更早一些。2007 年 4 月 18 日，中国自主品牌的 CRH 高速列车"和谐号"动车组通过 50 岁的武汉长江大桥、近 40 岁的南京长江大桥，实现了动车组首次跨越长江。这意味着"出生"于 20 世纪中期的长江大桥们完全具有适应新世纪的"快速冲击"的实力，也意味着当年的桥梁人为"未来"打下的技术提前量，大到让现今的我们惊叹。

2008 年 8 月 1 日，中国第一条高铁——设计时速 350 千米的京津城际铁路开通，中国高铁时代的大幕"唰"地拉开了。

京津城际铁路采用桥梁替代传统的路基，桥梁长度之和占线路总长度的 87%，这是让人吃惊的比例。

长江上的桥

高铁首次跨过长江,是在长江大桥的发轫地——武汉。

2005年8月22日,胡锦涛同志来到武汉的天兴洲长江大桥工地。在工地趸船甲板上,胡锦涛沉静地眺望了一会儿江中的主桥墩施工现场,问身边的大桥局负责人:中国的桥梁建设技术可以称得上世界一流水平吗? 得到的回答简短而笃定:可以。

天兴洲长江大桥位于武汉长江二桥下游9.5千米处,是武汉的第6座长江大桥,更是中国第一座为高铁过江而建的桥梁。

大桥主桥为双塔斜拉的公铁两用桥,上层为双向六车道公路,下层为双向四线铁路,公路设计时速80千米,铁路设计时速200千米。主跨504米,是当时同类桥梁中的世界第一。

右图 2006年2月,天兴洲长江大桥主墩的基础施工紧张而有序。大桥建设者中许多人的父亲或祖父参建过武汉长江大桥。半个世纪过去,物资条件已大为改善,但现场施工依然是艰苦的

跨越的身影 · 高铁

193

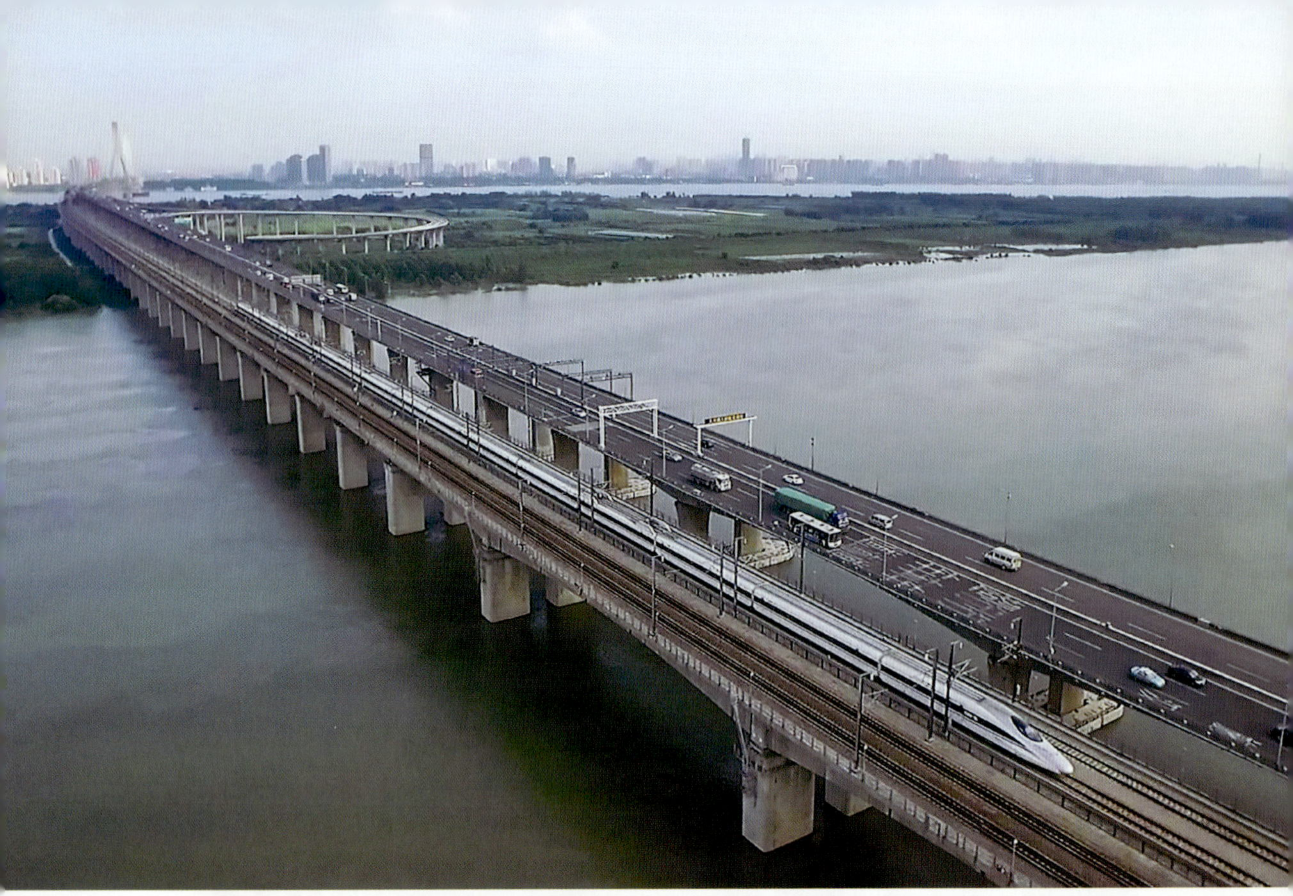

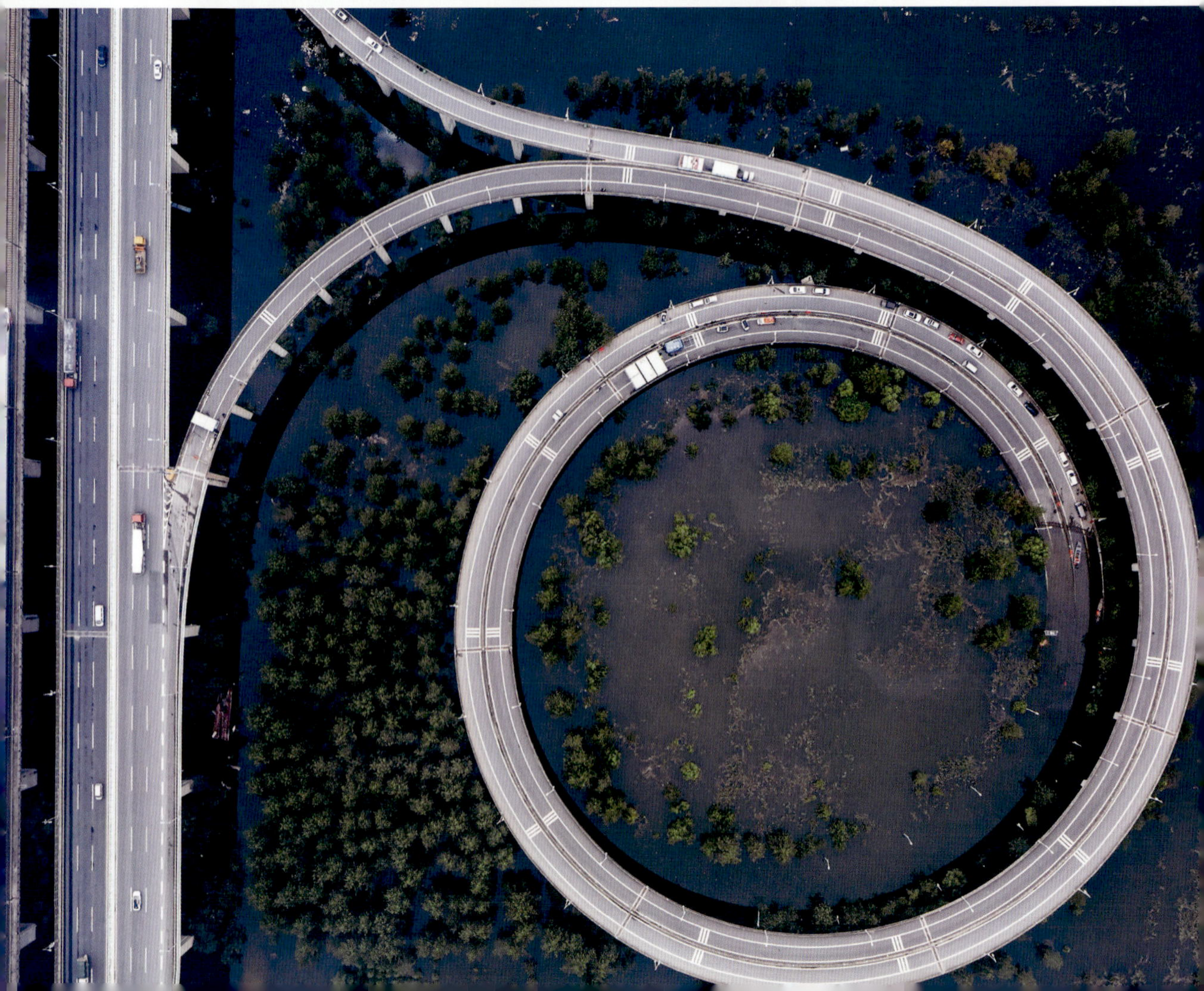

左上图　京广高铁的高速列车通过天兴洲长江大桥跨越长江

左下图　天兴洲长江大桥跨越江心的天兴洲，天兴洲在夏季时常被洪水淹没，岛上的居民便会撤离，但大桥还是为居民日常出行专设了上下岛的车行匝道

右上图　2021年7月的天兴洲长江大桥武昌岸桥头。大桥已是武汉市民生活中的日常景物

　　正当天兴洲长江大桥工程在刷新着科技、工艺、设备的世界纪录的同时，长江南边的武（汉）广（州）高铁，长江北边的（北）京石（家庄）高铁、石（家庄）武（汉）高铁也在突破和创新中加紧建设。

　　2009年12月26日，武广高铁正式运营，初期时速350千米，天兴洲公铁两用长江大桥随之通车。2012年9月28日，郑（州）武（汉）段高铁开通，京广高铁全线开通。

天兴洲长江大桥将长江以南的武广高铁、长江以北的京武高铁联结在一起，形成了世界上最长的高铁线路——2298千米的京广高铁。

自那时起，从北京到广州，全程最快不到8个小时。

2017年10月30日，晴空中的天兴洲长江大桥。两年后，武汉主城区的数座跨江大桥接受彩化、亮化、美化，天兴洲长江大桥的主塔被有蓝色线条的白色"彩妆"覆盖，"素颜"变成记忆。远处隐约可见的桥塔，是位于下游6.5千米处、施工中的青山长江大桥。

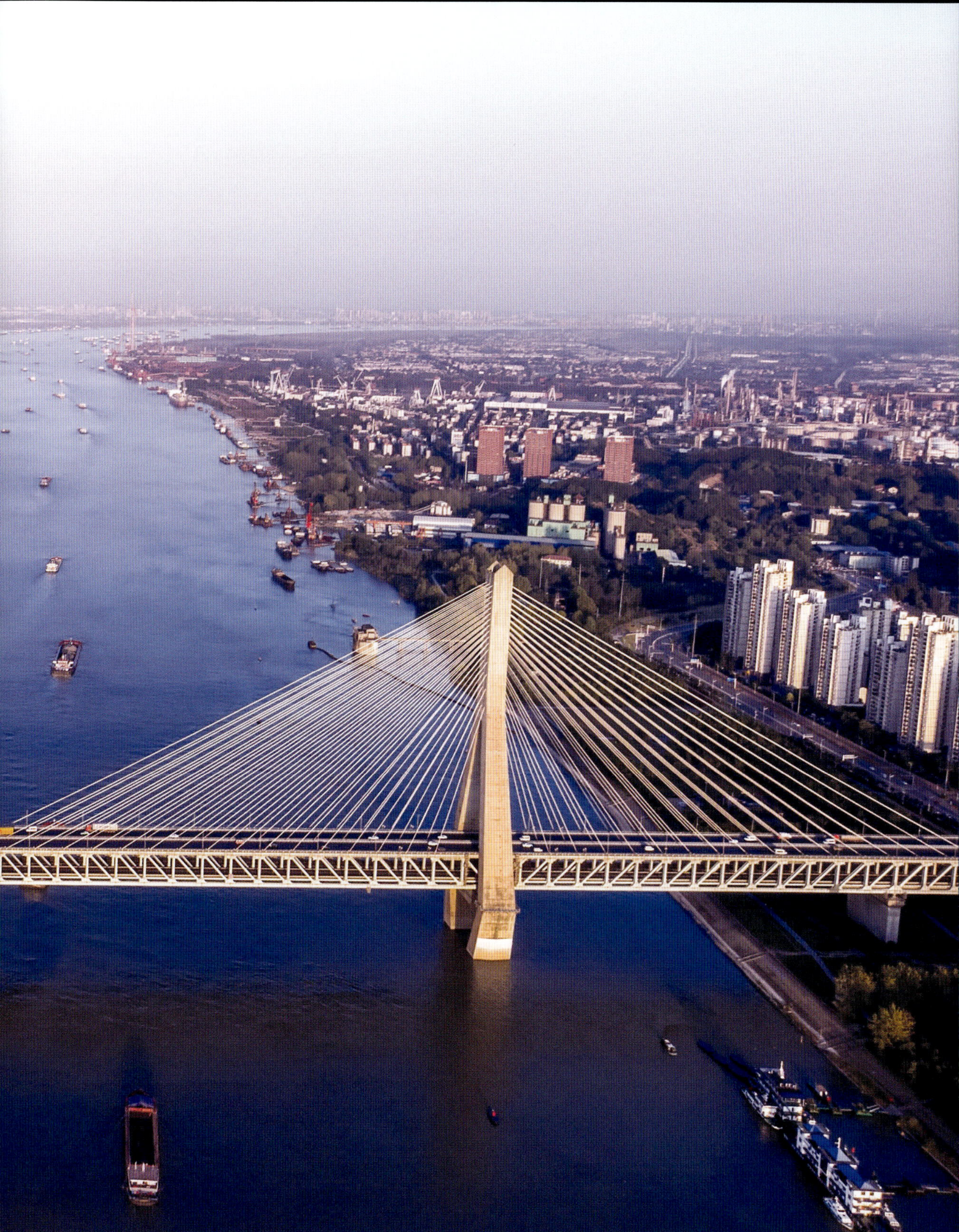

长江上的桥

左上图　隆黄铁路自四川隆昌到贵州黄桶，是孙中山先生在《建国方略》中规划过的铁路，其中隆（昌）叙（永）段在泸州跨越长江。隆叙铁路泸州长江大桥于2004年2月竣工

左下图　渝（重庆）怀（化）铁路是兰（州）厦（门）铁路的中间路段，为国家西部大开发十大重点项目之一，于重庆长寿跨越长江。渝怀铁路长寿长江大桥于2005年底竣工，2006年初通行了货车。2007年4月渝怀铁路客运全线通车

右上图　宜万铁路宜昌长江大桥建设中使用了拱竖转技术，即两孔钢管拱分4个半幅垂直拼装完成后，纵向转体合龙，完全规避了对河道繁忙航运的影响。转体吨位达3640吨，在建成后的许多年里都领先于同类型施工技术

右下图　宜万铁路万州长江大桥建成时，是国内跨度最大的刚性拱柔性梁铁路桥

跨越的身影 • 高铁

　　高铁跨越长江时，普速铁路也在长江两岸往四面八方延伸着。2010年12月22日，经过7年的艰苦施工，宜万铁路通车。它的前身便是1909年詹天佑主持开建、李文骥为之服务多年的川汉铁路。囿于当时的国情，它自宜昌出发仅往西前行20多千米便不得不停工。

　　宜万铁路所经地域多为喀斯特地貌，地下遍布溶洞和暗河，使之成为我国铁路建设史上难度最大、每千米造价最高、历时最长的山区铁路。宜万铁路两过长江，便有了宜万铁路宜昌长江大桥和宜万铁路万州长江大桥。

　　到2010年12月31日，长江（宜宾合江口以下）上已有73座桥梁，其中49座建成于21世纪第一个10年。

第 4 章
超级工程

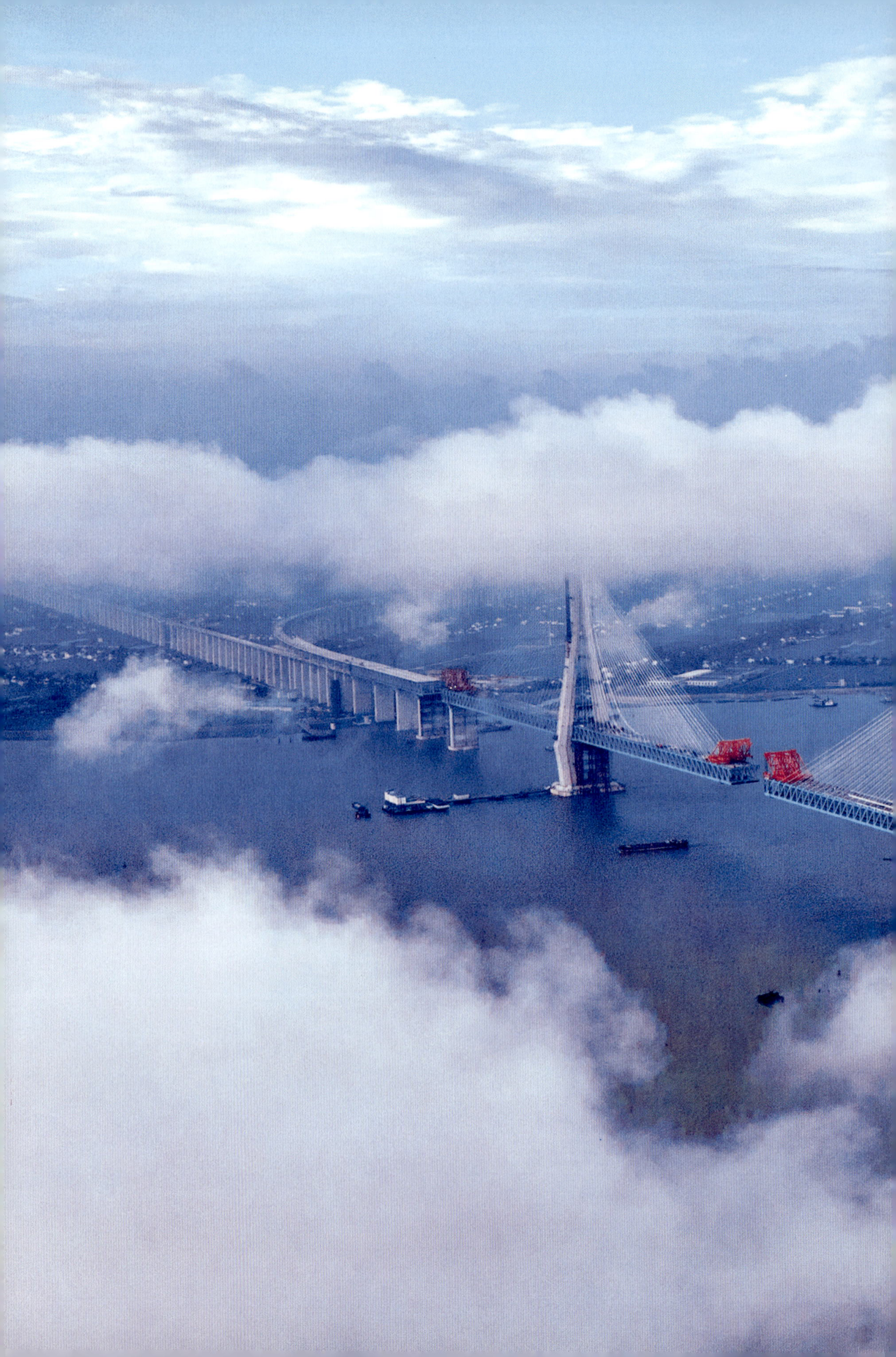

2019年8月5日清晨,建设中的沪苏通长江公铁两用大桥。40多天后,大桥钢梁合龙,在全球首次实现了公铁两用斜拉桥的千米跨越

随着21世纪第二个10年的日历翻动，随着高铁时代的全面、深度开启，"追梦"的中国人愈发忙碌起来，每个人的时间和空间里都充盈着快速迭代的新事物。

两个新词渐渐呈高频出现，一个是由小众而大众的"超级工程"，一个是由戏谑而赞叹的"基建狂魔"。

一座座或体型巨大、或智慧超前、或思维奇特的现代构造物，以近乎不可思议的方式和速度在各地诞生。

2012年6月，港珠澳大桥桥梁工程开工。在此之前，它的海底隧道和人工岛部分的施工早已开始。

港珠澳大桥是一座桥吗？当然不是。

超级工程

左图　2021年5月21日清晨，通车两年半的港珠澳大桥

右图　俯瞰港珠澳大桥工程，从施工到贯通，仿佛断了线的珍珠项链被串联起来

　　港珠澳大桥是"一国两制"框架下，粤港澳三地首次合作建设的超大型基础施工工程，全长55千米，东起香港国际机场附近的香港口岸人工岛，向西横跨伶仃洋后连接珠海和澳门人工岛，止于珠海洪湾，包括连接线路、山体隧道、人工岛、海底隧道、航道桥、非通航孔桥、通关口岸等多类别工程项目。

　　港珠澳大桥是一座桥吗？当然不是。

　　港珠澳大桥管理局总工程师苏权科说，**它是一个连接，一个 Link**。它连接的是被伶仃洋分开的三地的地理空间，是思想、感情和理念，更是过去、现在和未来。这或许是港珠澳大桥工程建设的初衷，更是随着工程的完成，在三地人民以及更多中国人心中逐渐形成的共识。这或许就是港珠澳大桥工程的经济、社会、历史意义。

205

2017 年，央视音乐频道的国庆特别节目聚焦了 5 项国家重点工程，它们分别是 C919 大型客机、蛟龙号、藏中联网工程、平潭海峡公铁大桥和白鹤滩水电站，主题分别为"追梦蓝天""中国深度""点亮西藏""海上飞虹""舞动金沙"。

平潭海峡公铁大桥是一座桥吗？当然是。

大桥全长 16.34 千米，上层六车道公路，设计时速 100 千米；下层双线铁路，设计时速 200 千米。大桥从福州市长乐区松下镇到平潭岛苏平镇的跨越过程中，要经过人屿岛、长屿岛、小练岛、大练岛四座海岛，依次跨越人屿岛与长屿岛之间通航能力 50000 吨级的元洪航道和 5000 吨级的鼓屿门水道，小练岛和大练岛之间通航能力 50000 吨级的大小练岛水道，以及大练岛与平潭岛之间的北东口水道，因而仅公路、铁路合建段就包含三座双塔斜拉桥和一座双主跨连续刚构桥，主跨分别为 532 米、364 米、336 米和 168 米。

国庆节目《我和我的祖国》之"海上飞虹"在平潭海峡公铁大桥工地录制，主会场是人屿岛上的一块空地，分会场则在 3600 吨起重船"海鸥"号的甲板上。数百名大桥建设者参与了节目录制，展现出"超级工程"参建者的自信风貌

2018年10月1日,海潮中的平潭海峡公铁大桥工地。大桥所处的平潭海峡,是与百慕大、好望角齐名的"世界三大风口海域之一",每年6级以上的大风天数超过300天,因风大、浪高、水深、涌急,工程建设面临的技术挑战和施工风险极大,又被称作"建桥禁区"

说平潭海峡公铁大桥是"台湾海峡跨海工程"准备多年的一个初期结果,一点也不为过。世界上风浪最大的海峡它可以跨过去,历史风浪造成的分隔它也一定能跨过去。

一座工程,不论是体量还是意义,大到需要用"超级"来形容时,它就不再仅仅是一个量的变化,也不再单单是一座建筑。

21世纪第二个10年里,可称为"超级工程"的桥梁不止在海上出现。

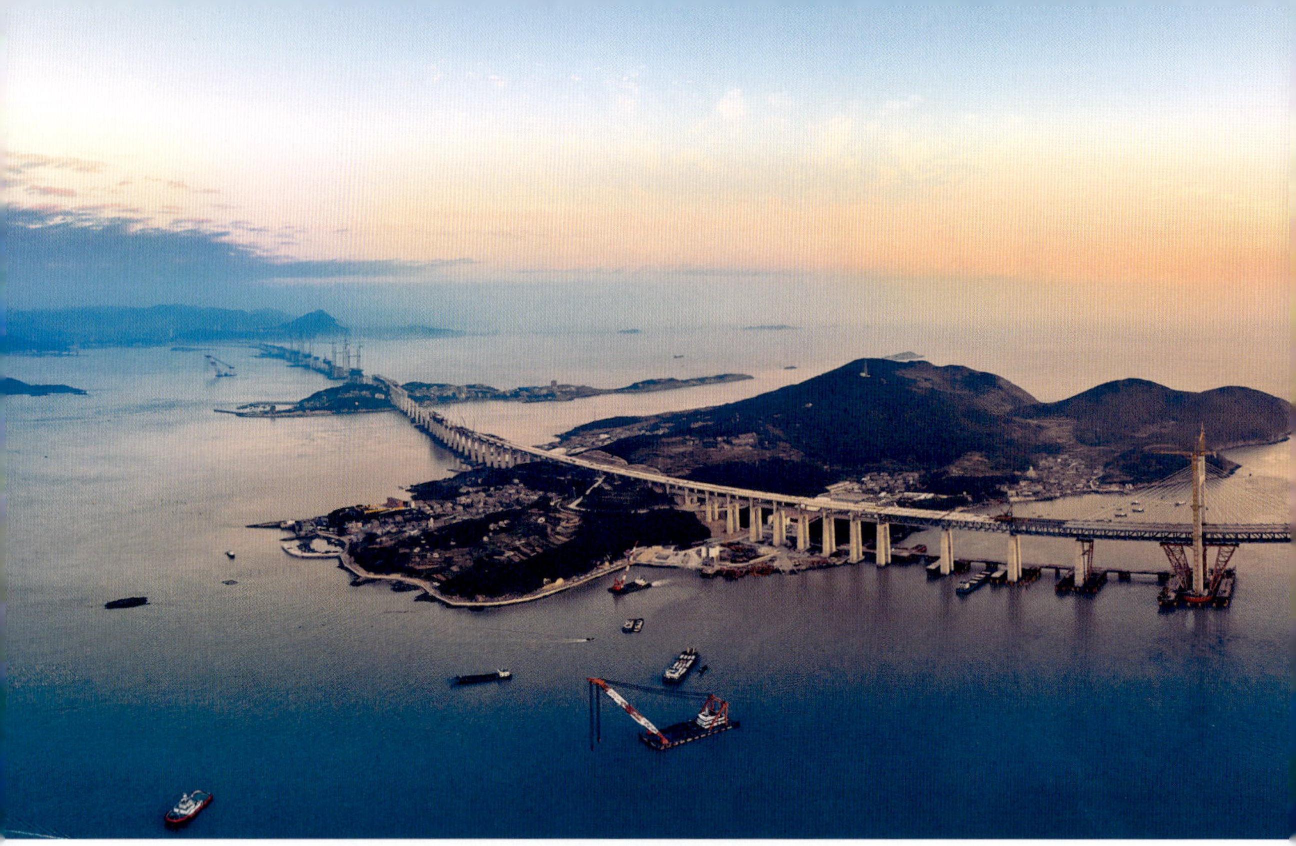
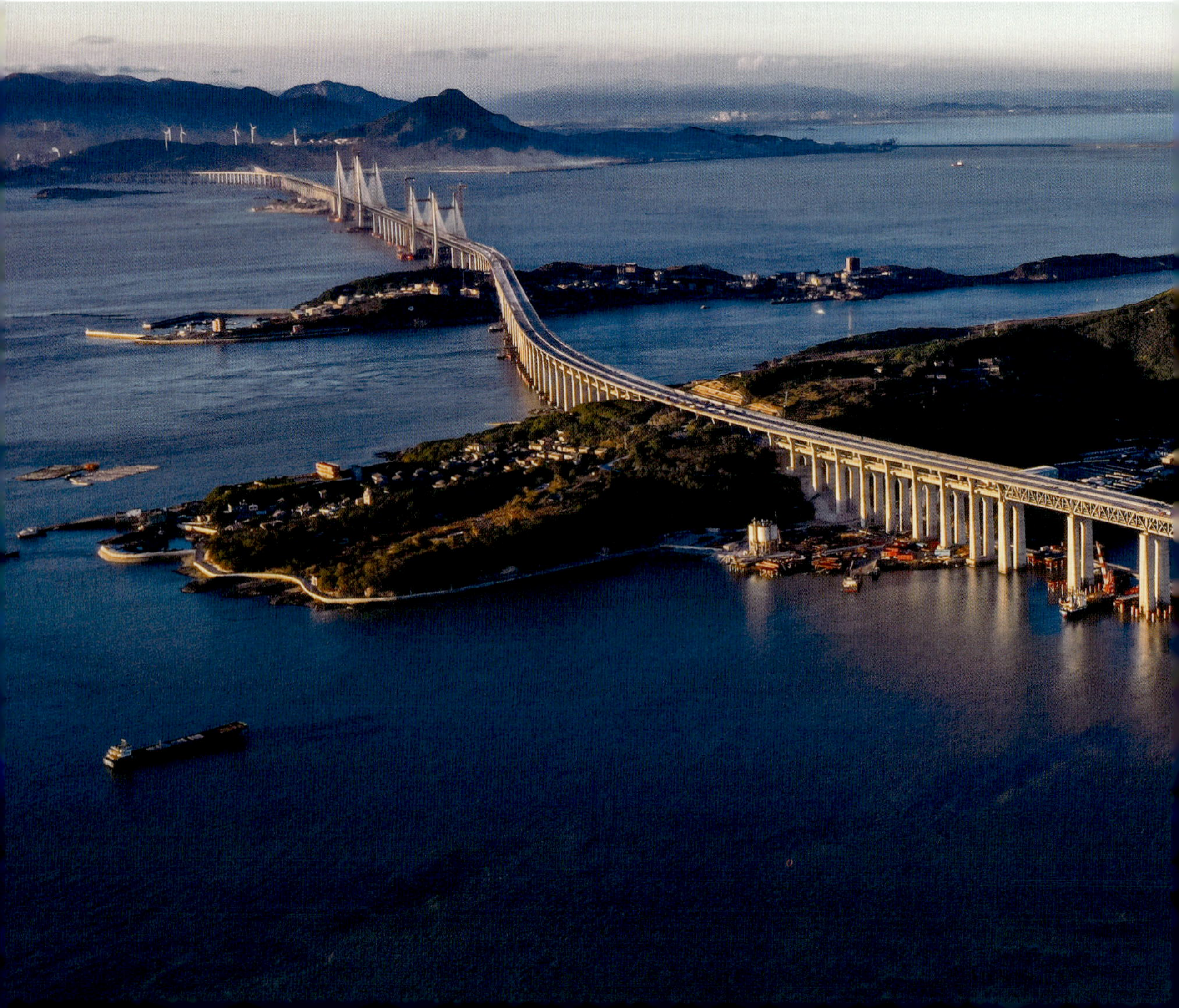

2019年1月19日，实现第一座航道桥钢梁合龙的平潭海峡公铁大桥

2019年11月23日，实现全桥贯通的平潭海峡公铁大桥

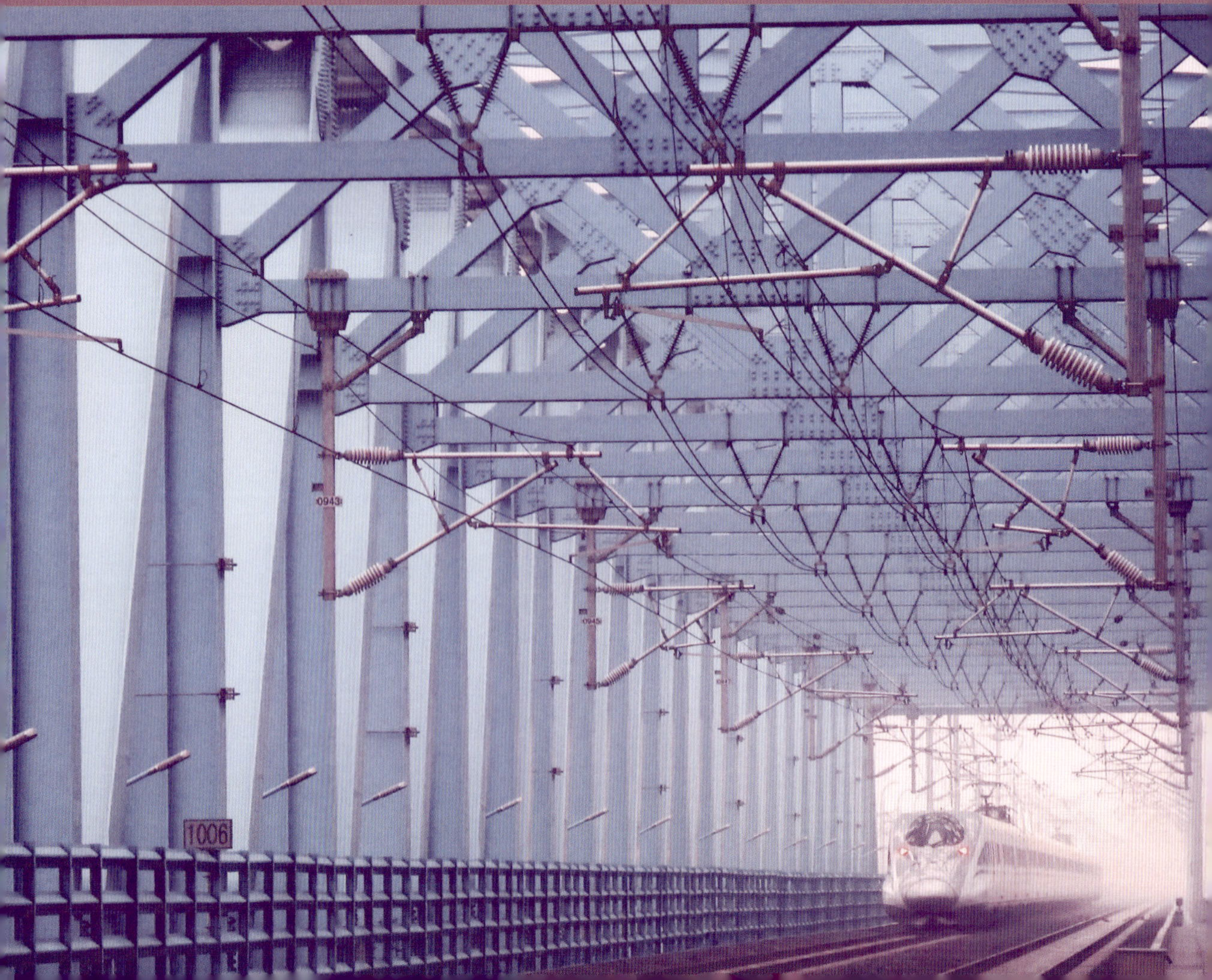
1006

① 大胜关

2011年，京沪高铁的动车驶上大胜关长江大桥

大胜关在南京城西，长江右岸，原名叫大城港，宋、元两朝曾设立关、塞、水驿，传说朱元璋在此大胜陈友谅，于是更名为"大胜关"。现有人工开挖的秦淮新河由大胜关入江，秦淮新河入江口上游处，矗立着2005年10月7日通车的南京长江三桥，负责承载沪蓉高速公路G42和南京绕城高速公路过江。

　　2008年4月18日，北京大兴区京沪高速铁路施工现场，上午9时，随着一声令下，8台待命良久的旋挖钻机同时开钻，轰鸣声震耳欲聋，京沪高速铁路工程全线破土。

　　其实，早在两年前，京沪高铁跨越长江的桥梁工程就已经开工。

　　关于京沪高铁的谋划和筹建，还要追溯到更早的时候。

　　与京广高铁的分段建设分段通车、以客运专线标准起步不同，京沪高铁是以当时所能达到的最高标准来统筹、策划、推进的庞大工程体系。由北京起始，穿过天津，向南直抵上海，

纵贯河北、山东、安徽、江苏四省，不但串起了中国东部的三个直辖市，两端还连着环渤海湾和长江三角洲两大重要经济区域。

全长1318千米的京沪高铁的关键节点在哪儿？自然是长江桥梁。桥址就选在大胜关，具体锁定南京长江三桥上游1.55千米处，距南京长江大桥20千米。

2007年2月14日，大胜关江域，京沪高铁跨越长江之桥梁——大胜关长江大桥的施工场面已铺陈开来。远处有白色桥塔的斜拉桥是南京长江三桥。"大胜关"的确是个令人心动的名字，多年后，南京市重新按桥址地名给南京的桥梁命名，南京三桥被更名为"南京大胜关长江大桥"。于是，南京便有了两座名为"大胜关"的长江大桥，一为公路桥，一为铁路桥

长江上的桥

2007年4月15日，正在施工的京沪高铁大胜关长江大桥水上主墩作业面

右图　2008年1月27日，农历腊月二十，京沪高铁大胜关长江大桥南岸工地，工人们在风雪中艰难开展一座桥墩的施工，他们中有南京长江大桥建设者的子女和孙辈

这座桥梁不只是京沪高铁的桥，还是南京的桥，更是中国的又一座长江大桥，它要搭载双线的京沪高铁，还要搭载双线的沪汉蓉铁路以及双线的南京城市轻轨线路。

六线铁路、三种时速，世界首座。这桥，该有多大的体量！

关于京沪高铁，曾有过一场"轮轨"和"磁悬浮"的论战。京沪高铁大胜关长江大桥方案的确定，让这场激烈的论战戛然而止——六线铁路，三种时速并存，轮轨技术是必然选择。

关于大桥的桥型，曾有过悬索桥设计方案。还是因为六线铁路对于桥梁结构稳定性的苛刻要求，本着从实际出发的原则，大桥最终被设计成336米双主跨的钢桁拱桥。长江下游水面宽阔，跨江桥梁多为斜拉桥或悬索桥，拱桥，这是目前唯一一座。

六线铁路，设计最高时速300千米，钢桁拱式。这桥，会是怎样敦实的身材！

京沪高铁大胜关长江大桥，从设计开始，便有了"瘦身"目标。

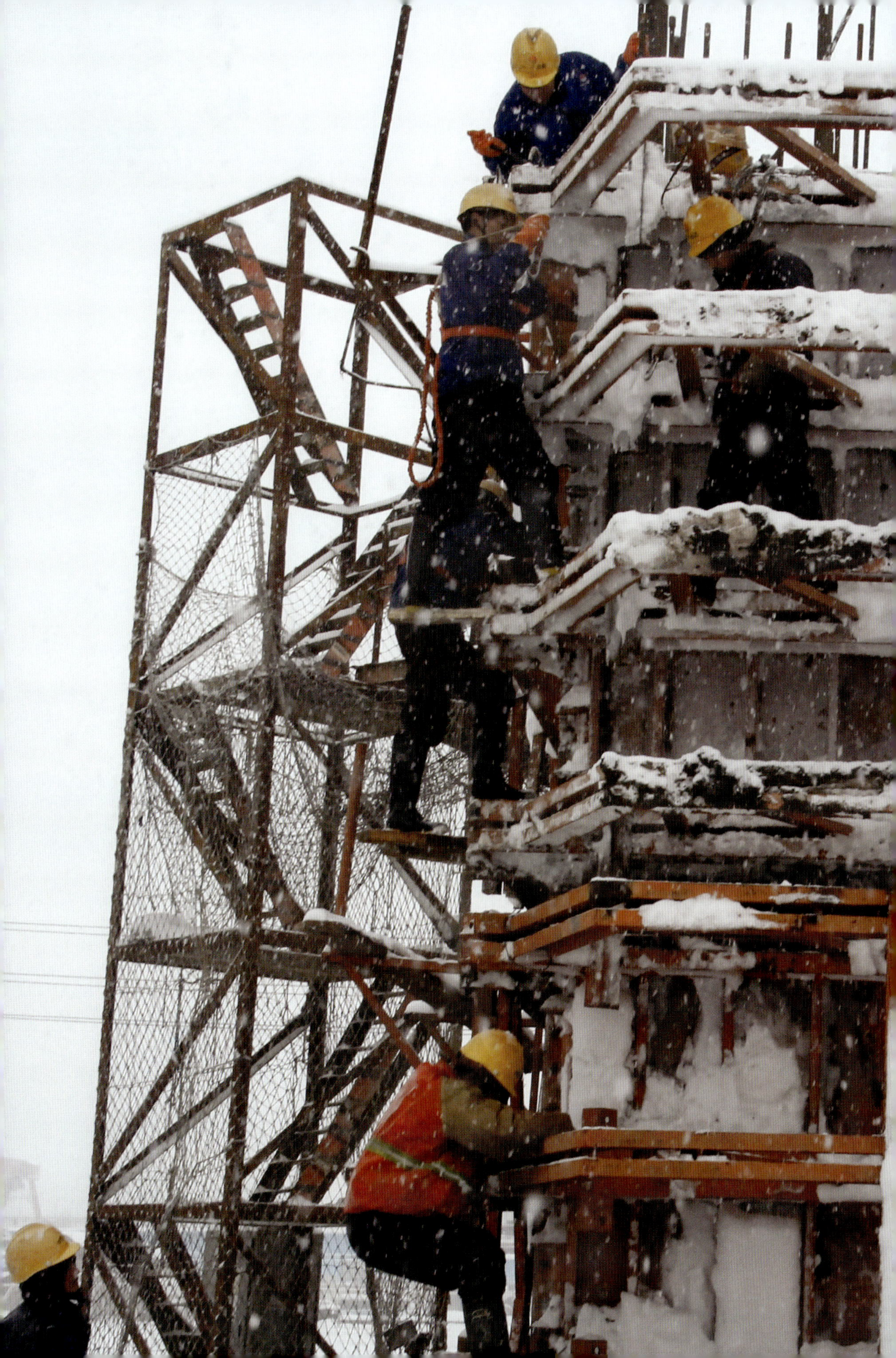

长江上的桥

给桥梁瘦身，或从结构着手，或从材料着手。大胜关桥双管齐下。

六线铁路并行，桥面上，钢桁架内须有 20 米的宽度间距才行。一个巧妙的想法被提了出来：城际轨道相对较轻，为何不放在桁架之外呢？于是，钢桁架内的间距缩窄到 15 米，大桥体型立刻苗条了许多。

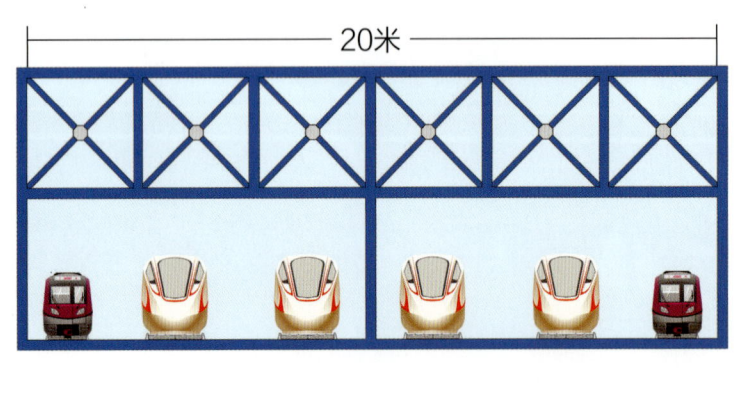

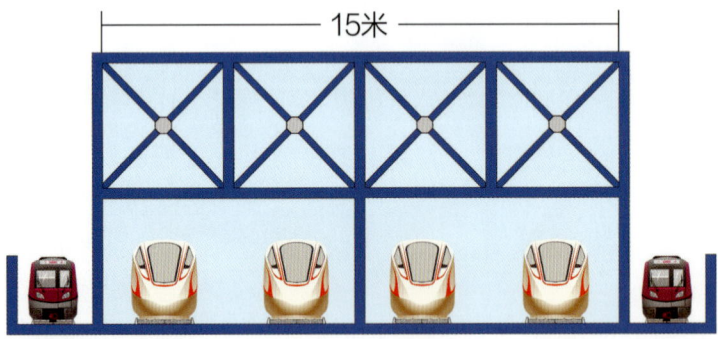

京沪高铁大胜关长江大桥钢桁梁"瘦身"示意图

右上图　2008 年 3 月，京沪高铁大胜关长江大桥开始架设钢梁

右下图　大桥的连续钢桁拱结构施工中需要的吊索塔架高 70 米，犹如另建了一座斜拉桥

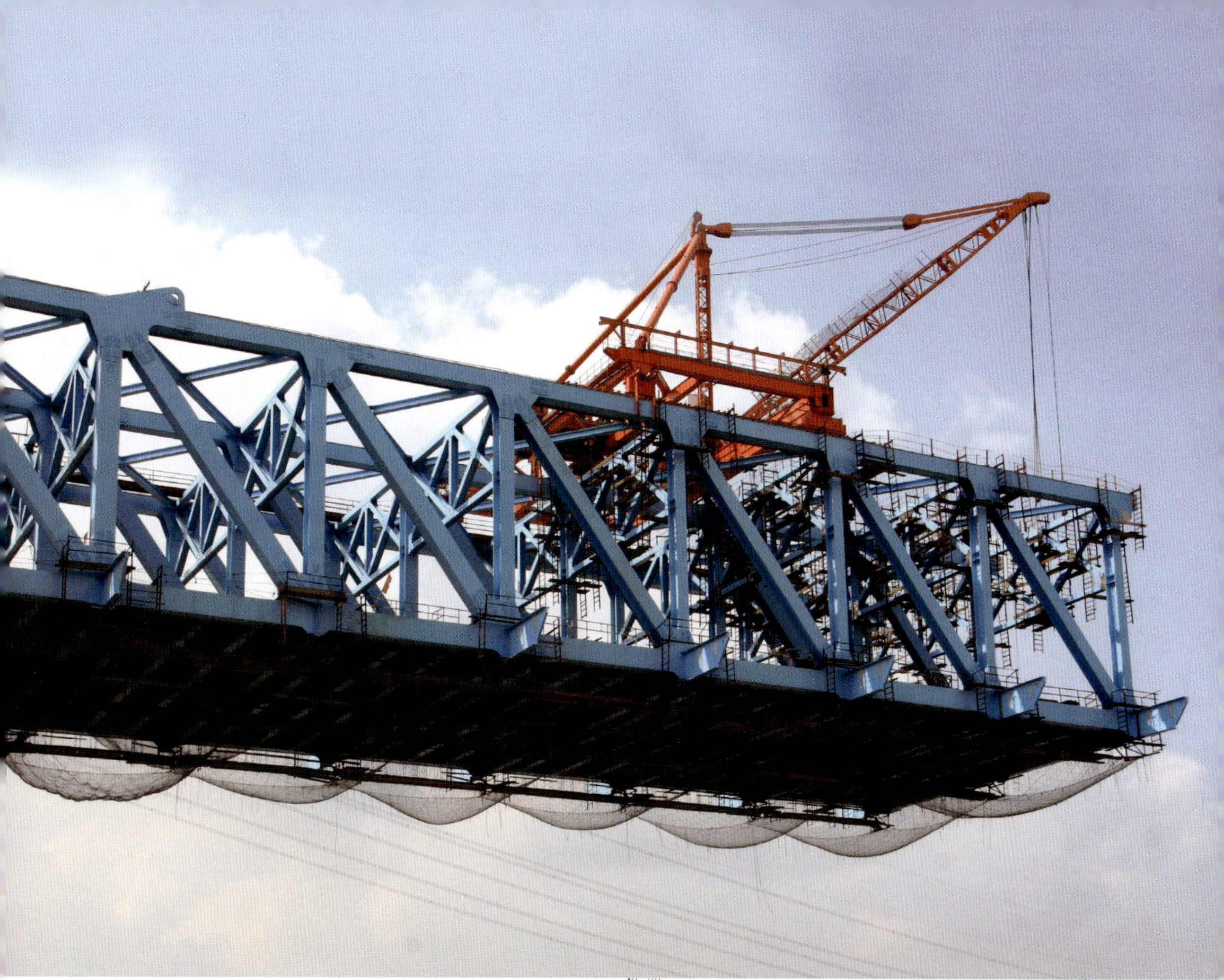

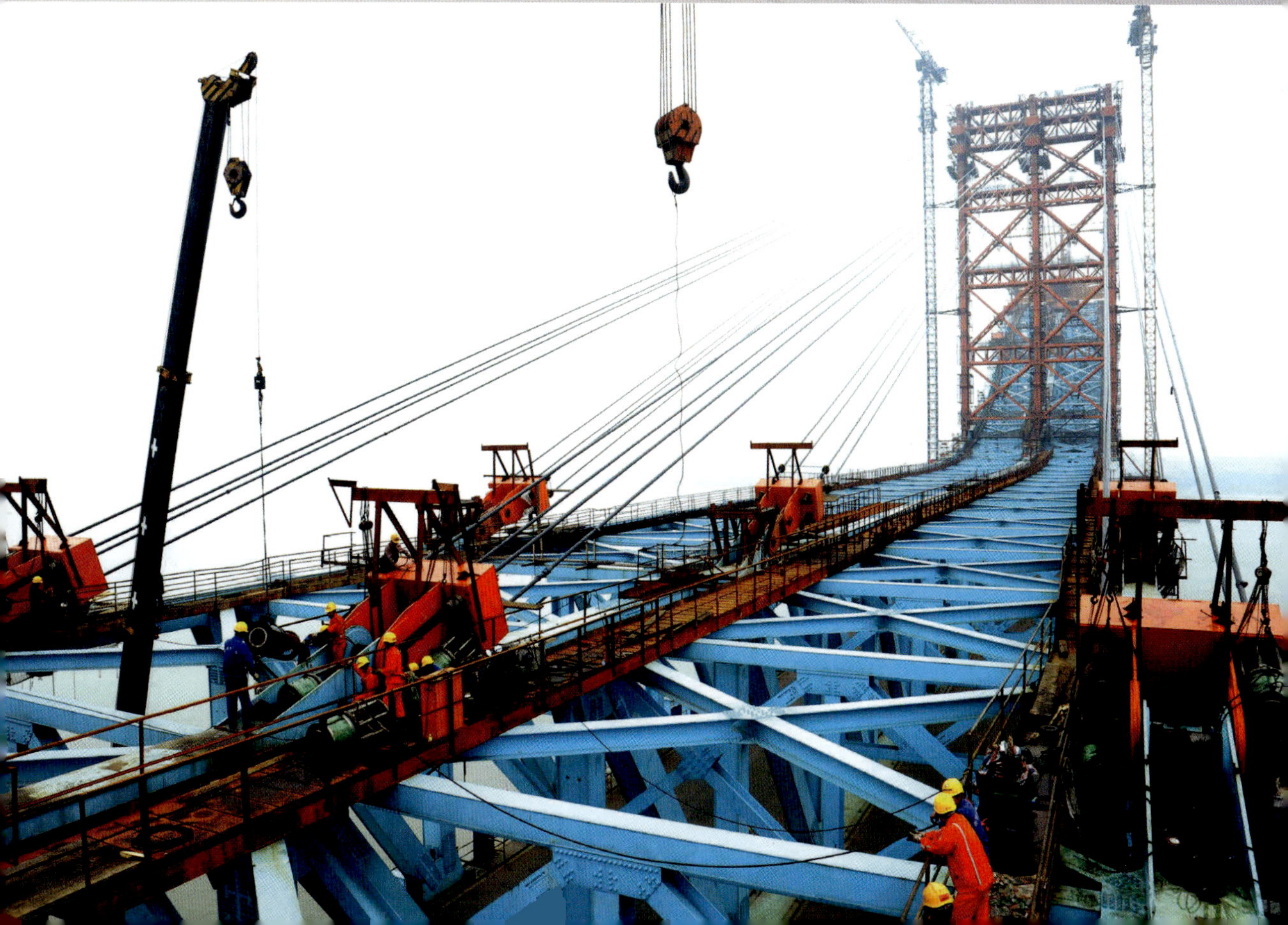

长江上的桥

超级工程・大胜关

2009年5月,架设中的大胜关长江大桥的钢桁梁间,工人的身影显得那么渺小又那么伟岸

半穿式（中承式）拱桥示意图

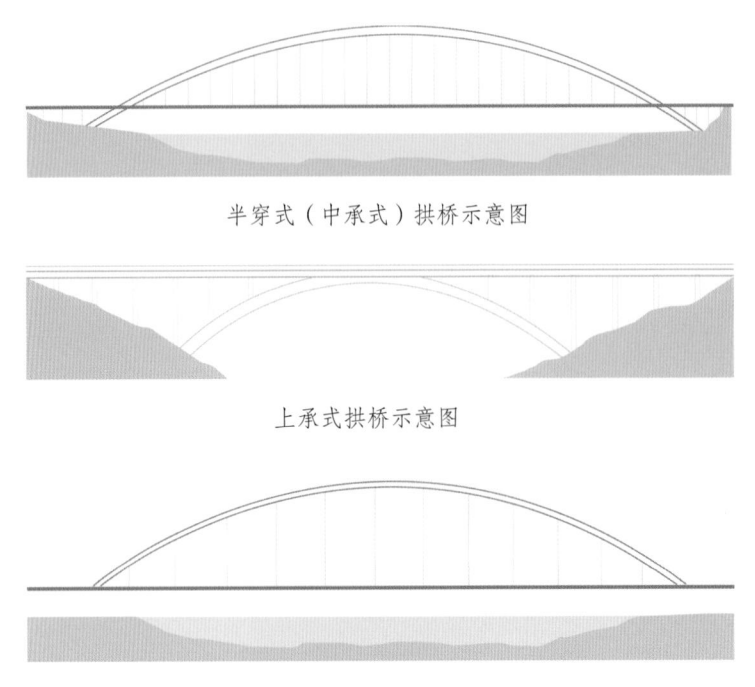

上承式拱桥示意图

下承式拱桥示意图

大胜关长江大桥是座钢桥，当时国内最好的桥梁用钢的强度、韧性都可满足需要，但其厚度有6厘米，如果全部采用这种钢板来建造，桥梁自重就会是一个可怕的数值。想"瘦身"，就得研制新的钢材。

"钢霸"方秦汉再度披挂上阵。研制出来的新钢板材只有4.5厘米厚，每平方毫米的受力却增加了50千克。

2006年7月，大桥正式开工。2009年9月28日上午9时，随着按钮启动，最后一根杆件安装到位，大桥合龙。2011年1月11日，上海始发合肥、武汉的44趟动车从南京大胜关长江大桥上通过，标志着轻盈、优雅的京沪高铁大胜关长江大桥通车。

右上图　为拼装大胜关桥连续钢桁拱，施工单位专门研发了变坡自爬式架梁吊机

右中图　2009年9月，正在进行合龙施工的京沪高铁大胜关长江大桥

右下图　2010年11月，一辆工程检测车驶过京沪高铁大胜关长江大桥，意味着大桥具备了通车条件

超级工程·大胜关

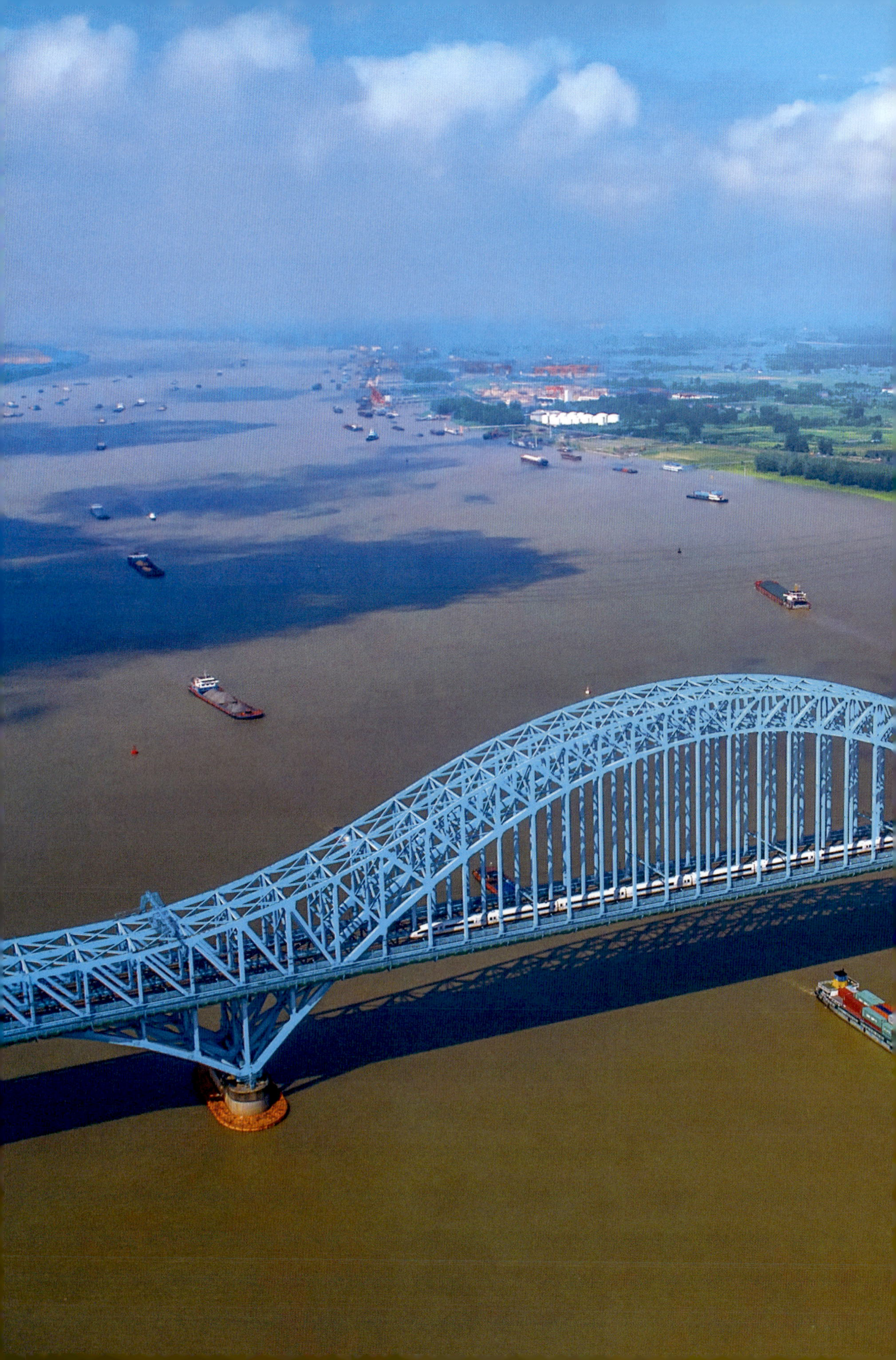

2017年6月11日，动车组穿梭状态中的
京沪高铁大胜关长江大桥

长江上的桥

京沪高铁大胜关长江大桥是 21 世纪第二个 10 年里建成的首项超级工程，是一座新的桥梁建设里程碑。

2011 年 6 月 30 日下午，京沪高速铁路全线通车运营。这天 16 时 08 分，由上海出发的 G2 次动车自南京南站缓缓驶出，快速将时速提至 260 千米。16 时 14 分，列车驶上京沪高铁大胜关长江大桥，时速非但未减，反而提至 300 千米，疾驰而过。

2017 年 6 月 26 日，我国自主研发的新一代标准高速动车组 "复兴号"，在京沪高铁两端的北京南站和上海虹桥站双向首发。蔚蓝色的京沪高铁大胜关长江大桥在大胜之关，已等了它们整整 6 年。

21 世纪的第二个 10 年里，除了京沪高铁大胜关长江大桥，我国还建成了多座专门负责承载高速铁路过江的桥梁，渝利铁路韩家沱长江大桥和安庆长江铁路大桥是其代表。

右上图　位于重庆涪陵的渝利铁路韩家沱长江大桥。京沪高铁修建的同时，联通重庆与湖北间的渝利铁路也在修建，这是一条以客运为主的快速铁路线。2013 年 12 月 28 日，铁路全线通车，动车组自此可由湖北利川直抵重庆

右下图　安庆长江铁路大桥。2015 年 12 月 6 日，宁安高铁开通后，由安徽安庆至江苏南京由 6 小时缩短为 2 小时

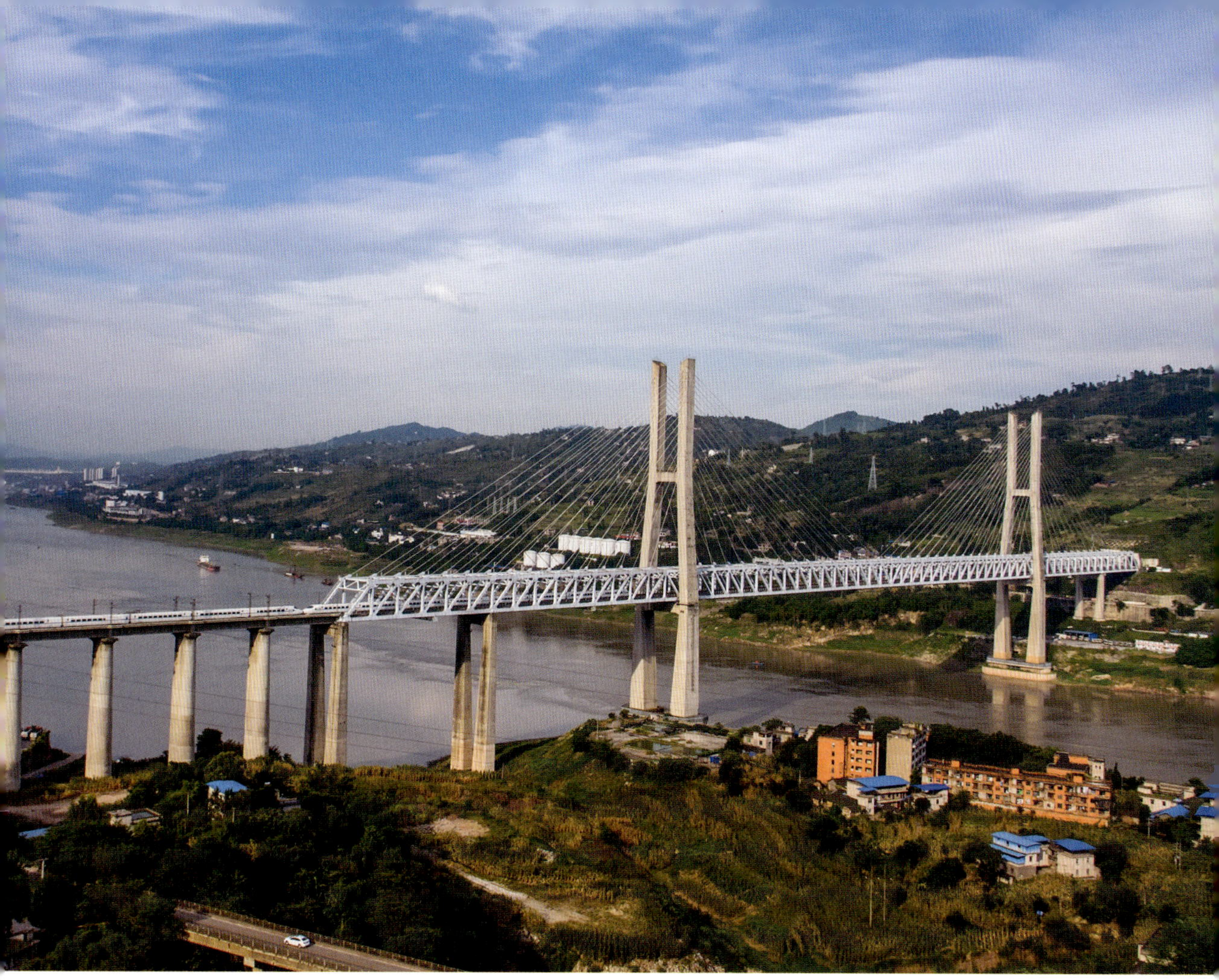

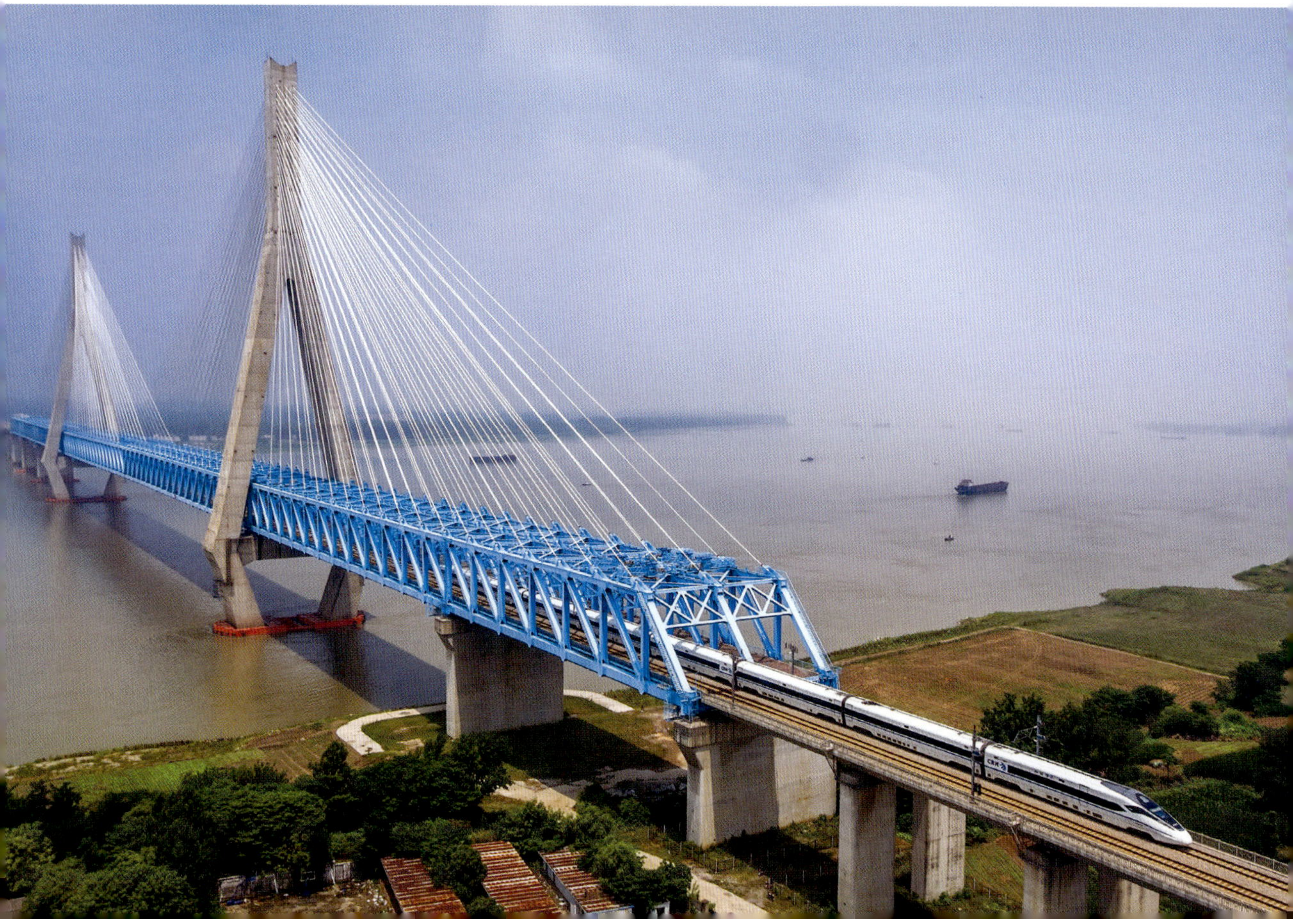

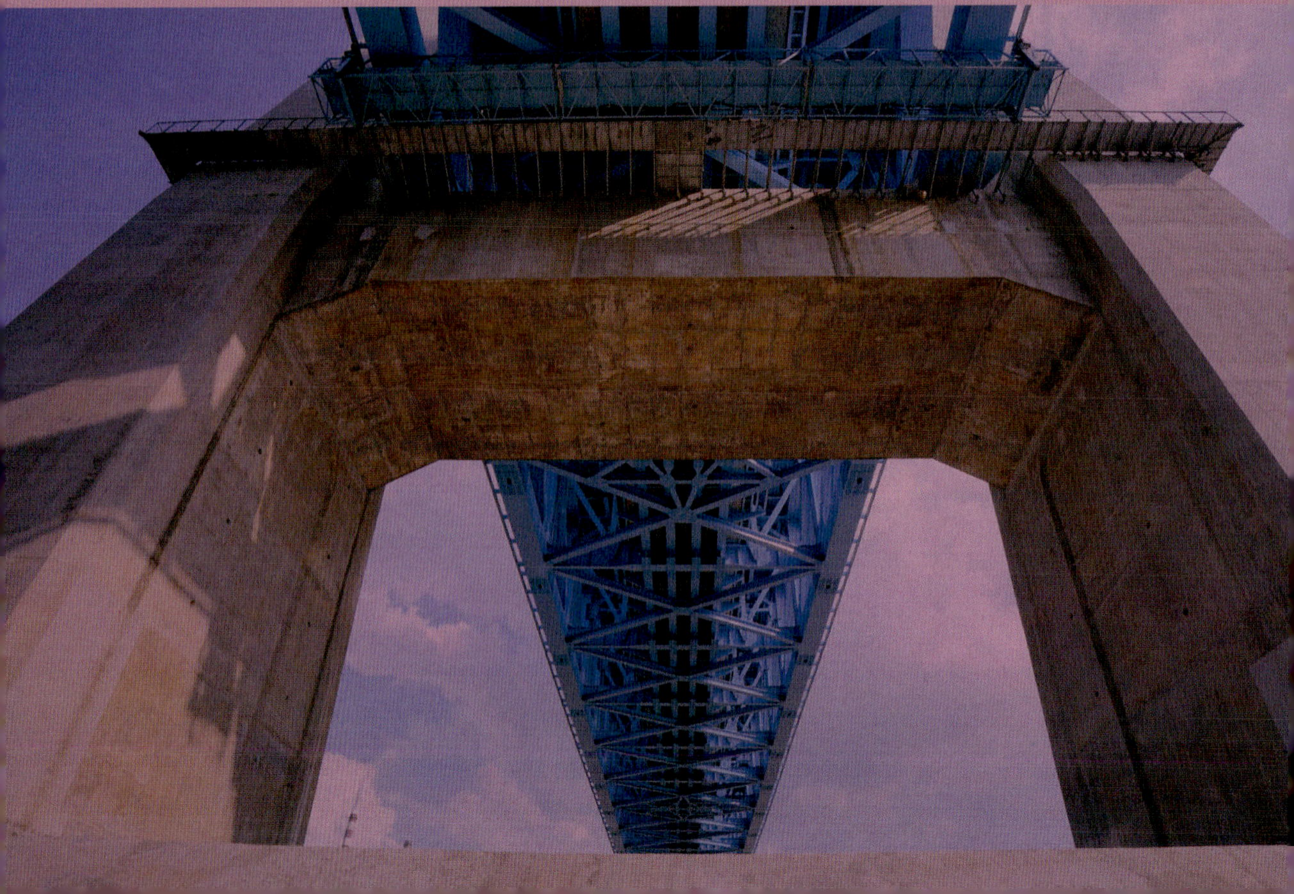

② 重载

双层六线铁路桥——渝黔铁路新白沙沱长江大桥,创造了多项重载铁路桥梁之最

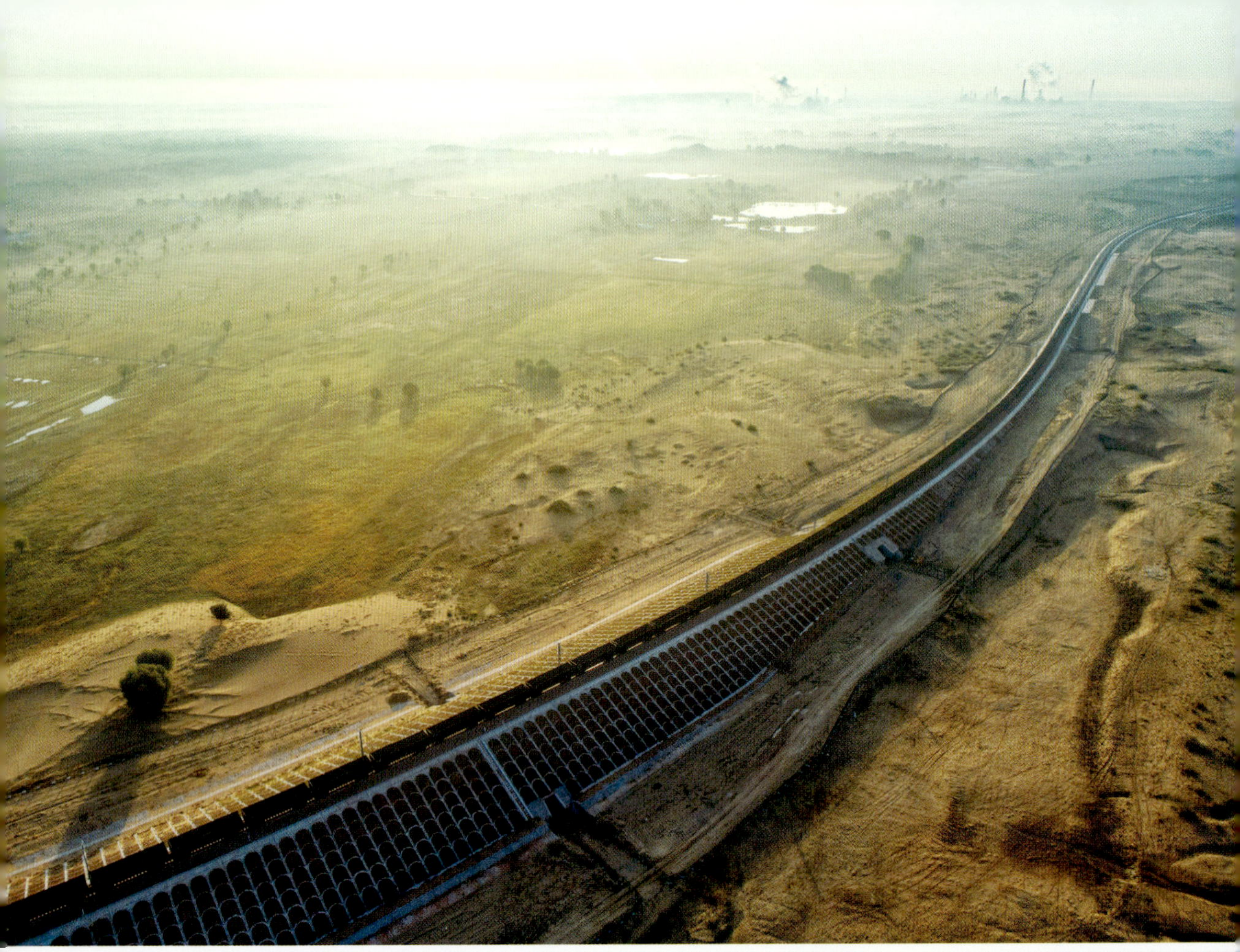

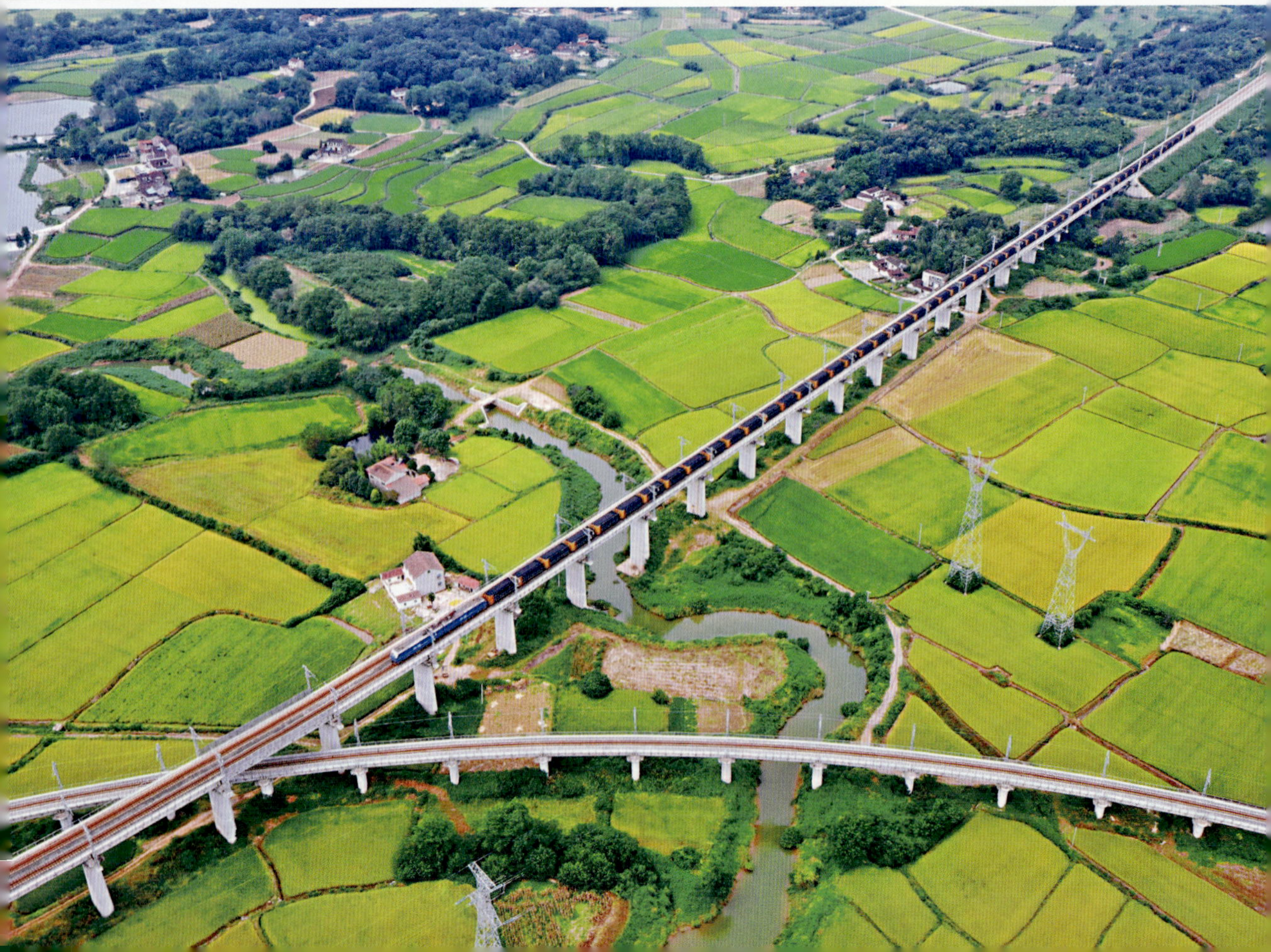

由客运专线到高速铁路，由"和谐号"到"复兴号"，越来越喜欢出门的中国人出门越来越方便，羡煞全世界。

中国的货物也有要求享受同样待遇的权利。

2012年1月，蒙西至华中地区铁路煤运通道项目获批。"蒙西至华中地区铁路"，简称"蒙华铁路"（建成时更名为"浩吉铁路"），连接内蒙古浩勒报吉和江西吉安，从蒙陕甘宁能源"金三角"地区到鄂湘赣华中腹地，纵贯内蒙古、陕西、山西、河南、湖北、湖南、江西七省（区），正线全长1813.5千米。

这条准备一次性建成的国铁 I 级电气化重载铁路，是中国"北煤南运"的战略运输通道，规划的年运输能力在2亿吨以上。它的开建，被视为"一部联动我国中西部协调发展的恢宏史诗启幕"。

这部史诗的"诗眼"在哪里？湖北荆州。浩吉铁路要在荆州的江陵县与公安县之间跨越长江。

左上图　2019年9月，内蒙古鄂尔多斯，一列货运列车沿浩吉铁路在沙漠戈壁上穿行

左下图　2021年9月，湖北荆门，千里沃野的江汉平原被浩吉铁路"切割"出工业线条

长江荆州段别称"荆江",九曲回转于江汉平原与洞庭湖平原之间。因长江急流冲出三峡后紧急刹车而于此处突然放缓脚步,又遇曲折弯绕的河道左阻右挡,从上游裹挟而来的大量泥沙便渐渐沉淀淤积,千百年来,荆江已成高于两岸的悬河。说"荆江为长江之腰",便含有感叹荆江堤防压力山大之意。

2012年12月18日,荆州长江公铁大桥开工。

此时的湖北,已建成长江大桥20座,其中荆州有两座,一座是位于市郊的荆州长江大桥,另一座是湖北荆州与湖南岳阳之间的荆岳长江大桥,均为高速公路桥。这两座长江大桥间256千米的江段,再无其他过江通道,而这一段正是被称为"下荆江"的河道最曲折、堤防最受压的一段。

超级工程 · 重载

现在，荆州长江公铁大桥来了！除了专司煤运，对于荆江两岸的百姓来说，它必定会是洪水来临时一条稳固的转运救灾通道。

左图　2014年2月9日，农历正月初十，江汉平原迎来春节后的第一场大雪。正在进行大桥基础施工的项目部工人小心翼翼地走在上班路上。建桥人、筑路人往往如此——等路好走了，他们就该离开了

中图　2013年5月，正在进行基础施工的荆州长江公铁大桥水中主墩

右图　2015年6月，一座水中主墩正在"长高"

浩吉铁路在江陵与长江相交，抑或将如大（同）秦（皇岛）铁路打造了秦皇岛这个煤炭海港一般，打造出一个煤炭江港？因而，当时有媒体称："这是一项世界级超级工程，它撑起了发展中国中西部的脊梁，肩负着盘活整个长江经济带的重要使命。"

2015年11月29日，钢梁合龙作业中的荆州长江公铁大桥

2018年12月28日，荆州长江公铁大桥完成交工验收，公路桥开始试运营。2019年9月28日，浩吉铁路全线通车。北方的煤，源源不断地南下越过长江。

桥，往往是路的关键点。在交通快速发展的现代中国，一条线路的新建，往往是桥梁先行。2017年5月19日，贯通的荆州长江公铁大桥正在进行收尾作业，同时等待着浩吉铁路通车

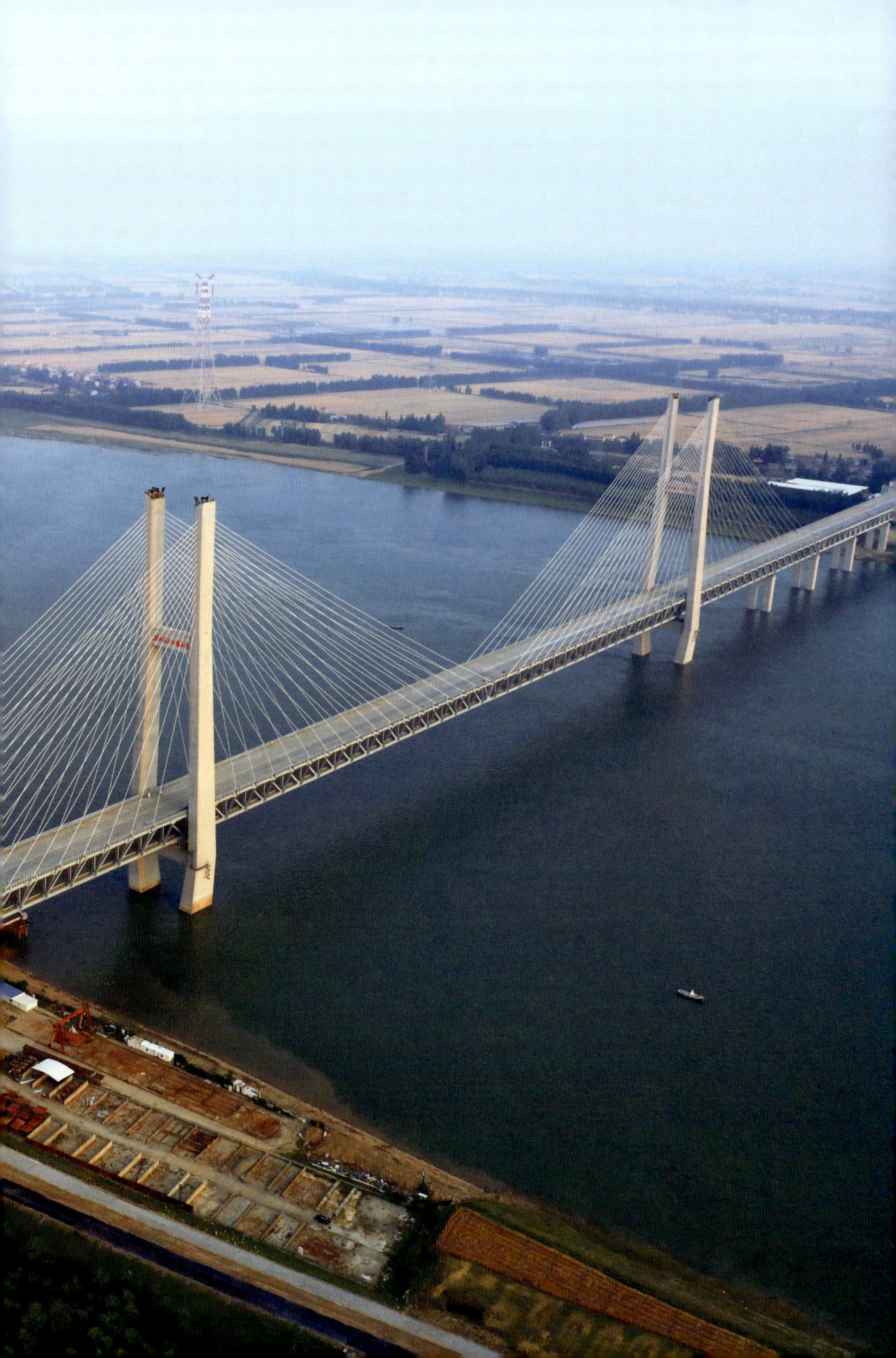

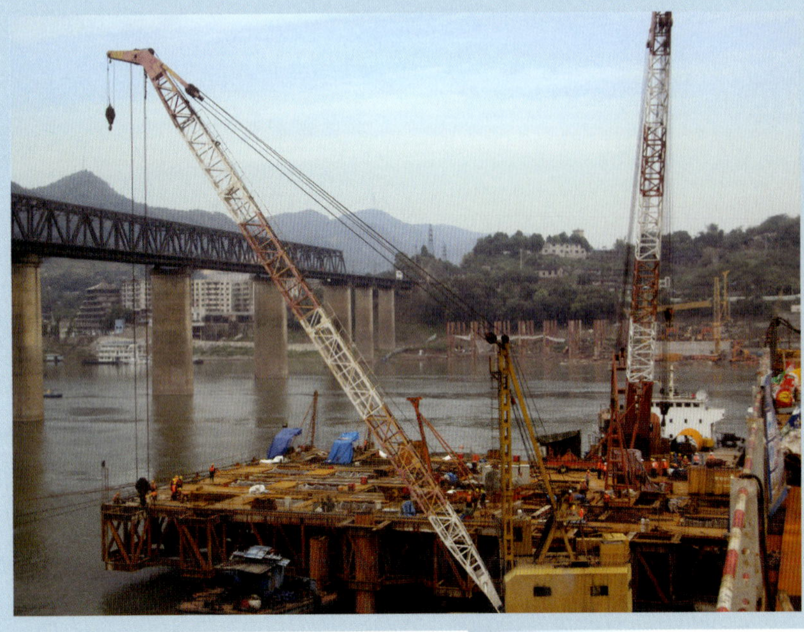

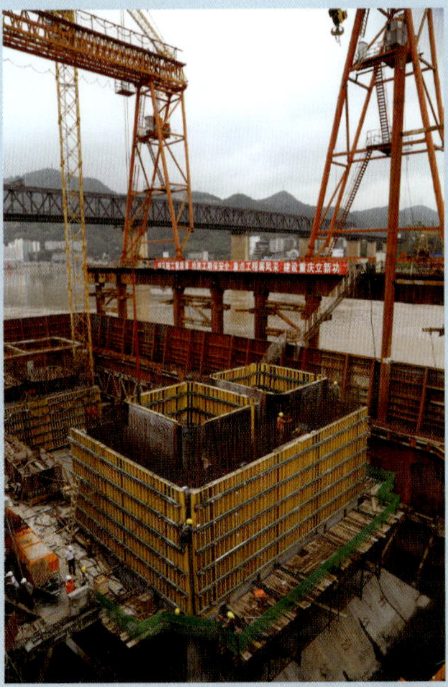

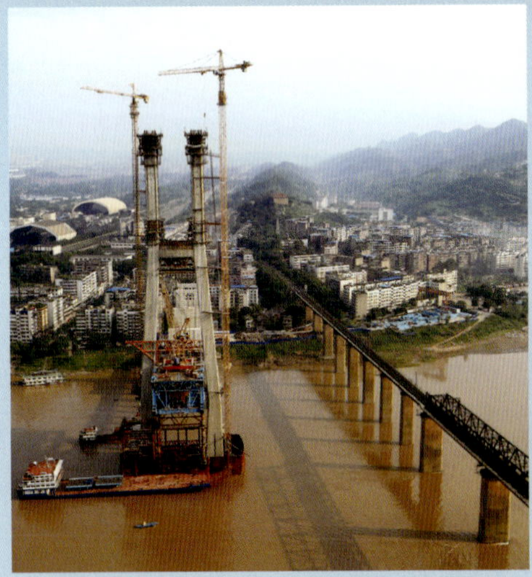

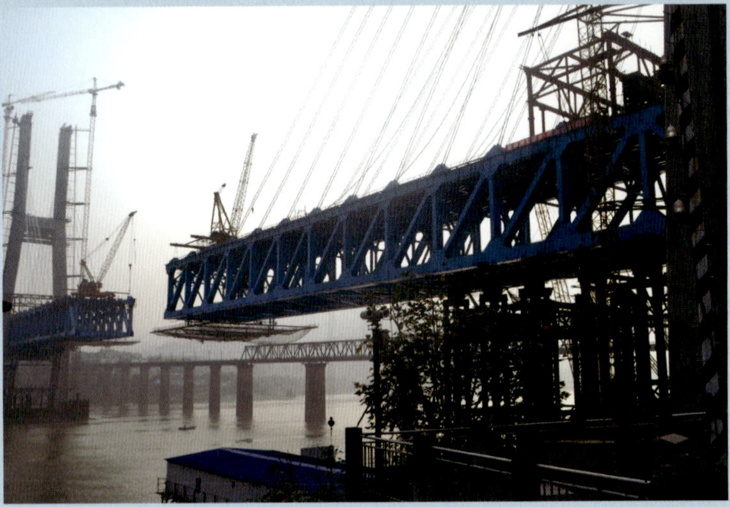

浩吉铁路荆州长江公铁大桥建设的同时,在长江上游,另一座了不起的重载铁路桥梁也在跨越长江。它就是建在白沙沱长江大桥身边,准备接班的新白沙沱长江大桥。

这是世界上首座双层六线铁路桥梁,上层四线客运,搭载渝黔铁路、渝湘铁路过江,设计时速 200 千米;下层二线货运,搭载渝黔货运专线,设计时速 120 千米。这还是世界上延米载荷最大的桥梁,每延米恒载 97.5 吨,活载则达到 33.6 吨。

2013 年 1 月 18 日,新白沙沱长江大桥在白沙沱长江大桥下游 130 米处开建。承建新桥的正是当年建设老桥的大桥局,一些工程技术人员的祖辈恰好参建过老桥,这项工程对于他们更是有了特别的意义。

左上图　2013 年 5 月 26 日,在老桥的身边,新白沙沱长江大桥水中墩的一个施工平台已经搭建起来

右上图　2014 年 4 月,新白沙沱长江大桥一座水中主墩呈现拔高之势

左下图　2014 年 10 月,新桥开始架梁,新桥的高度,站在老桥上已需仰视

右下图　2015 年 11 月,新白沙沱长江大桥的钢梁架设施工正在推进中

并肩站在山水之间的两座白沙沱长江大桥，身影像极了祖孙俩，爷爷清癯慈祥，孙儿伟岸担当。

2017年7月22日，全桥建成静待通车的新桥与坚守岗位即将交班的老桥

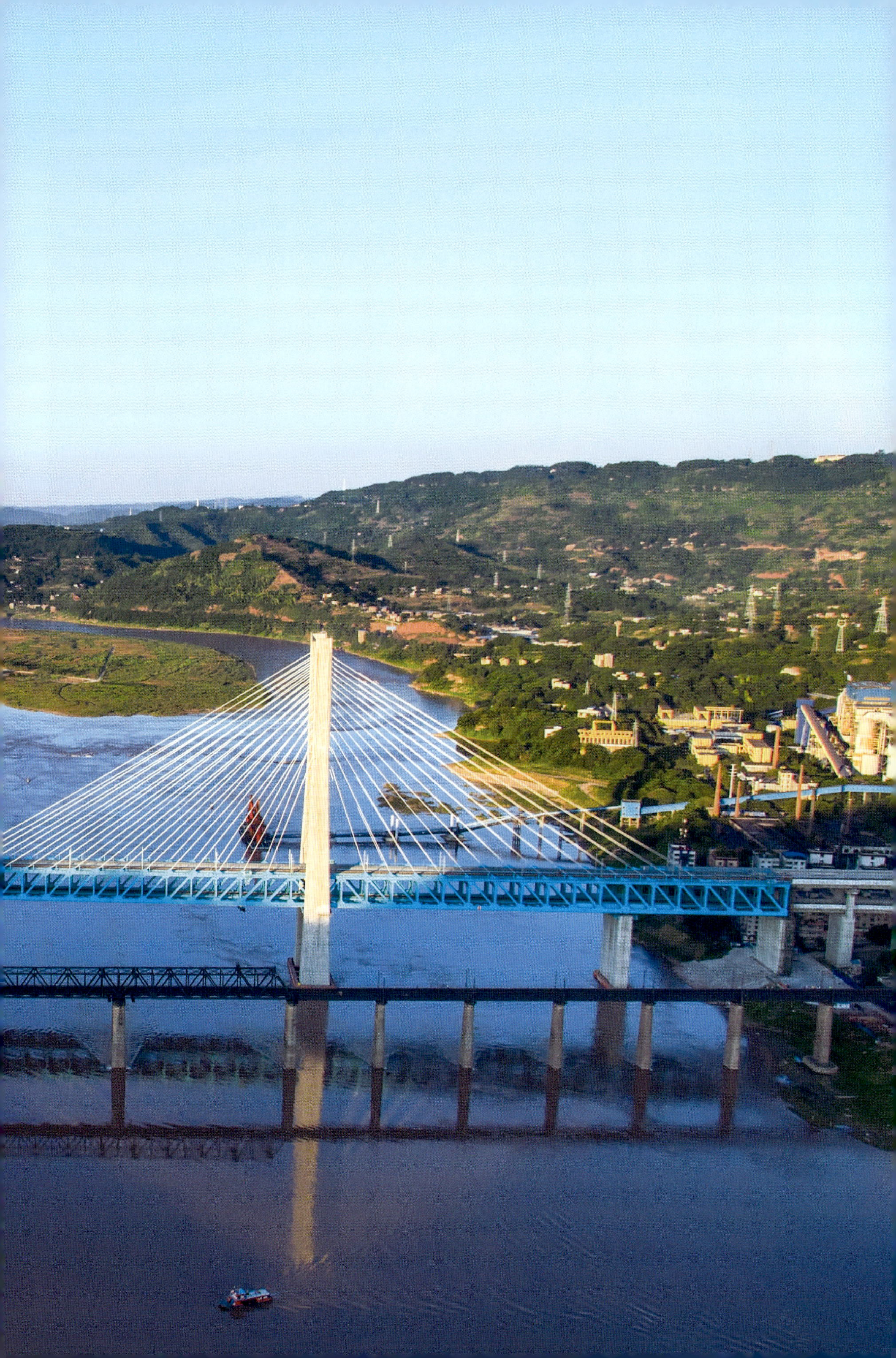

长江上的桥

不到三年，2015 年 12 月 30 日，新白沙沱大桥钢梁合龙。

又过一年，2017 年 1 月 16 日，大桥开始试运营。

2018 年 1 月 25 日，渝黔高速铁路全线通车。

2018 年 11 月 22 日，渝湘高速铁路重庆至黔江段开工。

21 世纪的第二个 10 年，除荆州长江公铁大桥和新白沙沱长江大桥之外，长江上还建起了不少高铁＋高速，或＋城市轨道，或＋城市公路的公铁（轨）两用桥梁，它们也是实实在在的重载桥梁，黄冈长江大桥、合福铁路铜陵长江公铁大桥、芜湖长江三桥是其代表。

左上图　黄冈长江大桥是武汉至黄冈城际铁路、黄冈至鄂州高速公路的共用过江通道。2014 年 6 月 18 日全线通车后，大别山革命老区黄冈与武汉实现了公路、铁路及轨道交通方面的全方位"无缝对接"

左中图　铜陵长江公铁大桥是（北）京福（州）高铁跨越长江的桥梁，2015 年 6 月 28 日，其合（肥）福（州）段通车，沿途经黄山、婺源、三清山、武夷山等风景名胜区，被誉为"中国最美高铁"

左下图　芜湖长江三桥是世界首座高低矮塔公铁两用斜拉桥，下层四线铁路于 2020 年 6 月 28 日通车，上层八车道公路于当年 9 月 29 日通车

③
"钢铁侠"

2019年9月19日，静待通车的杨泗港长江大桥

长江上的桥

暂别，我的大桥

2016年10月28日22时，星期五，南京长江大桥公路桥面如约封闭。许多南京人冒雨赶到桥头与大桥合影。

大桥公路桥要"闭关"了，市民们以自己的方式与亲爱的大桥作短暂的告别，并开始为期两年零三个月的期盼。

这是南京长江大桥建成之后的第一次封闭维修，仅针对公路桥，维修期间，铁路桥仍正常运营。说是维修，实则是升级改造。其中最为重要的一项工作，是将大桥正桥桥面全部更换为钢质的，相对于以前的混凝土桥面板，钢桥面板自重轻、接缝少，更平稳耐磨、抗冲击。

上左图　在雨中，南京市民自发暂别南京长江大桥的仪式持续了好几天，维持秩序的警务人员不得不在上桥处放置了"暂别，我的大桥"的温情路障

上右图　2017年6月10日，施工人员在拆除用"绳锯"切割成块的南京长江大桥公路桥混凝土桥面板

下图　2017年6月11日，升级改造中的南京长江大桥

长江上的桥

2017年5月24日，升级改造中的九江长江大桥。九江长江大桥无法完全封闭公路桥面，只能半幅半幅地施工。施工中，每天定时向长江两岸的两省居民开放半幅桥面通行

2017年5月22日15时26分，一列火车经过升级改造中的九江长江大桥桥头堡处。公路桥面的拆解更换不能影响铁路正常运营，升级改造工程的第一道工序便是在公路桥、铁路桥之间搭建防护棚，别说螺丝钉，一滴水都不允许漏下去。防护棚的搭建只能在无火车过桥的"天窗点"时间进行。九江长江大桥的防护棚从2014年底开始搭建，2016年5月底方告完成

此时，在距南京470千米水路的长江中下游交界处，已于2015年6月23日开工的九江长江大桥公路桥面升级改造工程，正在艰难而小心地推进中。

2018年底，更换了钢桥面的南京长江大桥与九江长江大桥的公路桥先后"出关"，以更加轻盈、更加坚韧的体格，继续为南来北往的人提供更优质、更长久的服务。

中国桥梁钢的冶炼、锻轧技术一直与中国钢桥相伴成长，钢桥面板的材料提炼和焊接技术仅仅是其成就的冰山一角。

2019年10月8日，当时世界最大跨度的双层悬索桥——武汉杨泗港长江大桥通车。

大桥 1700 米一跨过江：上层为双向六车道城市快速路，设计时速 80 千米；下层为双向六车道城市主干道，设计时速 60 千米。这是一座钢的桥，主缆采用直径 6.2 毫米、标准抗拉强度 1960 兆帕镀锌铝高强钢丝，完全国产，是世界上强度等级、品质等级最高的主缆钢丝；主桥的钢桁加劲梁采用全焊接结构，为国内大跨度桥梁中首次采用。

一座悬索桥，它的关键构件有锚碇、主塔、主缆和梁体。其中，主缆承载全部梁体的重量，对全桥的荷载、跨度起着至关重要的作用，且终其"一生"无法更换。主缆由索股组成，索股则由一根根平行排列的钢丝组成。

2018 年 6 月 5 日，杨泗港长江大桥主缆的首根索股越过长江

2018 年 9 月 8 日，杨泗港长江大桥主缆已架设完成

直径 6.2 毫米的钢丝如果仅有筷子那么长，就是一根直直的细钢棍，**如果这根钢丝长度超过 2800 米，它必然不再是棍子，而是一根柔软的"丝线"了**，只不过这根丝线极其坚韧，非常力能拉断。**杨泗港长江大桥的主缆便是由这样的"丝线"组成的：** 24661 根钢丝紧成 271 根索股，再紧成直径 1 米的主缆。这样的主缆，单根拉力就达到 6.5 万吨，相当于一艘大型航母的排水量。

上图　2018 年 11 月 29 日，杨泗港长江大桥的钢梁正在架设中，一个月后大桥钢梁合龙

下图　2019 年 12 月 16 日，穿着"金秋黄"外衣的杨泗港长江大桥钢梁

长江上的桥

中国的桥梁用钢，从南京桥的"争气钢"就开始实现国产化，经过九江长江大桥、芜湖长江大桥、天兴洲长江大桥、大胜关长江大桥等一座座里程碑桥梁的创新和突破，已更迭多代。但中国的悬索桥起步较晚，主缆一直依赖进口，21 世纪第一个 10 年末期才开始实现半国产化。杨泗港长江大桥的建设倒逼了高品质桥梁主缆钢丝的中国化研发、冶炼和锻轧，也使自己成为长江上第一座纯粹国产化的超大规模悬索桥。

　　这座通体金黄的大桥，就是一份宣言：

中国桥梁真正到了成熟收获的季节。

左上图　2020 年 1 月 12 日，武汉大雾，通车三个多月的杨泗港长江大桥明丽而俊朗

左下图　2020 年 4 月 29 日傍晚，杨泗港长江大桥将两岸的万家灯火连成了一片

长江上的桥

上左图
2012年11月25日通车的泰州长江大桥是双主跨1080米的三塔悬索桥，高200米的中主塔为钢塔，造型颇为特别：纵向人字形、横向门框形

上中图
2013年6月3日通车的合江长江一桥又名"波司登大桥"，主跨530米，建成时是世界最大跨度钢管拱桥

上右图
2014年12月28日通车的鹦鹉洲长江大桥为三塔四跨悬索桥，中塔桥面以上的塔柱为钢塔，钢箱梁、钢缆、钢索，全桥用钢比例极高

超级工程·"钢铁侠"

下左图
2019年9月27日通车的秭归长江大桥，主跨531.2米，建成时是世界最大跨度的推力钢拱桥

下右图
2017年12月30日通车的芜湖长江二桥，钢梁与钢索等主体结构使全桥为柔性的全漂浮体系，这是混凝土材质桥梁很难做到的

21世纪的第二个10年，长江桥梁越来越多地采用钢材。泰州长江大桥、合江长江一桥、鹦鹉洲长江大桥、芜湖长江二桥、秭归长江大桥是其中的代表性桥梁。

253

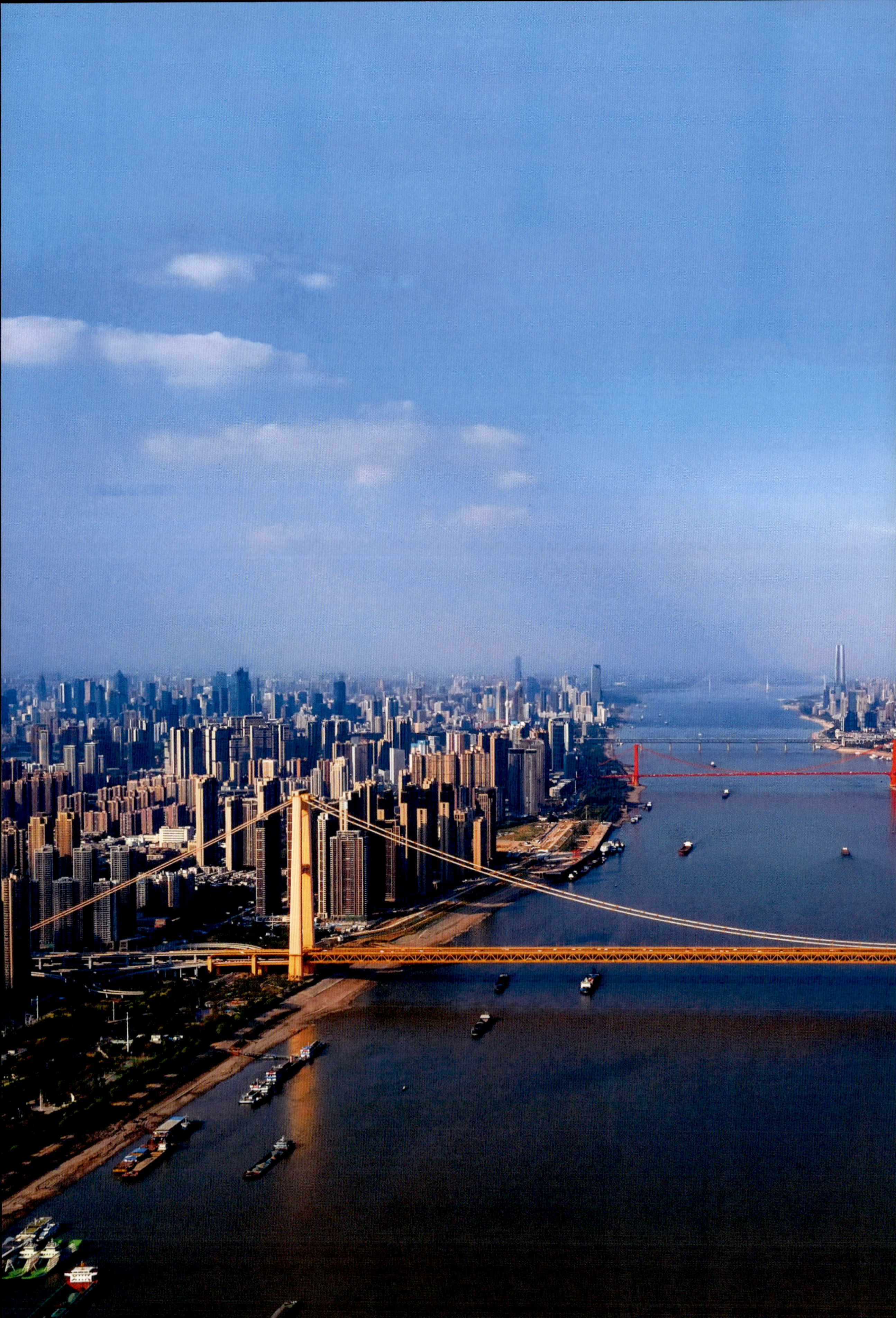

2022年9月，长江水位降至历史低位，武汉的一道江底潜坝露出水面，与杨泗港长江大桥、鹦鹉洲长江大桥这两座高颜值桥梁相互映衬，成为诸多游泳爱好者和摄影爱好者的打卡地

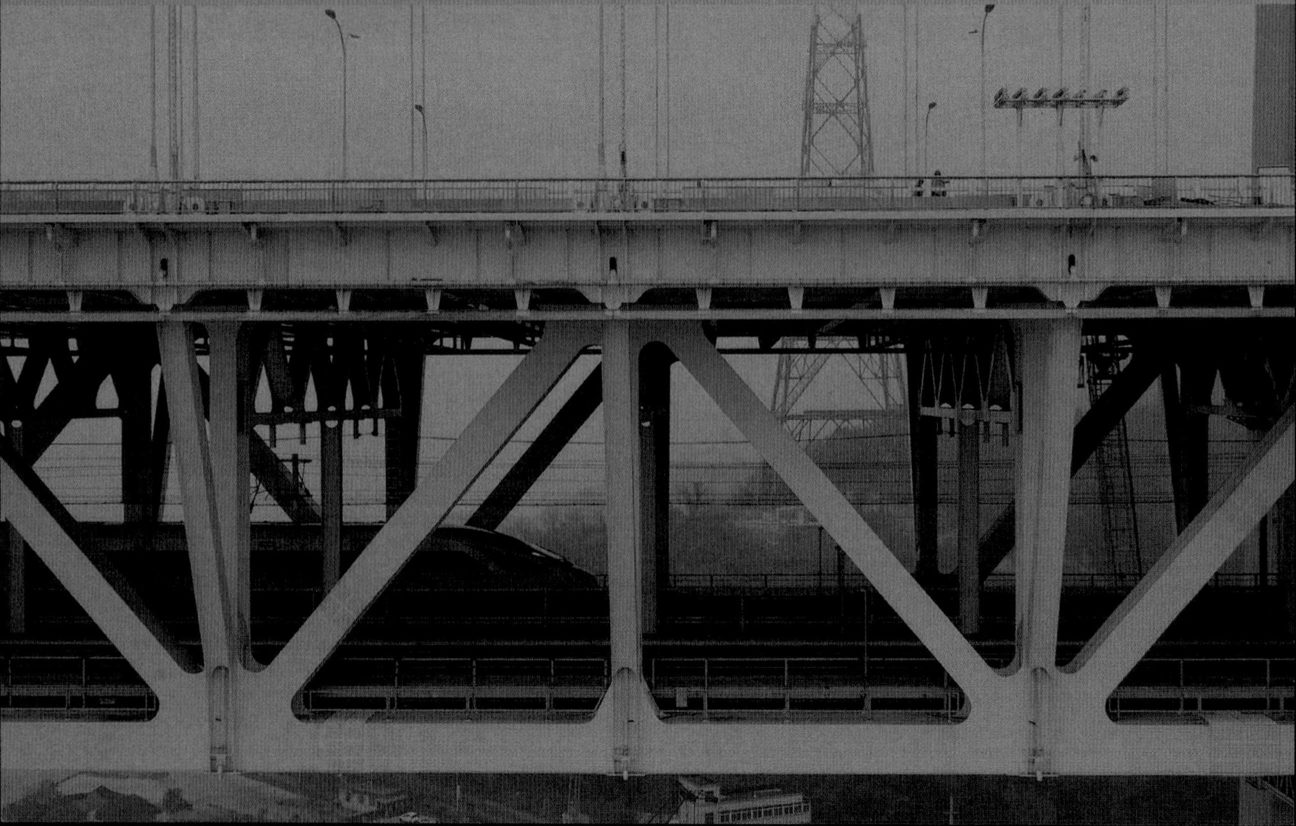

④
1092

2020年12月11日，一列复兴号动车组驶上五峰山大桥，在它的上方，公路桥面仍在紧张施工中

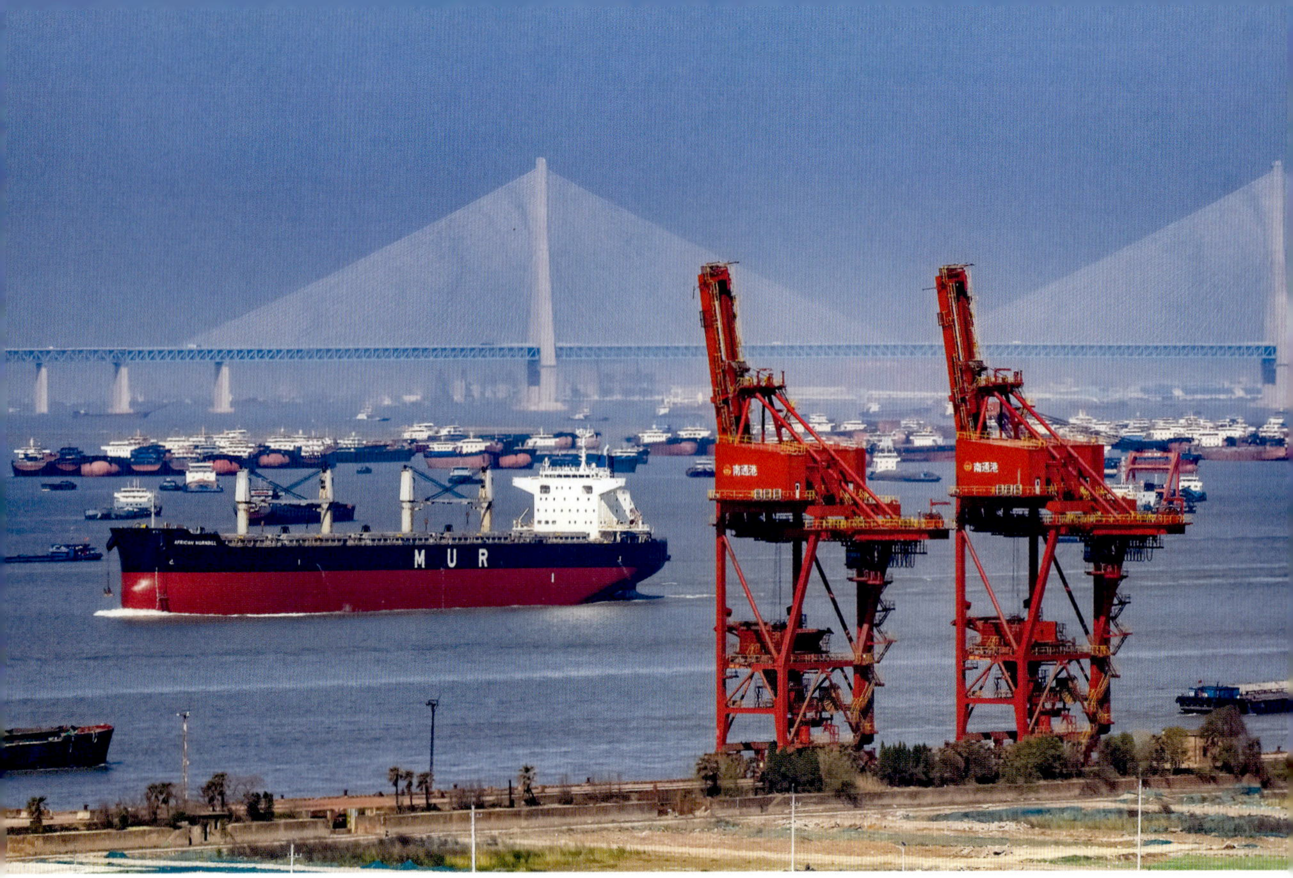
M U R

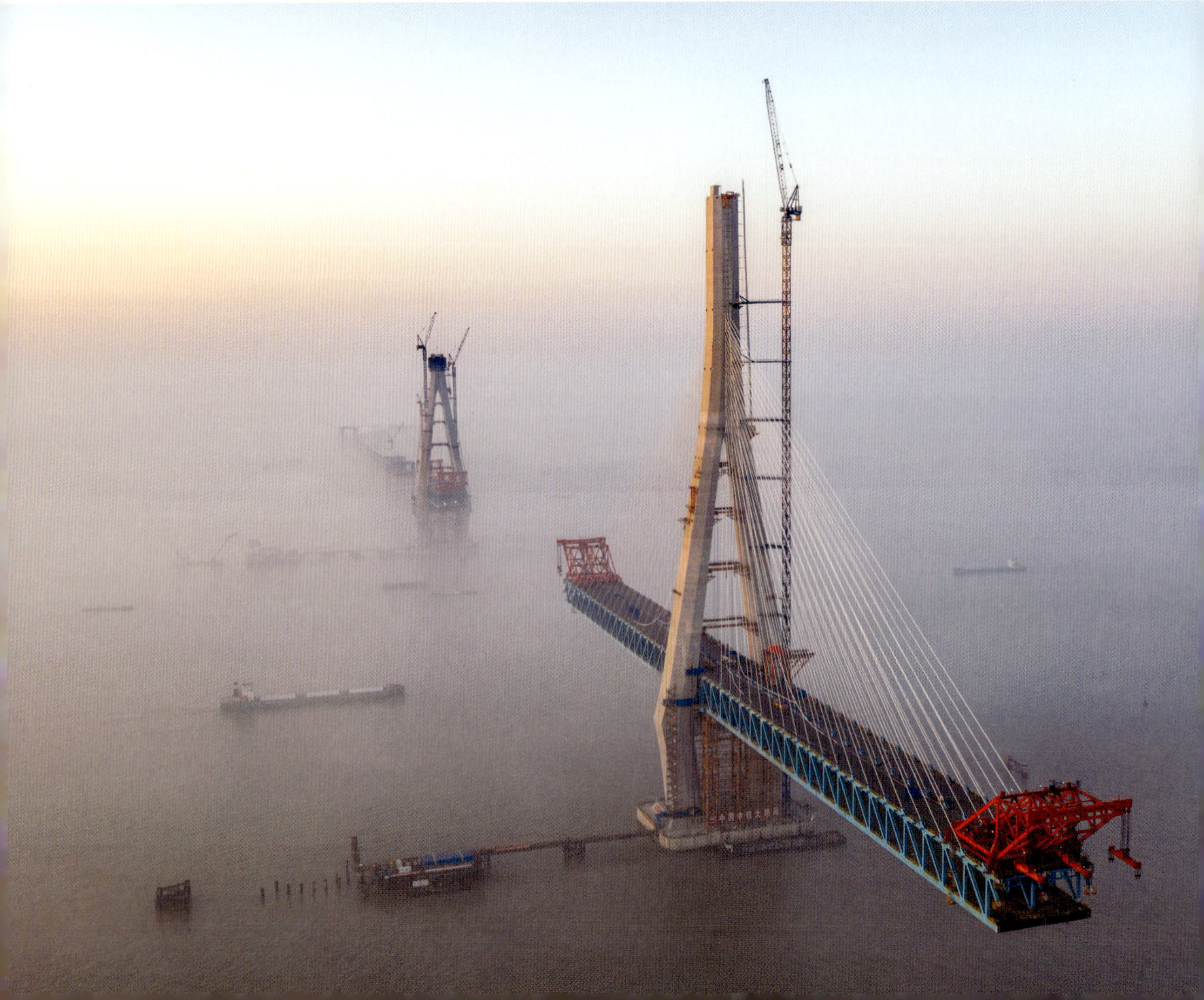

2019年4月13—14日，江苏南通，300多位高铁桥梁专家会聚一堂，他们是为参加中国高速铁路桥梁工程创新技术论坛而来。

如此高端的高铁论坛，为何会选择在不通高铁的南通举办？因为南通左近，正有两座代表世界先进水平的千米级大跨度高铁桥梁在建设中，此次论坛的主旨正是结合这两座高铁桥梁的建设实践，对中国高铁桥梁进行前瞻性研讨。

这两座堪称超级工程的大桥，一座位于南通和张家港之间，叫沪苏通长江公铁大桥，一座在沪苏通大桥上游130千米处，位于扬州和镇江之间，叫五峰山大桥。

左上图　"你站在桥上看风景，看风景人在楼上看你。明月装饰了你的窗子，你装饰了别人的梦。"这首著名诗作《断章》的作者卞之琳是南通人，诗人作此诗时，南通的江岸笃定无桥。南通居于长江之北，有226千米的长江岸线，良港如队列排布，却直到2008年才有了第一座连通到长江南岸的跨江大桥——苏通长江大桥。图为2021年4月5日，在南通如皋港远眺沪苏通长江公铁大桥，此时这座连接南通的第八座长江大桥通车已近一年

左下图　中国高速铁路桥梁工程创新技术论坛进行的时候，沪苏通长江公铁大桥正在架设钢梁

沪苏通大桥主桥为双塔斜拉桥，五峰山大桥主桥为双塔悬索桥，两座桥的跨度一样，都是1092米。

沪苏通大桥是世界首座跨度超千米的公铁两用斜拉桥；五峰山大桥虽是世界上第二座公铁两用悬索桥，却是全球首座高铁悬索桥。

"建桥不是为了破纪录，也不是为了建'地标'，永远是为交通功能服务。"中国工程院院士秦顺全说。

邓文中院士也曾作过如下表述："虽然有些桥梁设计师会刻意去创造新的纪录，但绝大部分桥梁跨径的世界纪录却是非常'自然'地被创造出来的——现场的自然条件常常会要求建设特别大跨径的桥梁。"

沪苏通长江公铁大桥与五峰山大桥的两个"1092"就是这样被"逼"出来的。

右上图　一步迈过1092米，该有多大的"脚"？这是2015年5月17日，施工中的"一只脚"——沪苏通长江公铁大桥28号主墩沉井

右下图　一步迈过1092米，"身量"该有多高？这是2019年6月27日，准备开展封顶作业的沪苏通大桥29号主墩塔柱。330米的主塔，冬天时，塔底下的是雨，塔顶飘的是雪

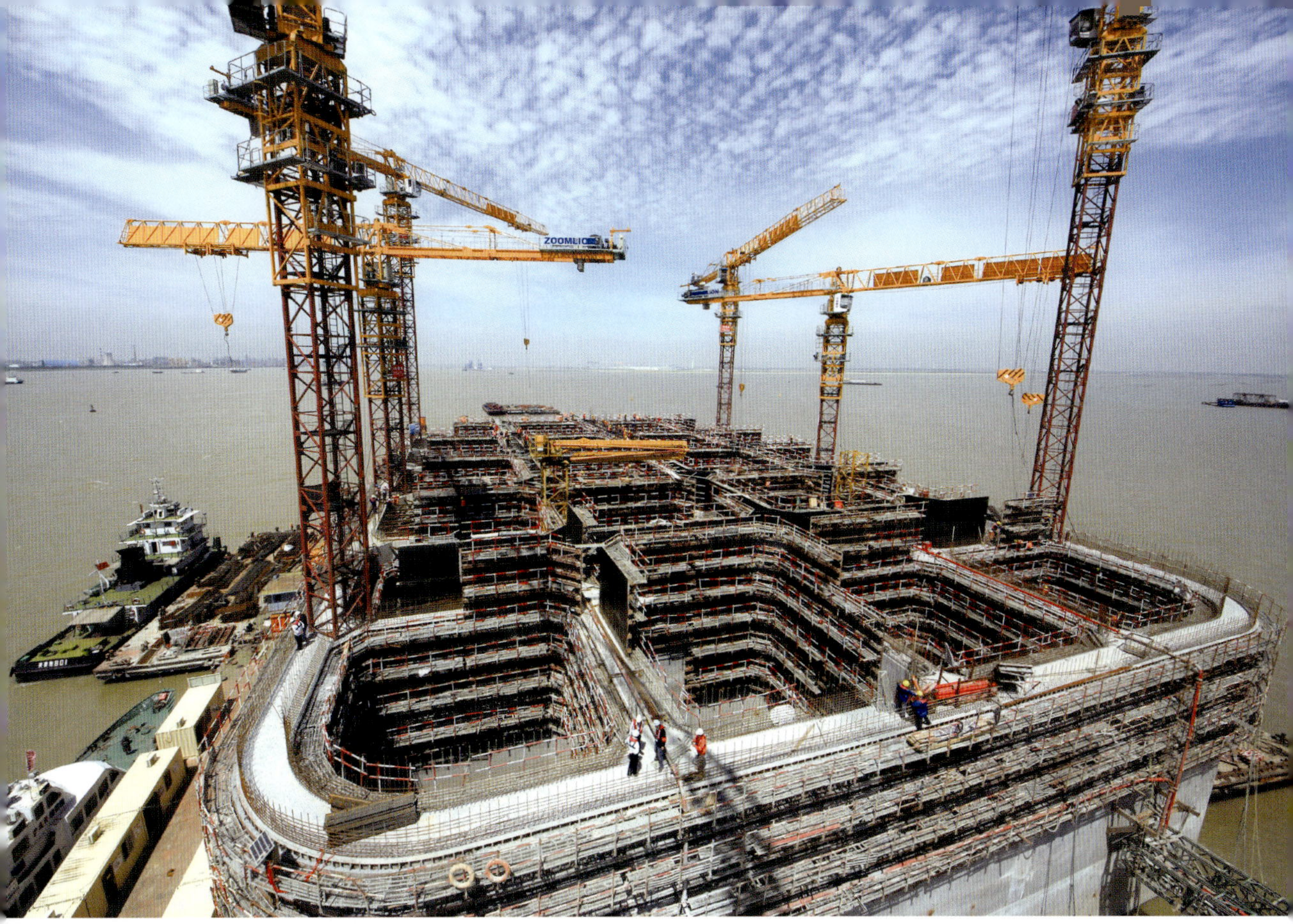
ZOOMLION

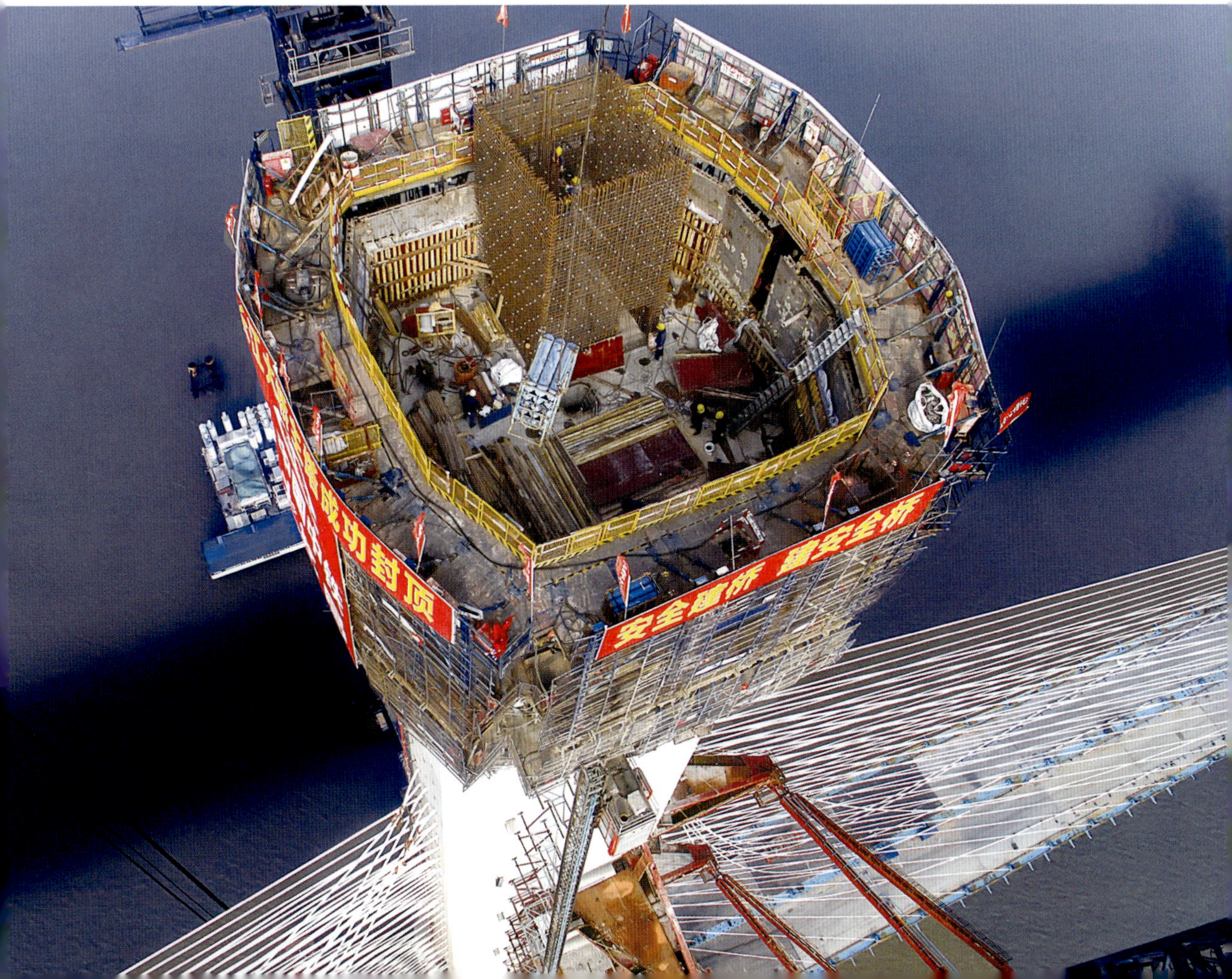
安全建桥 建安全桥

长江上的桥

上图
2019年9月20日，沪苏通长江公铁大桥主航道钢梁合龙，全桥贯通。这是个令许多参建者喜极而泣的日子

左下图
沪苏通长江公铁大桥主航道钢梁合龙作业中

右下图
主航道钢梁合龙后，建设者在合龙段上摆出了"70"造型，祝福共和国七十华诞

组成五峰山大桥主缆的 704 根钢束一束束越过长江，用了 4 个月时间，最终紧成两根直径 1.3 米、单根重 47.8 吨的主缆

2019 年 8 月 3 日，工人们正在给五峰山大桥的主缆安装索夹

郑皆连院士曾评价五峰山大桥："留了几十年的一个难得的桥位，是费了好大的劲保留下来的。这是我们国家经济发展最热的长江三角洲，这样一个珍贵的通道资源，应该让它用得充分一些，将来对沿线经济发展的作用是非常非常大的。"

五峰山大桥是连（云港）淮（安）扬（州）镇（江）铁路的过江通道，它得为未来京沪高铁的升级改造留下足够的空间，还需要搭载多条高速公路过江。因而，其规划由最初的铁路两线，到铁路四线，到最终的上层双向八车道、下层双向四线高速铁路。这样一来，这座双层公铁两用桥，仅钢桁梁重量就达到 7 万余吨，超过满载状态下的辽宁舰航母的重量。

而镇江、扬州间的五峰山航道，其繁忙程度和地质条件的特殊性又只允许修建一跨过江的桥梁。高速度、大跨度、重荷载，又一组世界级桥梁纪录在这里被"逼迫"出来。

沪苏通长江公铁大桥的规划经历与五峰山大桥极为相似，它高挺、庞大又舒展的身躯之上，是双向六车道高速公路与四线高速铁路的载荷。

超级工程·1092

支撑起1092米大跨度的桥同样是从基础建起来的。这是2017年6月15日，正在进行桥塔施工的五峰山大桥工地

修筑主塔，看着它一节节长高，建桥人总愿意跟春天竹笋的生长相比，称之为"拔节"。2018年5月14日，五峰山大桥南主塔封顶

2019年11月15日，架梁施工中的五峰山大桥

一座桥梁，并不是跨度大了、荷载重了、规模大了就成为超级工程了，五峰山大桥的设计师徐恭义曾对他的团队成员说："所谓'超级工程'的概念更应该包含的意义还有：为满足超常规的速度、跨度和荷载而激发出来的工程师的创造力，以及由这些创造力催生出的新技术、新工艺、新方法、新材料、新思维。"两座"1092"堪称典范。

2014年3月1日，沪苏通长江公铁大桥开工。
2015年10月，五峰山大桥开建。
2019年9月20日，沪苏通长江公铁大桥钢梁合龙。
2020年7月1日，沪苏通长江公铁大桥公路桥、铁路桥同时通车。
2020年12月11日，五峰山大桥铁路桥通车。
2021年6月30日，五峰山大桥公路桥通车。

这些数字闪过的深邃时光里，浓缩着工程师们、桥梁工匠们的汗水与泪水、智慧与情怀。

至首趟高速列车驶过五峰山大桥，长江干流（宜宾合江口以下）之上，已建成桥梁123座。新冠病毒肆虐之下的2020年，中国仍然有6座长江大桥如期交付使用。

2020年10月30日，五峰山大桥正在做通车前的准备

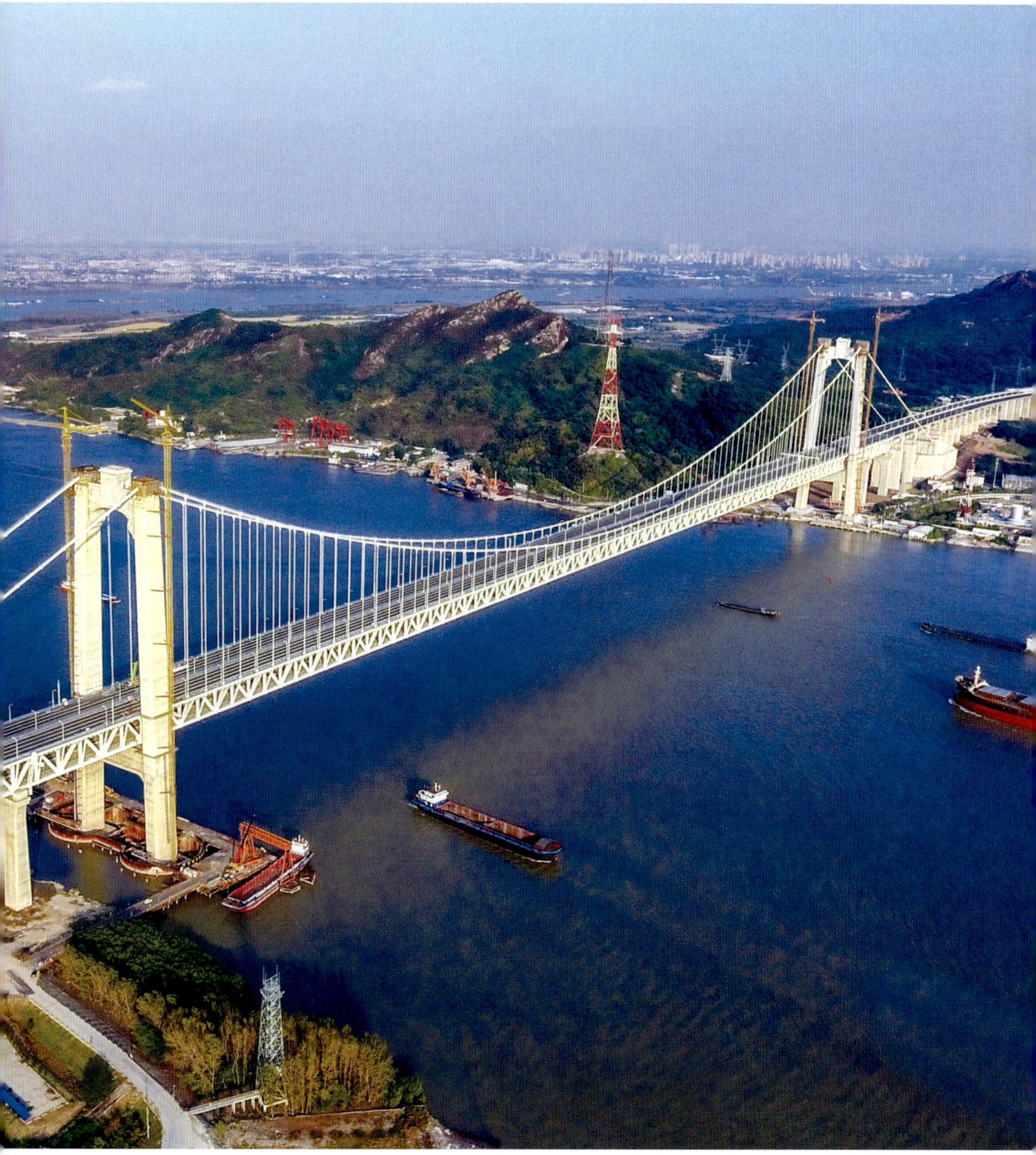

第 5 章

日常的风景

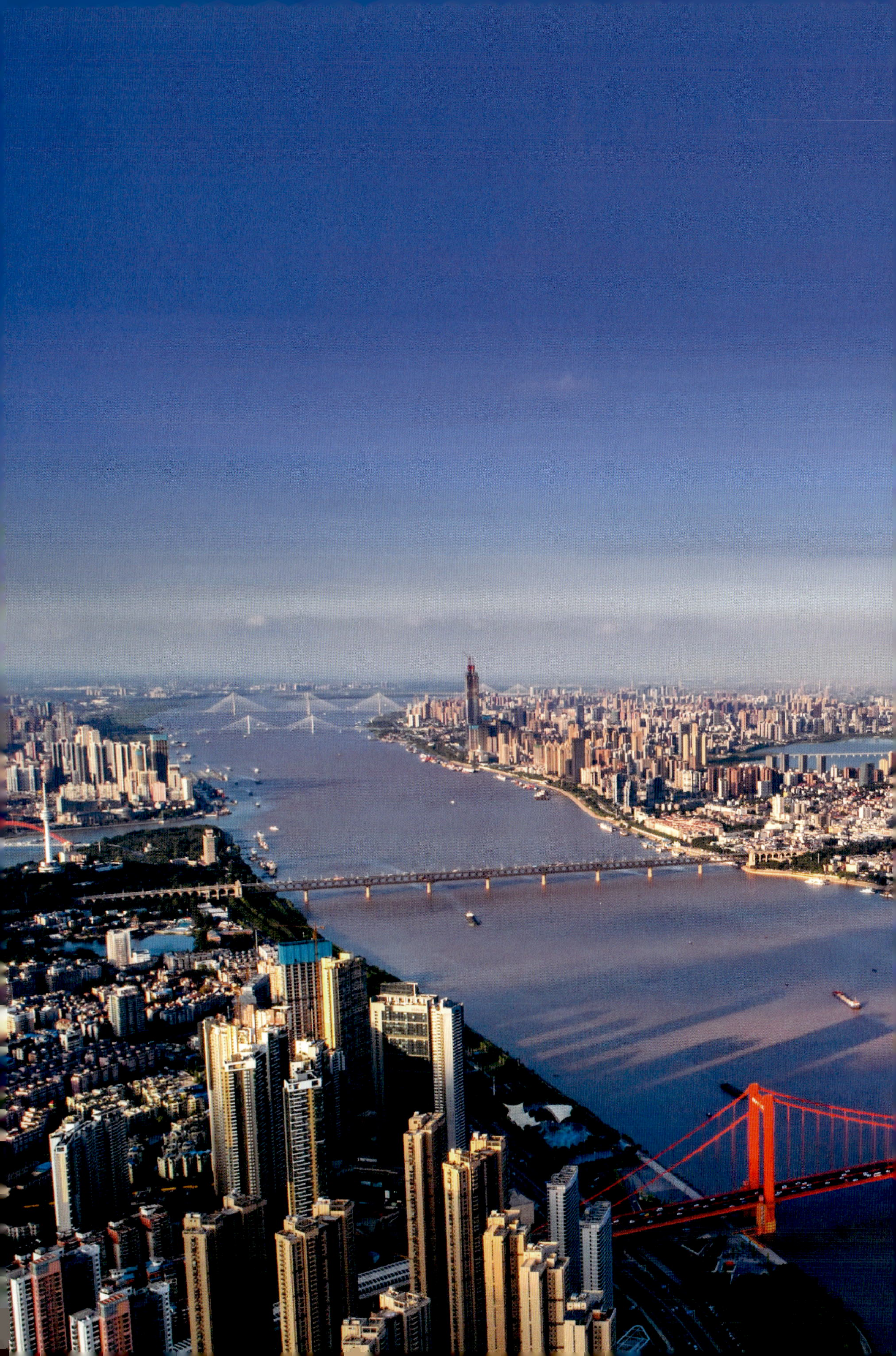

每天早上，左岸的人要去右岸工作；入夜，右岸的人要回左岸的家。双休，江南的人要去江北逛街；假日，江北的人要到江南赏花。桥，实在是长江两岸居民生活必备，自然也早已成为长江沿线的日常风景。这是 2018 年 8 月 20 日的武汉三镇，美丽、繁华

五峰山大桥铁路桥通车之后——

2020年12月24日，南京长江第五大桥（后更名为"南京江心洲长江大桥"）通车，同一天，南京的浦仪公路上坝夹江大桥通车；

2021年，宜都长江大桥、武汉青山长江大桥、重庆长寿经开区大桥、宜宾盐坪坝长江大桥、宜昌伍家岗长江大桥、湖北棋盘洲大桥、赤壁长江大桥、湖北武穴大桥、安九铁路鳊鱼洲长江大桥相继通车；

2022年，重庆白居寺长江大桥、白沙长江大桥、新田长江大桥、明月峡长江大桥先后通车；

2023年，重庆南纪门轨道大桥、郭家沱长江大桥，泸州神臂城长江大桥、茜草长江大桥、纳溪长江大桥、邻玉长江大桥，临港长江公铁大桥、李家沱长江复线桥陆续通车；

2024年，油溪长江大桥、江安长江二桥、榕江长江大桥通车。

…………

上左图	南京江心洲长江大桥在长江左岸与江心洲之间，是一座高速公路大桥	上右图	南京上坝夹江大桥连接长江左岸与八卦洲，是一座主跨500米的双塔斜拉桥。在大跨径斜拉桥上采用独柱形全钢索塔，这是世界首次
中上左图	宜宾盐坪坝长江大桥的桥塔造型是"江鱼"	中上右图	伍家岗长江大桥主塔以宜昌市花百合花和水波为设计元素
中下左图	棋盘洲大桥位于湖北省黄石市阳新县与黄冈市蕲春县之间，是一座主跨1038米的单跨悬索公路桥	中下右图	赤壁长江大桥主跨720米，位于湖北省赤壁市与洪湖市之间，是世界最大跨度的钢混组合梁斜拉桥
下左图	主跨808米的武穴大桥位于湖北省黄冈市武穴市与黄石市阳新县之间。这座高速公路桥在通车前接受了全国最高防护等级的栏杆撞击试验	下右图	安（庆）九（江）铁路鳊鱼洲长江大桥在湖北省黄冈市黄梅县和江西省九江市之间，主跨672米，是世界上跨度最大、运营速度最高的四线高铁混合梁斜拉桥

日常的风景

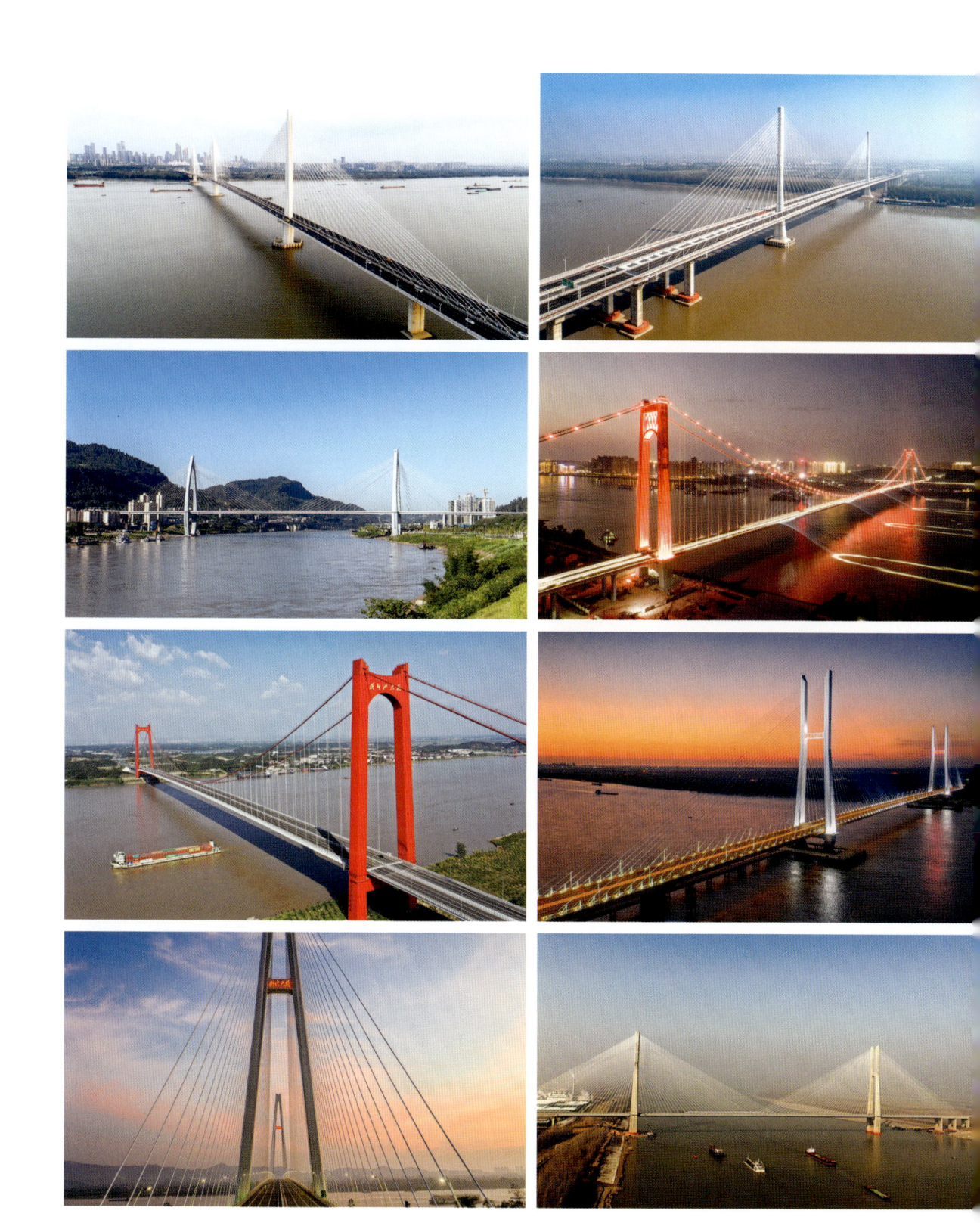

长江上的桥

鹅公岩大桥是重庆主城区的第三座长江大桥，原设计的桥面布置为双向六车道、双线城市轨道和双向人行道，但通车不过数年，车道就拥堵不堪。2013年大桥升级改造，取消轨道和人行道，桥面布置改为双向八车道。2014年，鹅公岩轨道大桥开建，大桥桥面布置为双线城市轨道和双向人行道。两桥建成时间相差19年，常常被称作"姊妹桥"

日常的风景

2017 年 7 月，通车 17 年的鹅公岩大桥与施工中的鹅公岩轨道大桥

长江上的桥

金沙江在宜宾接汇岷江后始称长江，自两江合流的合江口，汹汹湉湉，继续向东，流经四川、重庆、湖北、湖南、江西、安徽、江苏、上海，至吴淞口注入东海，这一段干流河道总长 2940 千米。

"人生代代无穷已，江月年年望相似。不知江月待何人，但见长江送流水。"1300 多年前，诗人张若虚于长江岸边怀古思今，他看见了江、水、花、月，想到了舟、海、人、史。"桥"，张若虚眼里没有，在他身后的千年时光里，江畔望月的人们的眼里也一直都没有。

今日的我们，站在"公元2024"与"中国长江"相交而成的这个时空坐标上去看——自 1950 年筹建武汉长江大桥起，短短 70 余年，不过历史的一瞬间，我们的长江，仅这 2940 千米的干流江段上，已矗立起 149 座桥梁供人们自由往来，尚有 23 座正在建设中。172 座江桥，平均 17 千米就有一座。如果你是一个长跑爱好者，如果你愿意沿着长江大堤跑上一个马拉松的距离，无论如何，你都绕不开跨江的桥梁，两座、三座，甚至更多……

初见江桥建起，是新鲜和激动。
守在桥畔起居，是便捷和舒畅。

在湖北，地域被长江一分为二的县级行政区划中，石首最后拥有跨江大桥。
石首长江大桥远离城区，将建成时，仍然常有市民赶到桥畔眺望

  哪个生活在长江之滨的中国人没见识过一座大桥从无到有、从突兀于周遭到融会于市井的过程呢？哪个行走过大江南北的中国人没有穿越过一座长江上的大桥？

  不论是超级工程，还是业界里程碑，是获过国际大奖，还是创过世界纪录，桥，首先是桥，它可以是工业成就和科技创新，但它更应是百姓的生活需要和日常风景。

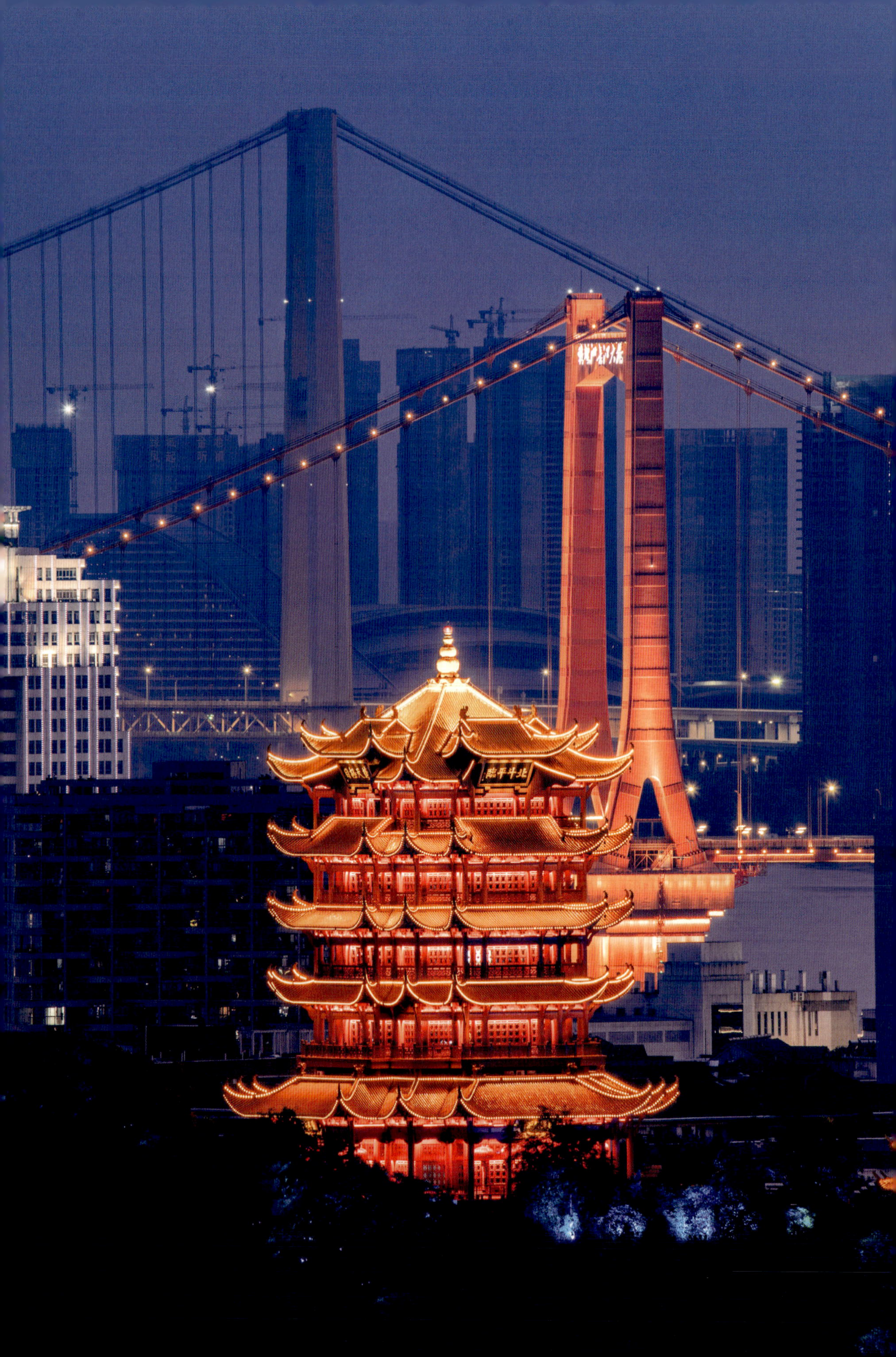

日常的风景

左图　黄鹤楼、鹦鹉洲长江大桥和杨泗港长江大桥,武汉的三个城市地标建筑同框,展现出这座特大城市历史与现代的交汇之美

右图　桥的或刚或柔的线条、或冷或暖的色彩激发着摄影者蓬勃的构图想象力。从桥塔下方看见的鹦鹉洲长江大桥,成为摄影师镜头下"对称的世界"

① 一眼 N 桥

鹅公岩大桥和鹅公岩轨道大桥的四座桥塔错落叠合的图影，近些年成为重庆的一个标志

长江上的桥

城市是桥梁聚集的地方。

重庆人喜欢请外地来渝的朋友登南山观夜景。立于南山之巅，不论是在涂山观景台还是一棵树观景台，往西北俯瞰，大半个重庆城尽收眼底。灯火最辉煌、最集中的区域便是渝中半岛，那围绕着半岛、随灯光变幻流动的"彩带"便是长江和嘉陵江。彩带上有亮闪闪的"钻石"，一颗又一颗，那就是桥呀。

由左至右，你可以看到紧紧相依的重庆长江大桥和重庆长江大桥复线桥、南纪门轨道专用桥、东水门长江大桥和朝天门长江大桥。若你的视力足够好、夜空足够通透，上游铜元局的菜园坝长江大桥和下游的大佛寺长江大桥也会出现在你的可视范围内。当然，你还可以越过渝中半岛看到几座嘉陵江上的桥。

你一眼看见了几座桥？

你眼前的，是一座金碧辉煌、晶莹剔透的城。重庆是山城，是江城，更是桥城

日常的风景 · 一眼 N 桥

长江上的桥

　　漫步在武汉长江大桥上，仔细欣赏过栏杆的铸铁雕花，你可以凭栏远眺。往东，能看见武汉长江二桥和二七长江大桥，如果角度巧合，可以遇见它们叠合成一座五塔桥梁的景象，再往远望，或许还能望见天兴洲长江大桥高高举起的索塔；往西，橘红的鹦鹉洲长江大桥、金黄的杨泗港长江大桥、勾着红边的白沙洲长江大桥，甚至有着白色索塔的沌口长江大桥也会出现在你的目力所及之处。

2020年8月7日，武汉。站在右岸往上游眺望，这一眼，见到六座长江大桥：梁式的武汉长江大桥；悬索的鹦鹉洲长江大桥、杨泗港长江大桥；斜拉的白沙洲长江大桥、沌口长江大桥和军山长江大桥

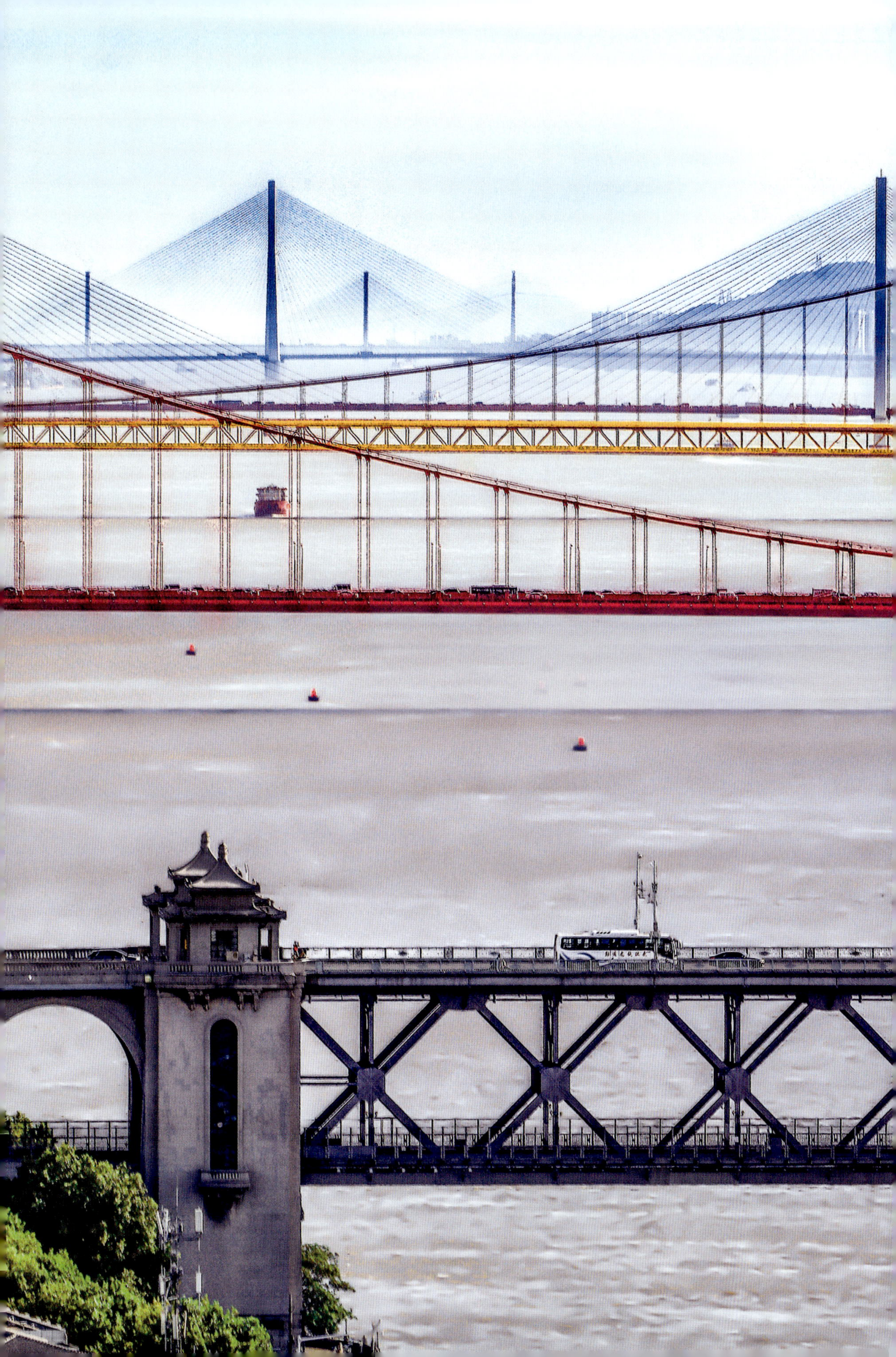

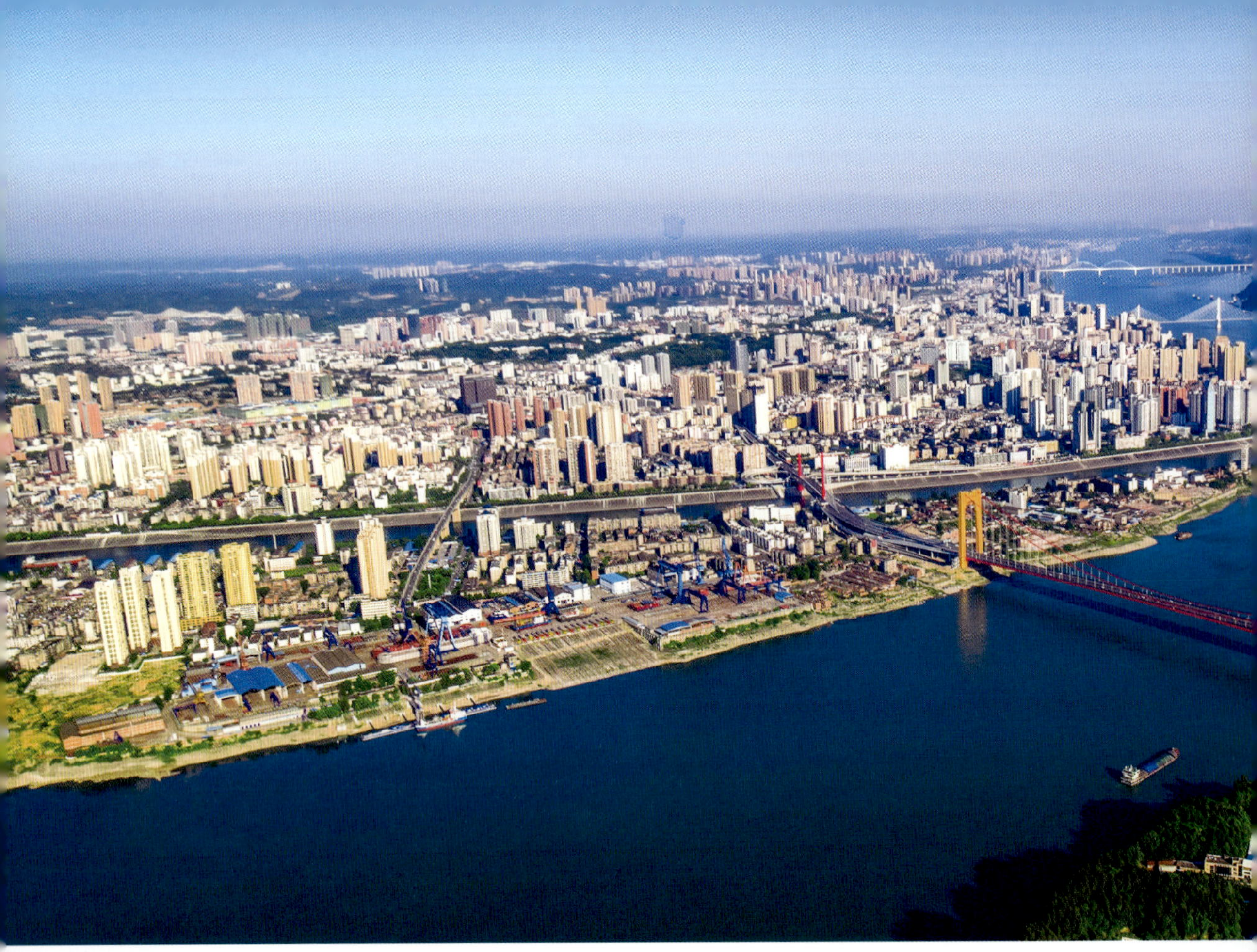

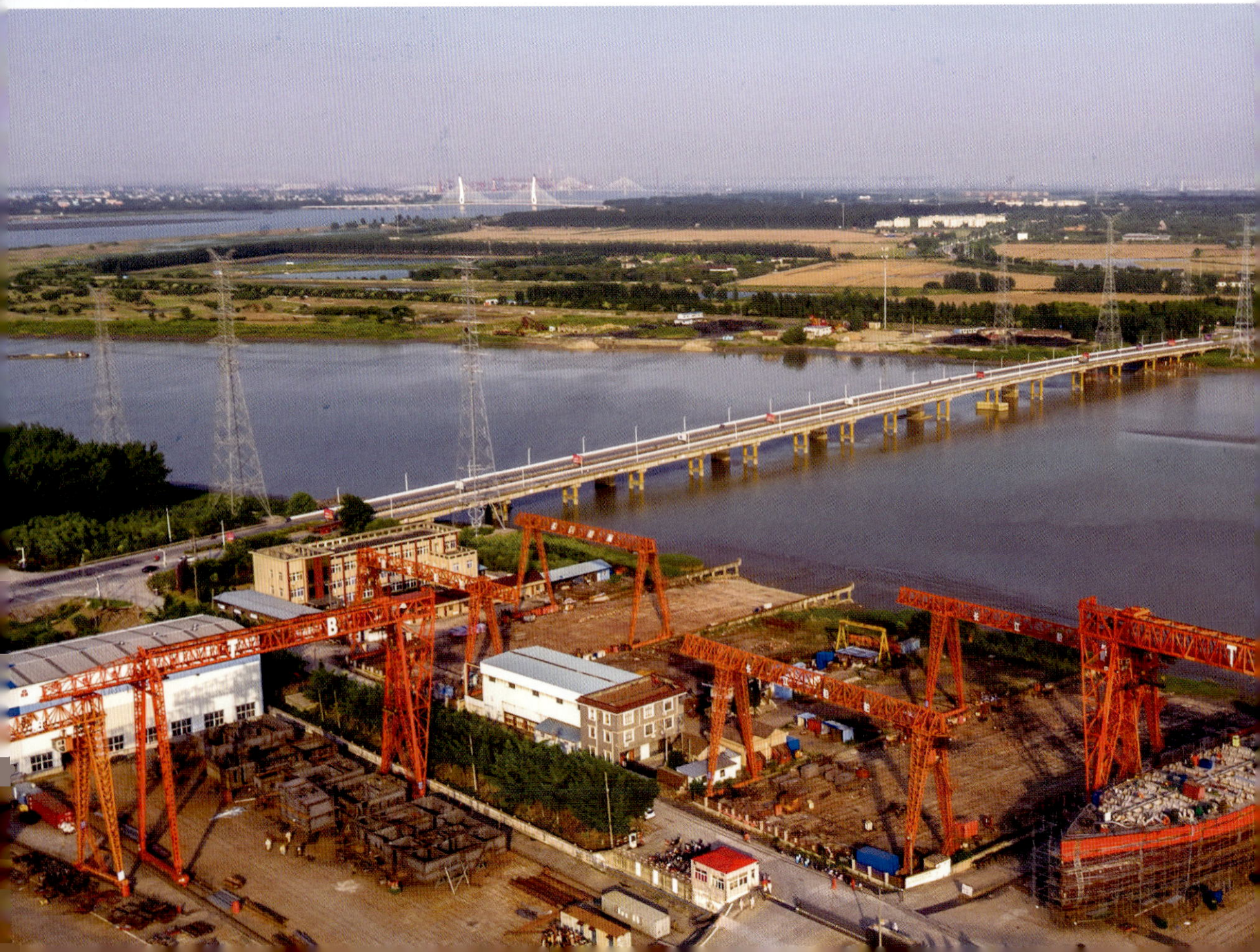

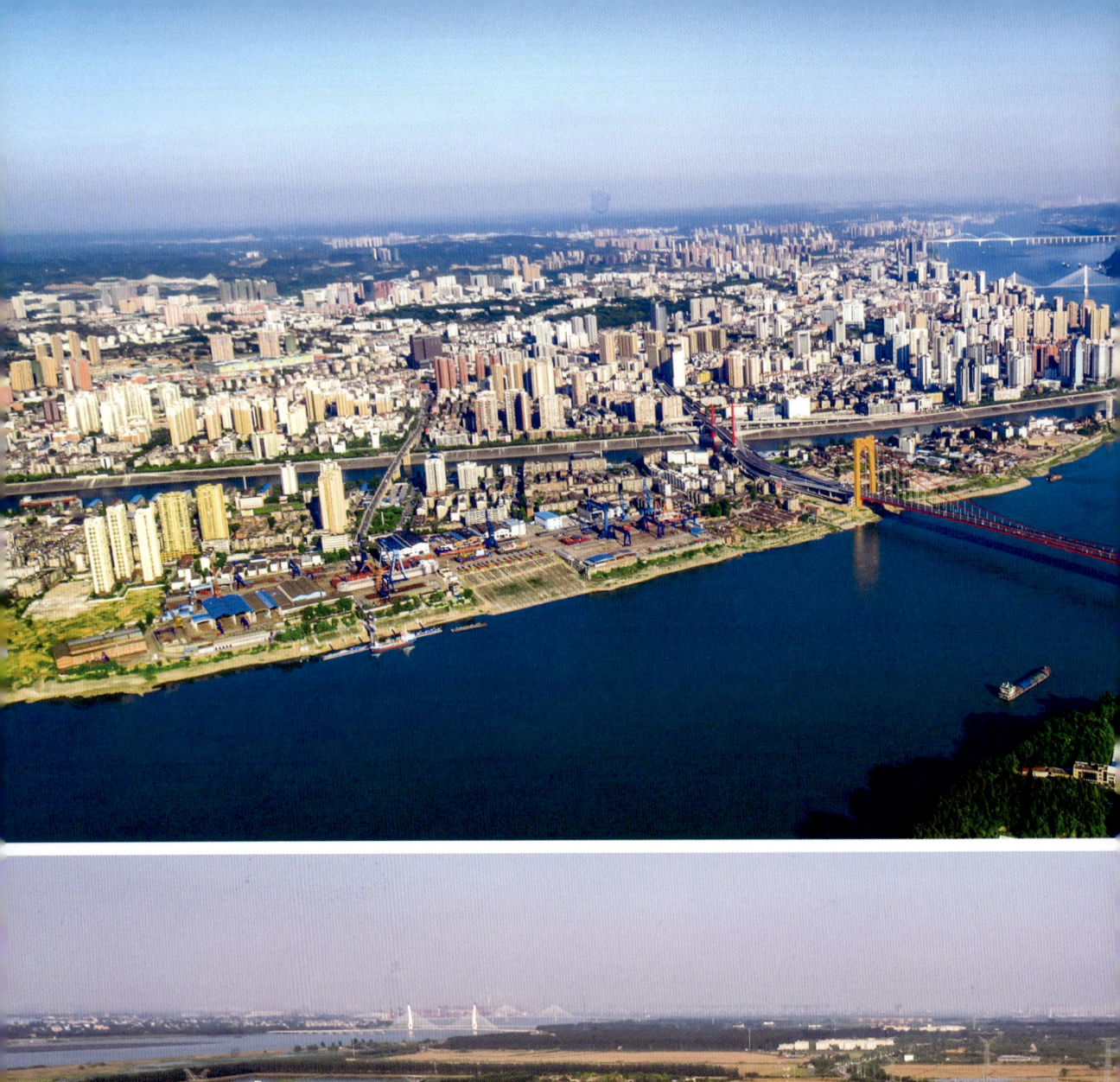

日常的风景·一眼 N 桥

在南通、南京、芜湖、宜昌、泸州、宜宾……沿江的许多城市，我们都可能获得"一眼 N 桥"的观感体验，不仅是长江干流，还有岷江、嘉陵江、清江、汉江、赣江等支流。谁是桥都？世上本无桥都。

上图　2017 年 5 月 17 日，宜昌。一眼可见四座长江大桥：葛洲坝三江大桥、至喜长江大桥、夷陵长江大桥、宜万铁路宜昌长江大桥。其中至喜长江大桥包括金黄主塔的大江桥和鲜红主塔的三江桥

下图　2017 年 6 月 17 日，南通。这一眼里有六座长江大桥。由近及远，分别是长青沙新桥、长青沙老桥、如皋长江大桥（主塔为仙鹤造型）、华沙大桥、东沙大桥和建设中的沪苏通长江公铁大桥

287

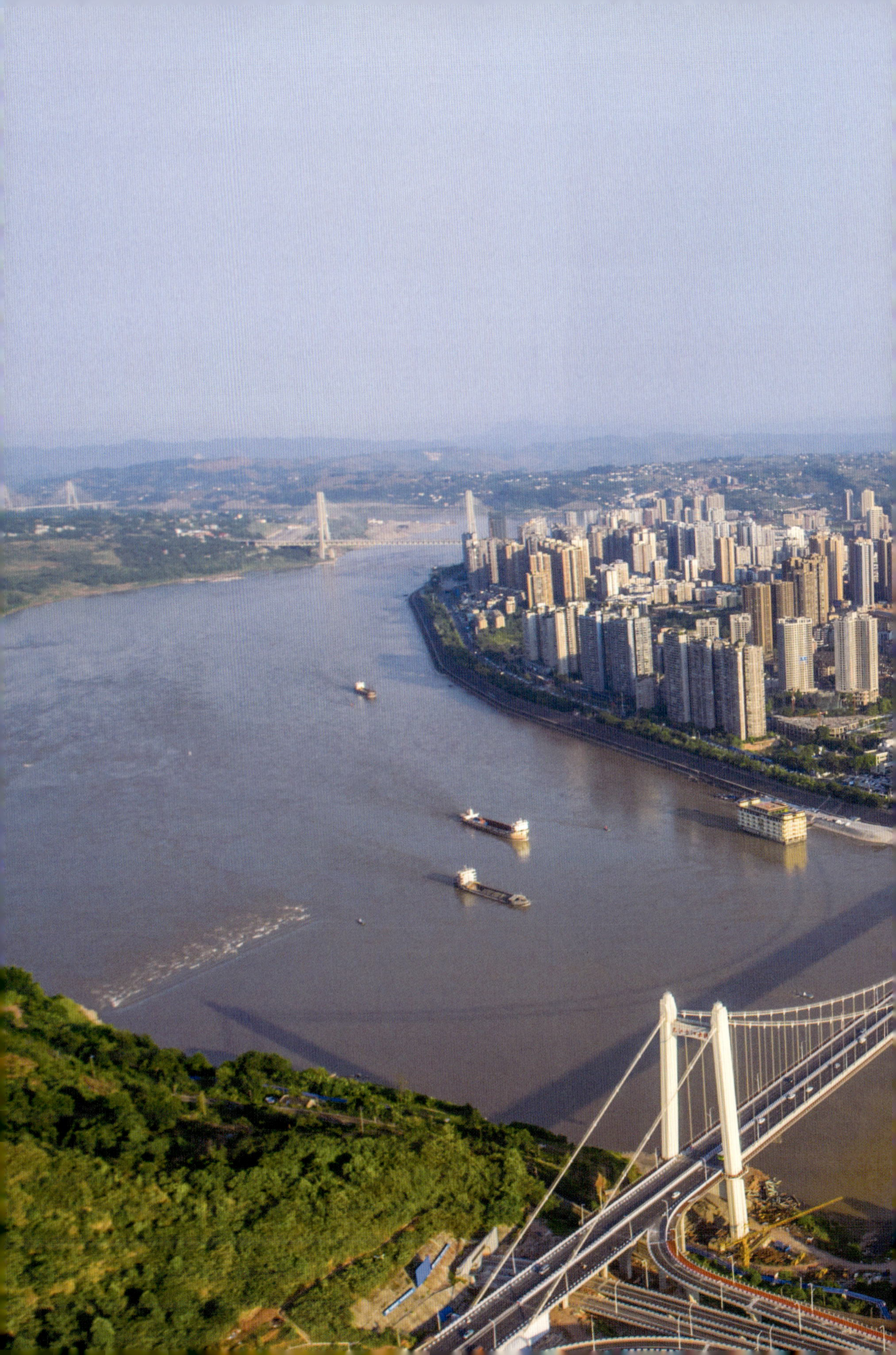

2017年7月24日,江津。从高空俯瞰,一眼可见四座长江大桥。眼前的这座是通车一年的几江长江大桥,往下游望,依次可见2013年6月通车的双层双塔斜拉的鼎山长江大桥、2009年12月通车的双塔斜拉的外环江津长江大桥,往上游看,画面的右上角还有一座梁式桥,那是1997年12月通车的江津长江公路大桥

长江上的桥

日常的风景・一眼 N 桥

2022年4月10日，南京。自上游往下游，京沪高铁大胜关长江大桥、南京三桥（已更名为"南京大胜关长江大桥"）、南京五桥（已更名为"南京江心洲长江大桥"）同框，于明媚春光中各自展现优美，坚守岗位

一眼 N 桥的体验之下，我们会发现，随着建设年代的推移，桥梁的跨度越来越大，江中的桥墩越来越少。武汉长江大桥有 8 个水中墩，它上游 2 千米处、建成于 2014 年 12 月的鹦鹉洲长江大桥仅有一个水中墩，再往上游 3.2 千米，建成于 2019 年 10 月的杨泗港长江大桥水中墩个数为零。

桥梁工程师们很早就提出"桥群"的概念。

桥梁架设在江河湖海之上，跨越天堑、沟通两岸、促进发展、便利生活，是受人喜爱和欢迎的建筑物。但对于船舶来说，桥梁却是水上人为的障碍物，给安全航行增加了难度；对于水流和河床来说，相比于经年累月自然形成的岛、石，桥墩是突然出现的"异族"，会骤然改变泥沙沉淀的位置、方向，影响水流和航道。

我们夸赞武汉长江大桥、南京长江大桥数十次遭受船只撞击而岿然不动，是"桥坚强"，殊不知通行于其身下，撞击或未撞击过桥墩的船只们装运了多少委屈和无奈。某一艘船撞上桥墩是偶然，但主航

道附近的桥墩遭受船只撞击却是必然。

　　武汉长江大桥和南京长江大桥的跨度，在它们各自的建造年代已是梁式桥所能达到的极限。如果江面上仅有这一座桥，此跨度空间是足够宽大的。但桥组成了"群"，数目越来越多，间距越来越小，江面上哪怕只多出一个桥墩，对于航道都可能是灾难般的存在。

　　一眼 N 桥景观的背后，有一群努力让桥跨更大一些的人，一直在努力着。

主跨 128 米的武汉长江大桥、主跨 400 米的武汉长江二桥和主跨 850 米的鹦鹉洲长江大桥

②
桥边姑娘

2020年4月9日,因新冠病毒封城两个多月后,武汉解封的第二天,20时25分,鹦鹉洲长江大桥上开始部分恢复车流。这个场景成为一座千万人口大城复苏的标志之一

"……大桥上边车多人多 / 大桥底下都是歌 / 大桥中间火车走 / 水里航船慢慢过 / 江水滔滔 / 大桥大桥……"

2018年国庆，央视音乐频道推出大型文艺系列节目《唱响新时代》，选择了晋江、重庆、武汉、延边和深圳作为主要拍摄现场。其中，武汉主会场的录制地点在鹦鹉洲长江大桥汉阳桥头下。61岁的武汉长江大桥在右，建设中的杨泗港长江大桥在左，全国观众跟随节目饱览了江城多座桥梁的风采，领略了"建桥之都"武汉的独特桥味。大桥局职工参与演出的歌舞节目《大桥大桥》，舞醉了现场观众，也唱响了一江碧水。

左图　2018年9月10日下午，鹦鹉洲长江大桥下的桥头公园，《唱响新时代》演出录制现场，人们欢呼着挥舞手臂

右图　2020年12月30日傍晚，冬日暖阳下的杨泗港长江大桥

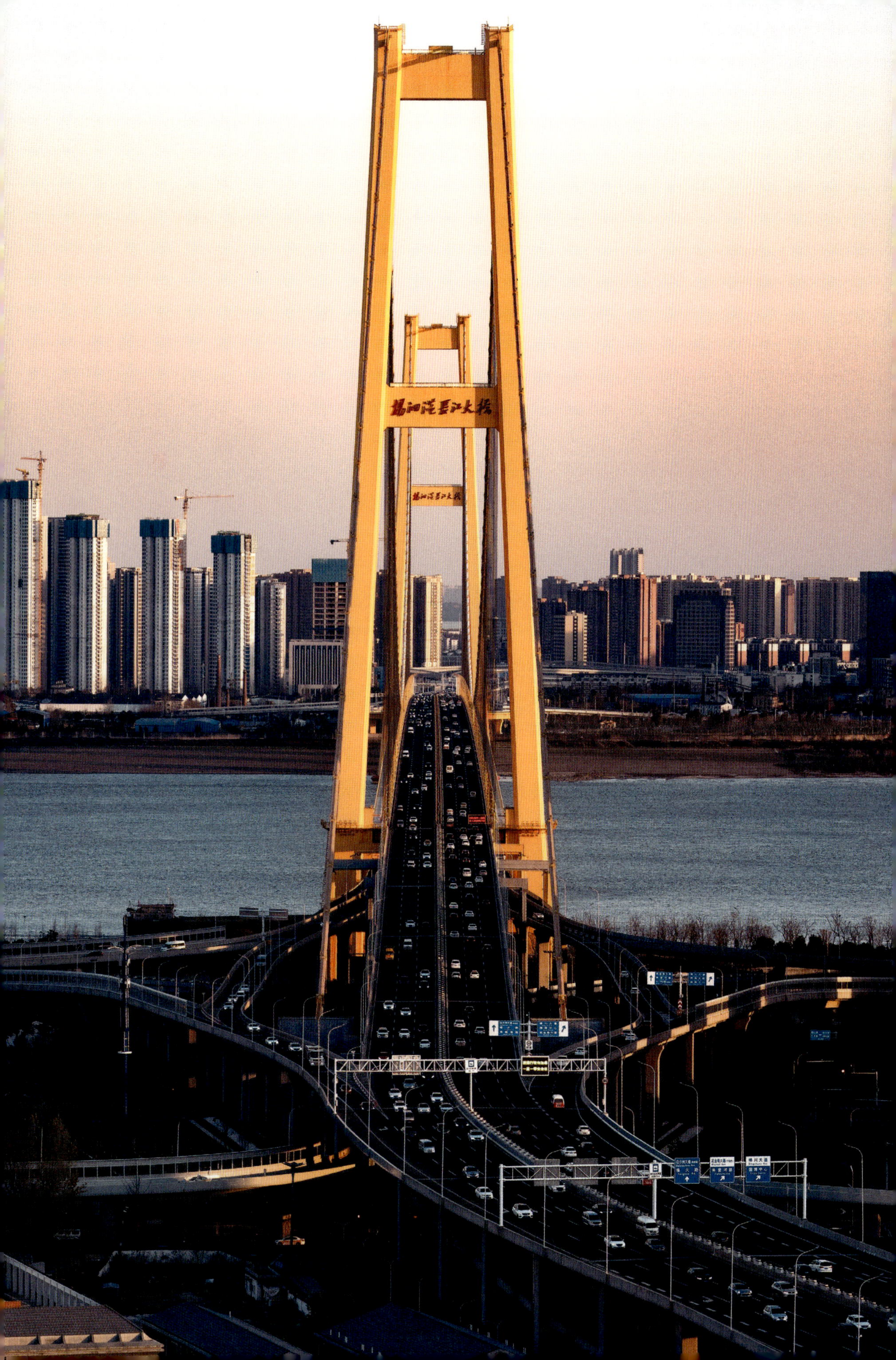
楊泗港長江大橋

近年，还有一首歌曲《桥边姑娘》流行于网络："暖阳下／我迎芬芳／是谁家的姑娘……坐在桥上／我听你歌唱／我说桥边姑娘／你的芬芳／我把你放心上／刻在了我心膛……"在文学艺术的世界里，"姑娘"是一切美好，"桥"则可以承载一切美好。

江桥越来越美，中国桥越来越美，美得令"桥边姑娘"不愿离开。

右上图　1956 年，施工中的武汉长江大桥钢梁正一步步向江心推进

右下图　2021 年 6 月 22 日清晨，在武汉长江大桥观景平台上，一曲《唱支山歌给党听》的旋律响起，武汉市艺术学校的学生在"1956 年长江大桥修建场景"的照片前翩翩起舞，仿佛时空对话

日常的风景 · 桥边姑娘

长江上的桥

有一组被称为世界桥梁界"诺贝尔奖"的奖项，自2002年被江阴长江大桥第一次捧得之后，被越来越多地颁发给中国桥梁，那就是国际桥协*自1988年起设立的四个工程奖——乔治·理查德森奖、古斯塔夫·林德撒尔奖、亚瑟·海顿奖和尤金·菲戈奖，分别从设计、实用性、理念、环境资源等方面对优秀桥梁工程评奖和表彰。后又增设铁路桥奖和超级工程奖，加上颁发给工程师的约翰·罗布林奖，共计7个奖项。

至2024年第41届国际桥梁大会，已有20余座中国桥梁登上获奖榜单，它们中的长江大桥占比极高：苏通长江大桥、天兴洲长江大桥、京沪高铁大胜关长江大桥、马鞍山长江大桥、芜湖长江二桥、泸渝高速合江长江一桥（波司登大桥）、杨泗港长江大桥、沪苏通长江公铁大桥等获乔治·理查德森奖；秭归长江大桥获古斯塔夫·林德撒尔奖；"南京眼"步行桥获亚瑟·海顿奖；江阴长江大桥获尤金·菲戈奖。最为了不起的是，2018年，第35届国际桥梁大会将约翰·罗布林奖颁给了中国工程师徐恭义。这是国际桥协设立的唯一个人奖，每年在全世界范围内表彰一名"对桥梁技术作出重大贡献的国际顶级著名专家"。徐恭义是第32位获奖者，第四位亚裔工程师，第一位中国工程师。

左图　位于安徽省马鞍山市境内的马鞍山长江大桥于2013年12月31日通车，因跨越江心洲，全桥分为左汊桥和右汊桥。主桥左汊桥是一座三塔悬索桥，双主跨1080米，175.8米高的中主塔为钢塔；右汊桥是一座三塔斜拉桥，双主跨260米。斜拉桥塔为A形，悬索桥塔为H形，正是"安徽"的字母缩写

---

* 国际桥梁及结构工程协会（International Association for Bridge and Structural Engineering，简称IABSE、"国际桥协"）成立于1929年，有分布世界100多个国家和地区的数千名会员，是目前国际认可度最高的桥梁界学术交流组织。

夜幕时分的"南京眼"步行桥。"南京眼"跨越长江右岸与江心洲之间的水域,斜拉索如竖琴的琴弦,又如鸟类张开的羽翼。自2014年6月建成,这座步行桥就成为南京的新地标

日常的风景 · 桥边姑娘

几位在"南京眼"步行桥上玩耍的越南青年,看见拍桥的摄影师,请求与美桥合影

长江上的桥

日常的风景·桥边姑娘

桥塔像亭亭玉立的姑娘，造型"打扮"越来越具有当地文化特色，寓意丰富，各美其美

左上图
四川泸州，国窖大桥的矮塔造型为"樽"，十分具象地表现着泸州的酒城文化

左中上图
江苏南通，如皋长江大桥的桥塔与斜拉索共同完成"仙鹤展翼"的造型，彰显着如皋"长寿之乡"的长寿文化

左中下图
江苏南京，夹江大桥柱形独塔的横截面为内八边形，使桥塔的两侧有纵向凹槽，现代感极强。在变幻的灯光加持下，桥塔显得神秘而时尚

左下图
重庆，寸滩长江大桥的牌楼式主塔有着浓郁的中国传统文化色彩

右上图
安徽池州的九华山是中国佛教名山，池州长江大桥的桥塔设计融入了佛手、佛珠、佛光的概念，主塔为花瓶形，塔柱则犹如合十的双手

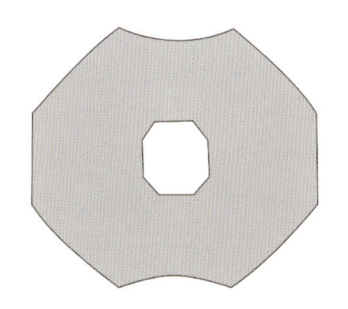

南京夹江大桥主塔横截面示意图

湖北宜昌的至喜长江大桥位于中华鲟的核心保护区域内，为了给这种长江珍稀濒危物种"让路"，该桥采用一跨过江，水中不设桥墩的方案。至喜长江大桥大江桥的门式框架主塔合围出山的虚影，三江桥的高低柱塔构成山的实影，在它下游的伍家岗长江大桥，钢桁架造型为"水"，两座大桥遥相呼应，寓意宜昌是"山水之城"

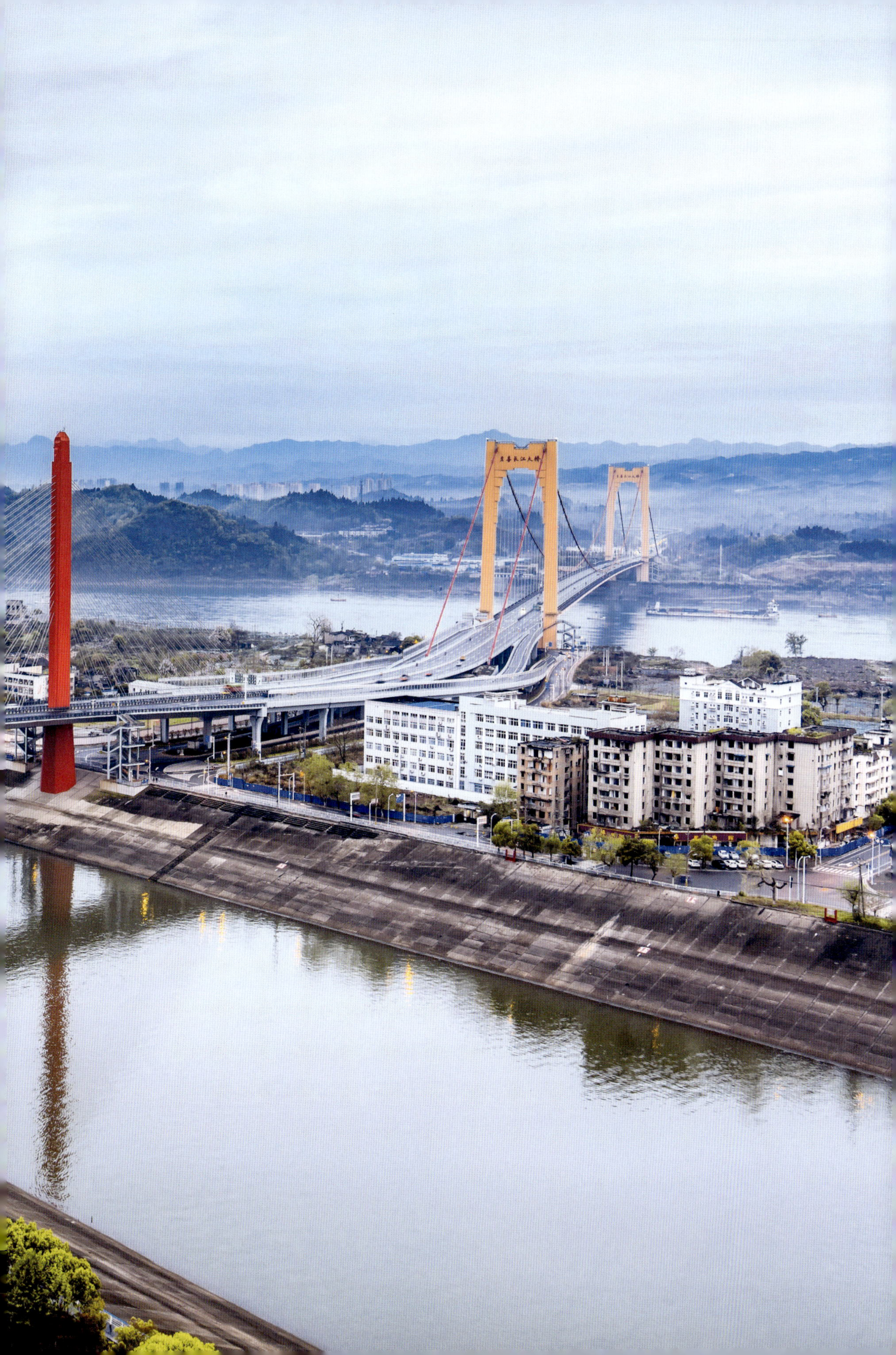

相较于国际大奖和国内的各类工程大奖，生活在桥畔的居民可能更乐意关心另一类评奖。

2015年8月，重庆市桥梁协会和《重庆晨报》联合举行"发现重庆之美——首届重庆最美桥梁评选"活动，得到重庆市民的积极响应。一个多月后，八座长江大桥和两座嘉陵江桥入选。其中东水门长江大桥、朝天门长江大桥等迅速成为网红打卡点。2014年3月东水门长江大桥通车后，它身旁的"重庆长江索道"便被解除了日常工作模式，成为旅游观光线路，当然，班次与票价做了反比例大幅度调整。

上图　2017年7月20日，重庆。站在长江右岸高楼上看晚霞，渝中半岛就似一个舞者，东水门长江大桥是它舒展的手臂。如果站得更高一些，还可以看见它的另一只手臂——千厮门嘉陵江大桥。两座大桥均为公轨两用桥，共同承担同一条城市道路和同一条城市轻轨过江的任务。东水门长江大桥是双塔斜拉桥，千厮门嘉陵江大桥为独塔斜拉桥，桥塔是同样的"天梭"造型

下图　重庆长江索道仍在，意义却早已不同

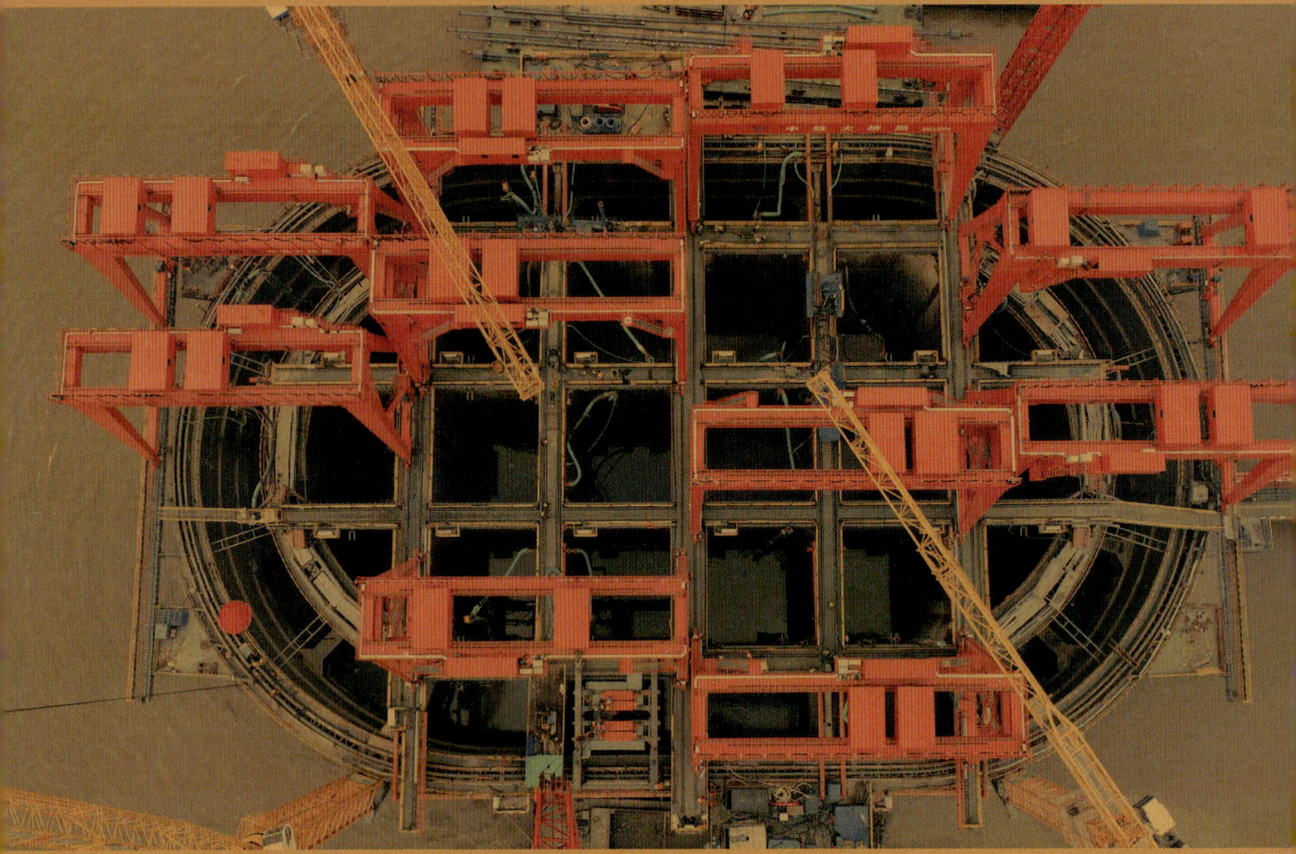

③
常泰

2020年7月1日，正在进行下沉作业的常泰长江公铁大桥两个主墩之一的6号墩沉井。这个视角可能不是普通人日常易于见到的，但在现今的长江上，这类施工场景时时存在

个子高的人，脚自然会大些。桥高大了，桥墩基础自然要粗壮些。**若一个桥墩基础的平面尺寸比足球场的面积都大出许多、高度还超过了 24 层楼，这会是怎样的一座桥？**

常泰长江公铁大桥*的主墩沉井就是这么个"大家伙"：长 95 米、宽 57.8 米、高 72 米。桥墩基础的形式和尺寸，是根据桥梁的载荷需要、桥址处的地质水文情况，经过严格计算设计出来的。南京长江大桥的钢筋混凝土沉井平面尺寸相当于一个篮球场大小，高度相当于 7 层楼，在当时可是了不起的庞然大物。泰州长江大桥的钢壳混凝土沉井长 58.2 米、宽 44.2 米、全高 76 米，沪苏通长江公铁大桥的钢沉井长 86.9 米、宽 58.7 米、高 44 米，都曾是世界最大沉井。现在，这个世界纪录被常泰长江公铁大桥刷新。

---

*2014 年，国务院出台《长江经济带综合立体交通走廊规划（2014—2020 年）》，具体提出在沿江各省将新建 95 条长江通道，常州泰兴间的通道将采用多功能桥梁形式。2018 年，《江苏省长江经济带综合立体交通运输走廊规划（2018—2035 年）》出台，常泰长江大桥被列入 2020 年前启动名单。

日常的风景 · 常泰

2021年6月12日，正在进行承台施工的常泰长江公铁大桥6号墩

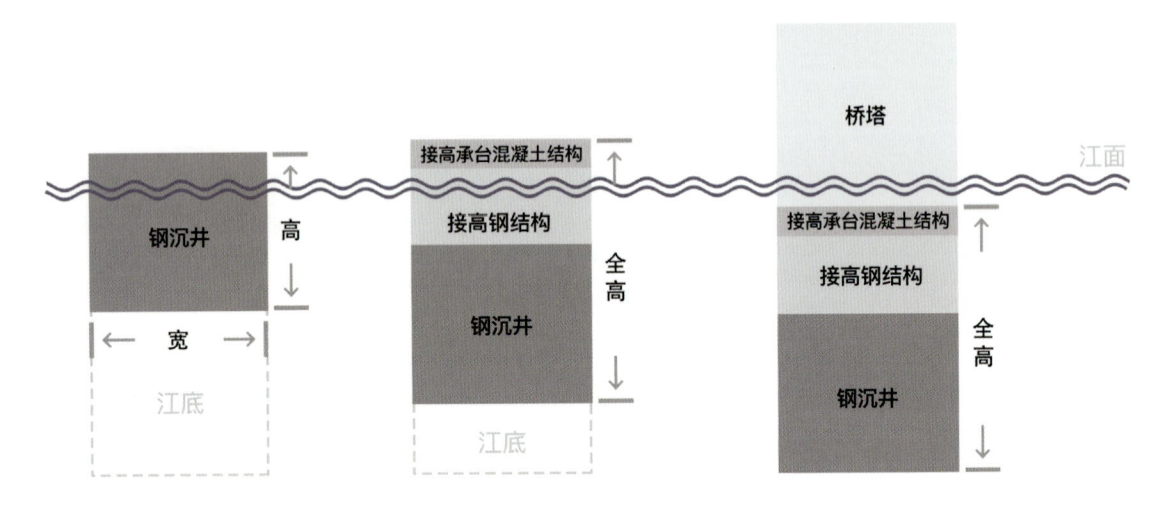

桥梁沉井基础施工示意图

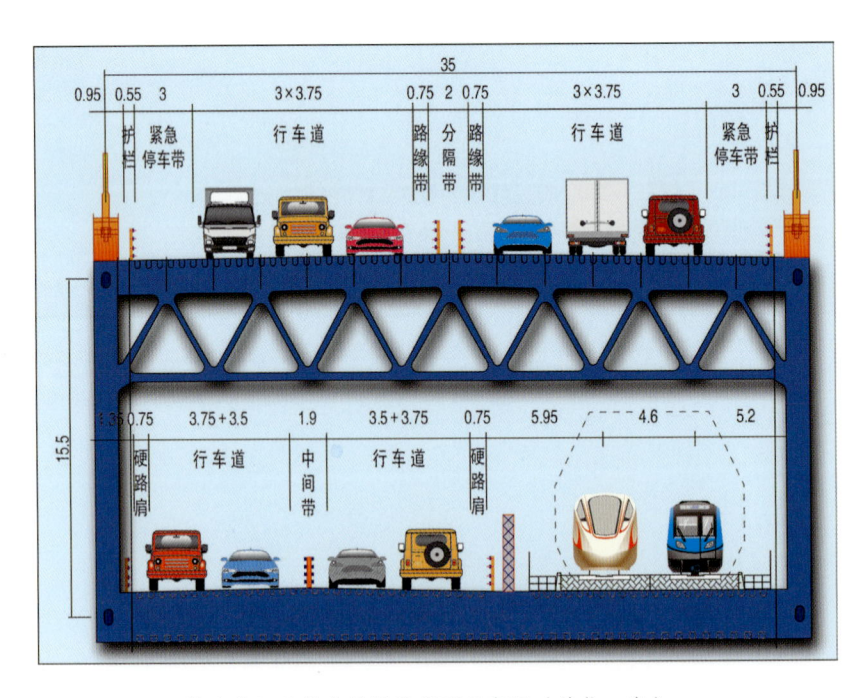

常泰长江公铁大桥桥梁截面示意图（单位：米）

2019年12月27日，大桥6号墩沉井浮运出船坞。20天后，沉井到达桥位

2023年7月23日，大桥主航道桥开始架设大节段钢梁。钢梁节段重量从1385吨至1549吨不等，在主塔两侧对称架设。此时，巨大的沉井早已沉入江水中，承载主塔之重和主塔传递而来的压力成为它的"终身事业"

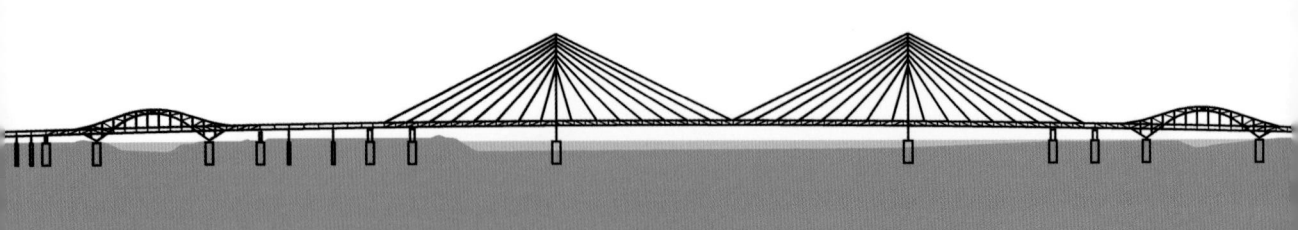

常泰长江公铁大桥全桥立面示意图

2019年11月22日，常泰长江公铁大桥主体工程在江苏泰兴奠基。大桥全长10.03千米，被设计成"两个专用航道桥+一个主航道桥"的组合，辅航道桥为钢桁梁拱桥，主跨388米；主航道桥为钢桁梁斜拉桥，主跨1208米。这两个数字都是公铁两用桥里的世界第一。

大桥上层为双向六车道高速公路，下层有双线城际铁路和四车道普通公路。集高速公路、城际铁路、一级公路于一体，这是世界首座。

现在我们或许能明白，为何常泰长江公铁大桥有那么大的"脚"——沉井。

右上图　2024年1月，合龙前的常泰长江公铁大桥之录安洲专用航道桥

右下图　2024年6月，完成全桥合龙的常泰长江公铁大桥

日常的风景 · 常泰

2021—2023年的两年时间里，两岸的人见证了两座桥塔从贴近江面成长到高耸入云，感受到了它们的每天不一样

日常的风景·常泰

大"脚"的上方，是高大壮实的主塔。常泰长江公铁大桥6号墩主塔高352米，为在建最高桥塔。桥塔不仅高，塔身还是"钻石"形，由常见的"两肢"变成三维的"四肢"，体现了力与美的结合。

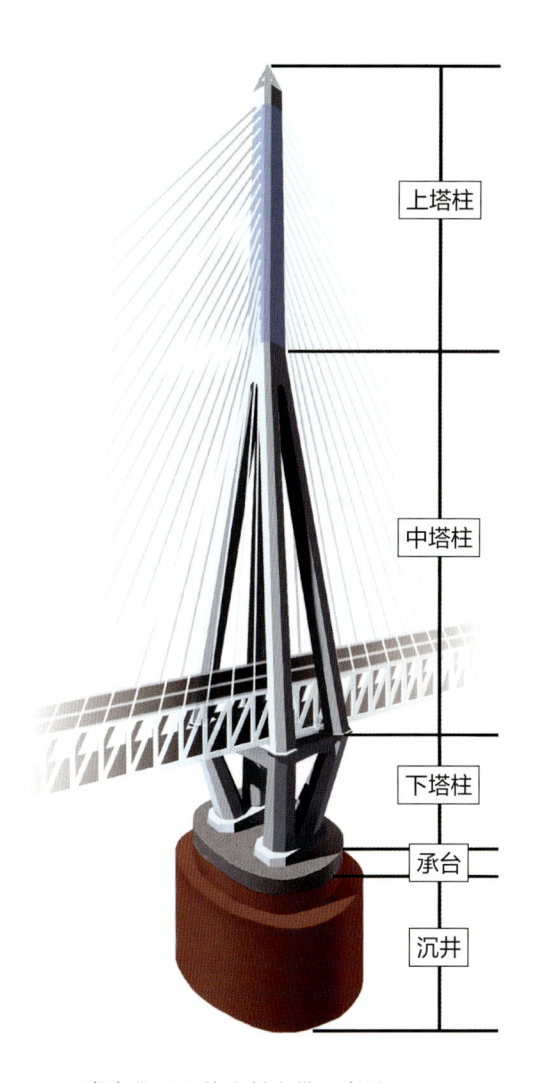

常泰长江公铁大桥主塔示意图

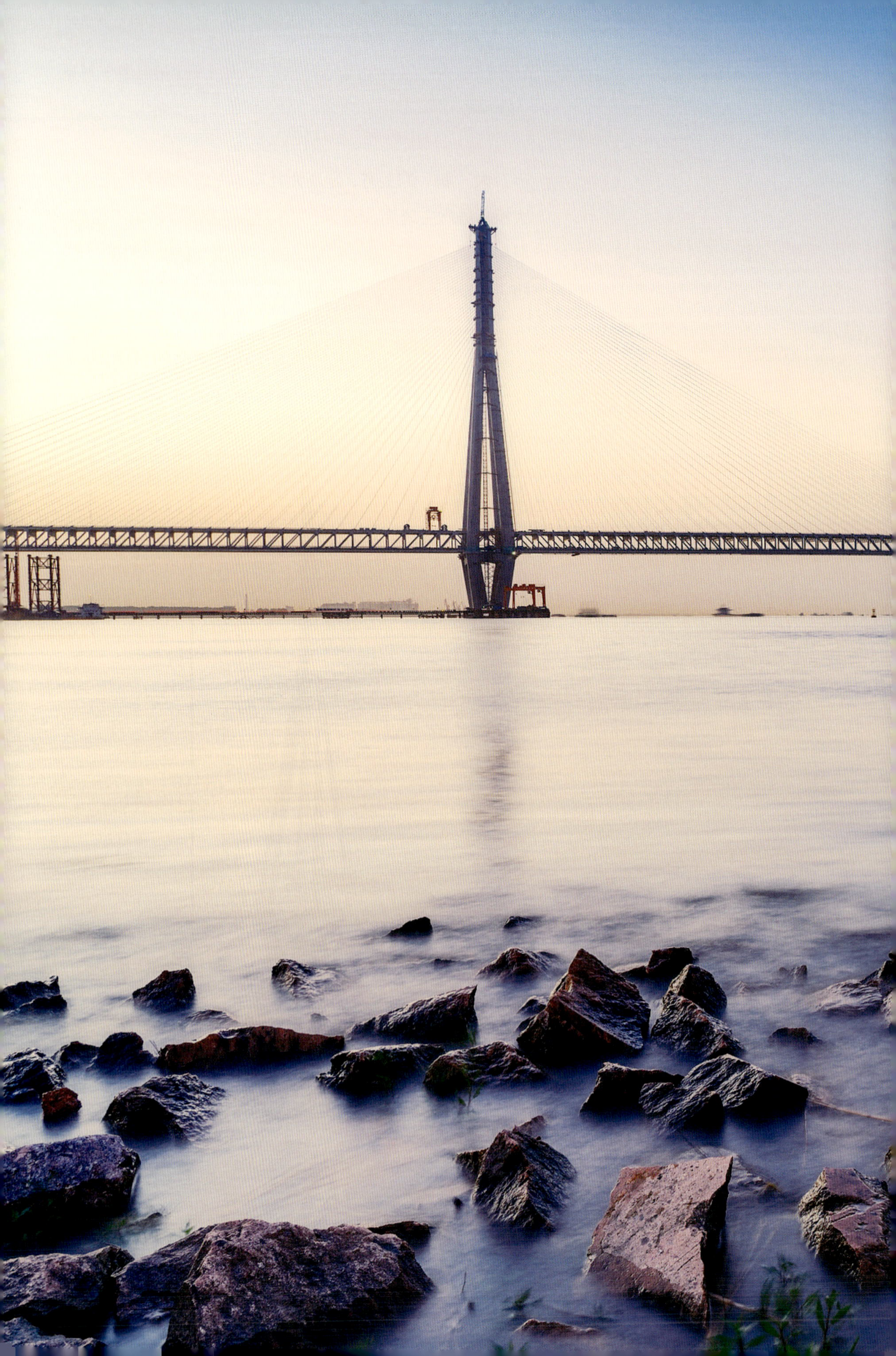

如果我们能在更高的空中俯瞰，会发现，常泰长江大桥工地的上游和下游，还有许多钻机在轰鸣、许多塔机在起吊，许多桥梁在长高，许多人在忙着把江桥从图纸上搬到现实中。"常泰"或是常态，常态需要常泰。

合龙前的常泰长江公铁大桥在霞光中等待着最后一段钢梁的到来。2024年6月9日，持续12天的主航道桥合龙作业完成，大桥主体形成一道长龙

长江上的桥

日常的风景·常泰

左上左图　2024年8月5日，主塔施工中的双柳长江大桥
左上右图　2024年8月27日，G3铜陵长江公铁大桥钢梁合龙
左下图　　2024年7月1日，张靖皋长江大桥锚碇基坑的30多米深处
右上图　　2024年8月6日，池州长江公铁大桥的主墩上
右下图　　2024年4月12日，重庆云阳复兴长江大桥钢梁合龙

　　你若溯江而上，抑或顺流而下，都可以见到一座座新的跨江桥梁正你追我赶地拔地而起。在长江之上建造桥梁，对于现今的中国人来说，确乎已是家常之事。

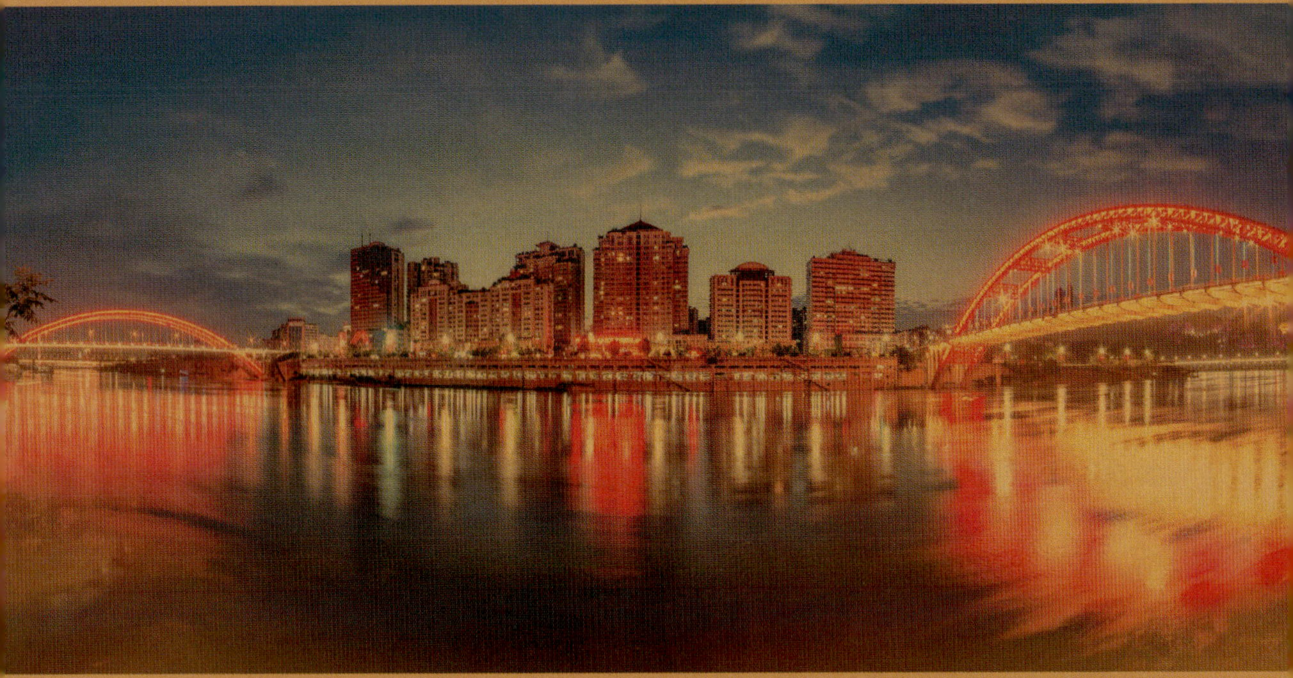

④ 金沙水暖

夜色中的宜宾，金沙江两岸灯火辉煌。左为南门大桥，右为戎州大桥。戎州大桥距岷江入江口（合江口）仅 300 米

长江上的桥

2015年5月29日，宜宾，站在白塔山上看见的合江口。岷江——长江水量最大的支流自右侧入江，带入明显浑黄的水流。画面右侧两座醒目的红色拱桥是金沙江上的戎州大桥和南门大桥，左侧的双塔斜拉桥是宜宾长江大桥，被宜宾人称为"万里长江第一桥"

日常的风景 · 金沙水暖

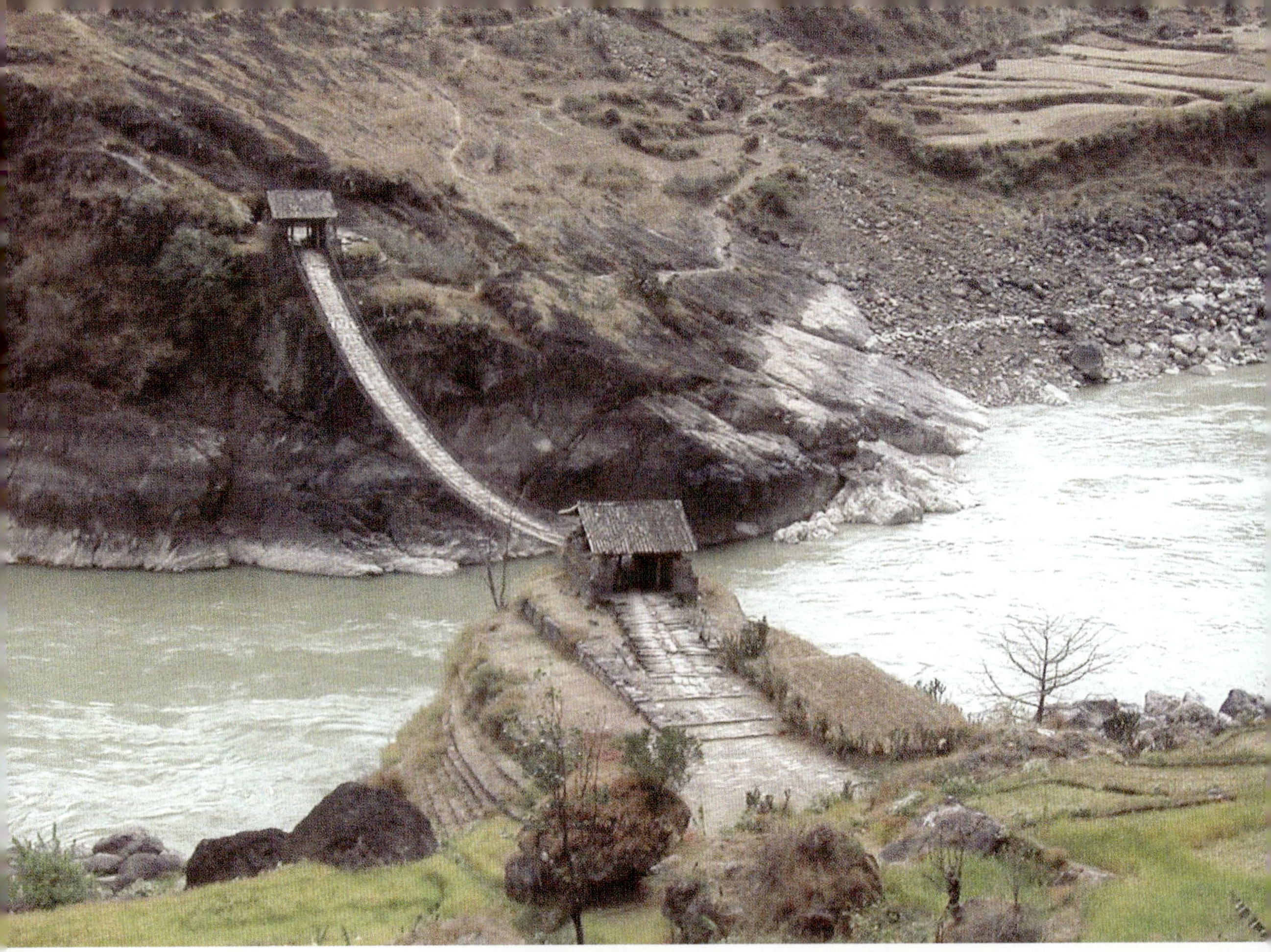
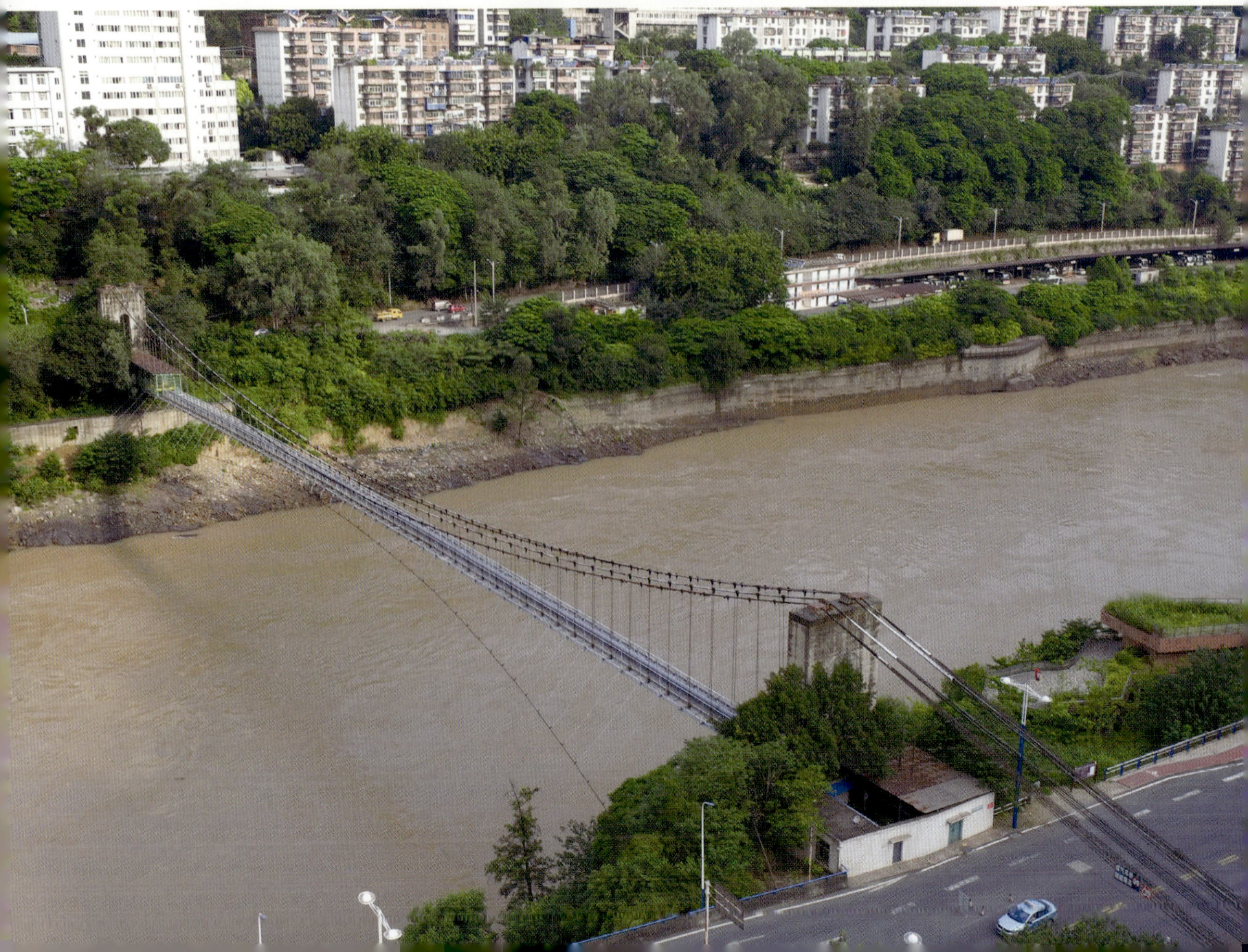

日常的风景 · 金沙水暖

　　长江太长，很难认清它的全貌，古人曾以岷江为长江源头，直到明末徐霞客比较黄河与长江的发源时质疑"缘何河源长，而江源短"，并亲溯金沙江寻源，著《江源考》提出"推江源者，必当以金沙江为首"，金沙江方被认定为长江上源。金沙江上的桥自然也是长江桥。

　　金沙江上曾有古桥。云南省丽江市古城区与永胜县之间的梓里金龙桥，就初建于 1876 年，是茶马古道上一座供人、马通行的铁链索桥。近些年因修建水电站，水位升高，现在的金龙桥是经整体抬升并更换成钢索后的文物保护单位。

左上图　金龙桥全长 131.6 米，桥面宽 3.5 米，跨径 92 米，由 18 根粗大铁索悬系两岸，其中 16 根承重，2 根做护栏，每根铁索由 500 只大铁环扣联而成

左下图　现为攀枝花市文物保护单位的渡口吊桥，是一座钢索吊桥，全长 180 米、宽 3.8 米，建成通车于 1965 年 3 月 11 日，曾经能承载 8 吨重车过桥。这是攀枝花建设时期的第一座金沙江桥

右上图　立于渡口吊桥桥头的桥铭牌碑

> 新中国成立后，金沙江桥经历过多个集中发展时期。
> 三线建设。

1958年，在云南水富与四川宜宾之间，内（江）昆（明）铁路安边金沙江桥建成。这座有人行道的铁路桥给金沙江右岸的水富打开了一扇通往外部世界的窗，从而改变了许多人的命运。

三线建设促进了"钢城"攀枝花的发展。攀枝花市原名"渡口"，此处有雅砻江汇入长江，市区夹在狭长的山谷之中，沿金沙江两岸展开，桥不可或缺。1969年10月通车的成昆铁路三堆子金沙江桥，便位于攀枝花市东郊。

1969年，通车不久的成昆铁路三堆子金沙江桥。成昆铁路是三线建设的标志性建筑，始建于1958年，1970年7月1日全线开通运营。1971年10月，中华人民共和国恢复联合国合法席位。1974年，我国赠送联合国一份礼品：大型象牙雕刻——"成昆铁路"。这件雕塑至今仍陈列在联合国总部，与美国阿波罗宇宙飞船登月取回的月球岩石、苏联第一颗人造卫星的模型并列一室

日常的风景·金沙水暖

2017年8月21日,站在成昆铁路三堆子金沙江桥上往下游眺望,近处是建设中的成昆铁路复线三堆子金沙江桥,远处的双塔斜拉桥是金安金沙江大桥,由它承载京昆高速跨越金沙江

2017年8月22日,夕阳下的炳草岗大桥。这座独塔混凝土梁斜拉桥是攀枝花在21世纪建成的第一座金沙江大桥,通车于2001年12月

331

建设水电站。

金沙江在横断山脉中奔涌冲突，落差甚大，是极好的水电资源。现今，金沙江的上、中、下游均有大型水电站建成或正在建设。例如向家坝水电站、白鹤滩水电站、溪洛渡水电站、乌东德水电站，等等。为配合水电站的建设，一座座桥梁在高山峡谷间矗立起来，它们的规模有大有小，但建设过程都同样极其艰难。

金沙江皎平渡口位于四川省会理市洞村与云南省禄劝县皎平村之间，自古为川滇要津。1935年5月，毛泽东、周恩来、朱德等领导人带领中央红军3万余人来到皎平村，在37名船工的帮助下，靠7条小船用7天7夜抢渡金沙江，摆脱了数十万敌军的围追堵截。1991年5月，双塔斜拉的皎平渡大桥建成，皎平渡成为连接川滇的便利通道。2015年12月，皎平渡下游、总装机容量超过1000万千瓦的乌东德水电站开建。2019年底，水电站开始蓄水。2020年3月26日，皎平渡大桥被爆破拆除，拆除不了的部分与红军渡江原址、渡口小镇一起，渐渐没入江底。水电站开始蓄水时，在老皎平渡大桥下游100余米处新建的新皎平渡大桥已经启用。2021年，中国第四、世界第七大水电站——乌东德水电站正式投产发电。现在的皎平渡口，我们看到的是高峡平湖、天堑通途

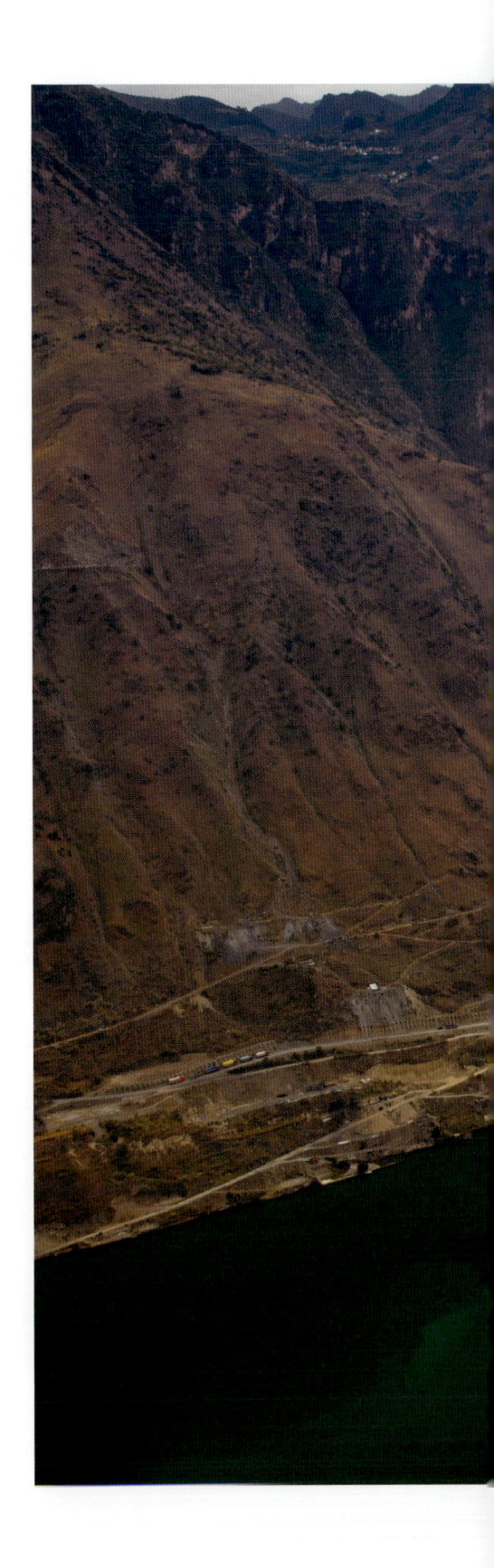

日常的风景 · 金沙水暖

西部大开发和精准扶贫。

溜索改桥工程，可谓中国桥梁人在"脱贫攻坚"战役中"建桥报国"之心的一个具体体现。

上个世纪末，最适于山区的钢筋土拱桥的最大跨度仅为 160 米，而一跨过江的桥，所需跨度基本在 300 米以上；加上山区运输基础薄弱，建桥设备、材料等都难以进入，人们只能将建桥的美好愿望束之高阁。溜索，是西南山区人民发明的没有桥面的索"桥"，给陡崖、深谷两侧的山民提供了往来和通向外界的可能。尽管如此，哪怕没有遇上风雨或大雾天气，这样的通行方式显然是对勇气和生命安全的考验。这样的情形一直持续到 2013 年，大规模"溜索改桥"工作在四川、贵州、云南等 7 个省（区）开启，是国家基础设施建设的日趋完善和桥梁建设技术的快速发展，让曾经遥不可及的梦想成为现实。

2018 年，四川凉山州与云南昭通之间的冯家坪金沙江桥、对坪金沙江桥建成，四川省 77 个"溜索改桥"工程全部完成，号称"亚洲第一溜"的鹦哥溜索退休。"溜索时代"结束，两岸居民的生活开始与现代接轨。

右上左图　1934 年，四川，背着背篓过溜索的红水沟羌民

右下左图　冯家坪金沙江桥尚在建设中，施工栈桥就已方便了两岸村民。2017 年 8 月 17 日傍晚，一位云南的村民到四川打了猪草回家，走在栈桥上

右上右图　2017 年 8 月 17 日，建设中的冯家坪溜索改桥工程

右下右图　2018 年 4 月 30 日，即将竣工的冯家坪金沙江桥和即将退休的鹦哥溜索

日常的风景 · 金沙水暖

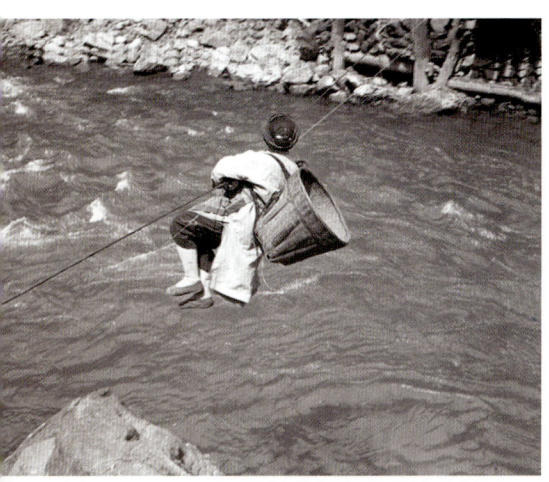

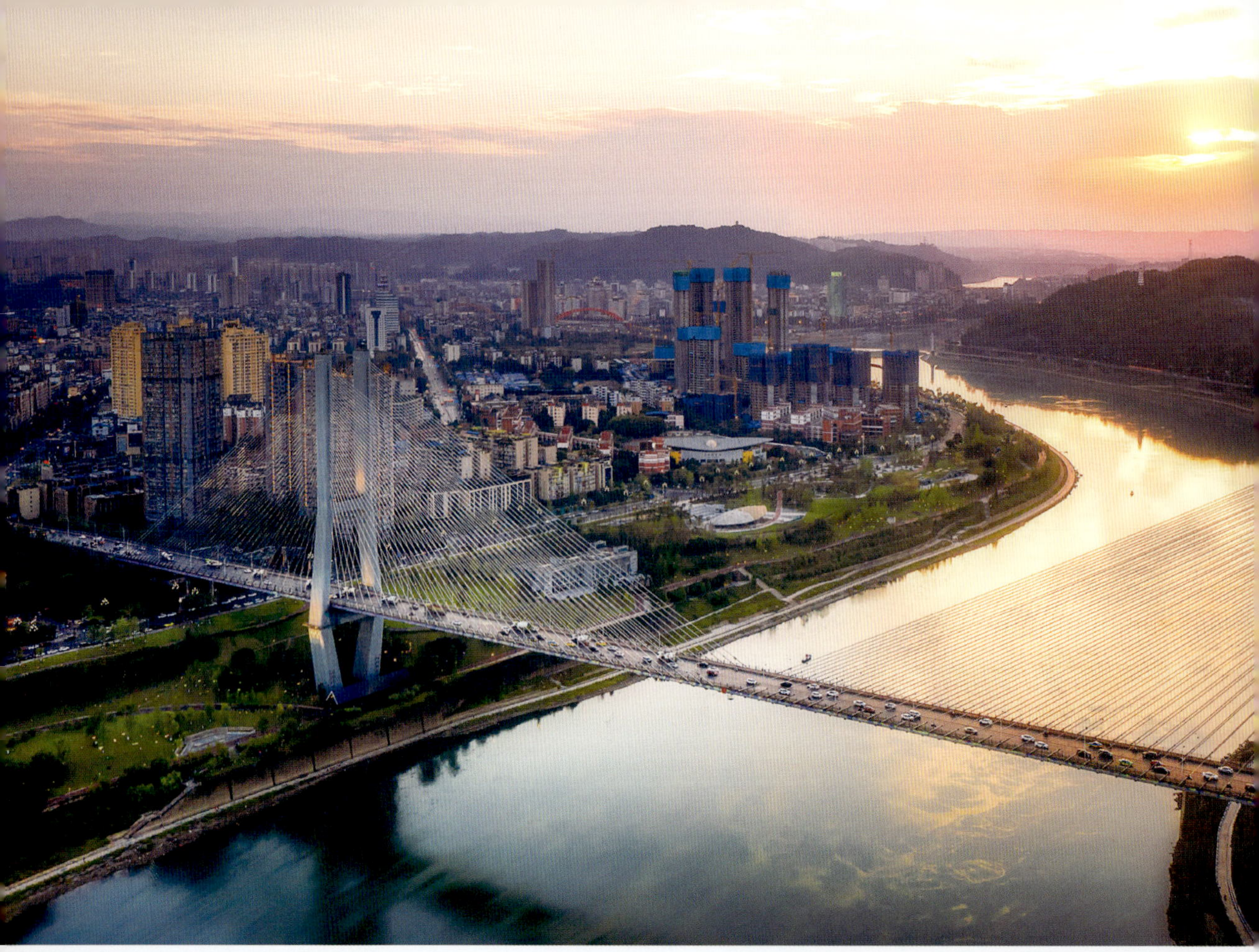

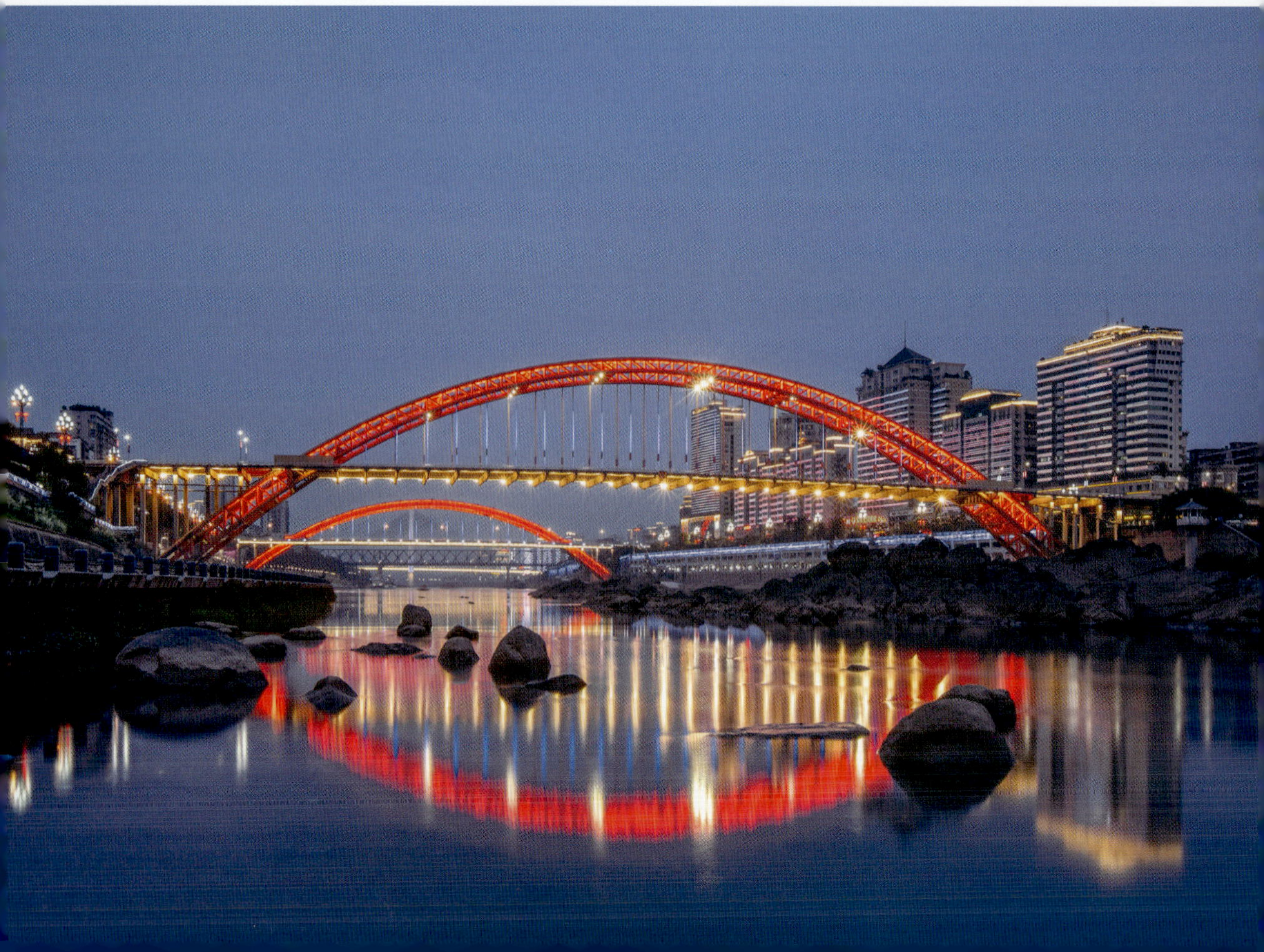

金沙江沿线的桥梁建设，促进了滨江城市的大步向前。

例如号称"长江首城"的宜宾。宜宾位于岷江与金沙江交汇处，1968年10月通车的宜珙线宜宾金沙江大桥，是市区的第一座跨江大桥，如今，城区内一目N桥是绕不开的景色。有趣的是，宜宾城内的金沙江桥与长江桥在桥铭牌上就标注得清清楚楚，"江""金"分明。

上图　夕阳西下，宜宾长江大桥的灯光渐明

下图　落日已完全坠入西山，戎州大桥、南门大桥、宜珙支线宜宾金沙江桥、中坝大桥的灯光照亮了金沙江两岸

长江上的桥

金沙江再往上，是通天河，通天河再往上是哪里？现在的我们自然知道是沱沱河，殊不知，为寻找长江正源，多少代人在漫长的岁月里艰苦探索过。

沱沱河，比通天之河更近天际，曾是遥不可及、秘于神话之所在，却也随着青藏公路、青藏铁路两条天路的打通，散去了遮面云纱。至此，从青藏铁路沱沱河大桥到上海长江大桥，数百座跨江桥梁，以缚龙之势为我们清晰地勾勒出万里长江的身姿。

在云南丽江与香格里拉之间的虎跳峡上，玉龙雪山的背后，并肩矗立着两座现代化悬索桥，红色主缆的香丽高速金沙江桥于 2021 年 9 月随香丽高速的全线开通运营而通车，蓝色钢梁的丽香铁路金沙江桥于 2023 年 11 月 26 日随着一条全新的高原铁路通车。此图拍摄于 2022 年 4 月 13 日

长江上的桥

入海口的灯塔似高擎的火炬,从雪山出发,被一座座桥梁接力传递至此,望塔而来的船只似归家的游子。长江让山海相连,跨江桥梁使舟车互通

"无边落木萧萧下,不尽长江滚滚来。"长江之水流过的岂止是千万里的漫长河道,更是万千年的无尽时间。长江无桥的岁月很长,有桥的历史不过在近数十年间,即使推至金沙江梓里古金龙桥,也不过百余年。数十年或百余年,与万千年相比,诚若眨眼一瞬间。而这一瞬间,却是记事的那个绳结,牢牢打在长江子民的史册上——依于水而囿于水的历史被画了句号,水道贯东西、陆路通南北的画卷铺陈开来。

2000 多年前,屈原在《离骚》中呼唤"麾蛟龙使梁津兮,诏西皇使涉予",他视修建桥梁须蛟龙之力、属天帝之为。纵天才浪漫如屈原,也无法想象,现今的时代,"蛟龙""西皇"俱在凡间。

长江上有多少座桥?于今日中国,仅仅是个变化的数字而已。

青藏铁路沱沱河大桥全长 1389.6 米，跨过沱沱河约 1300 米的宽阔河床。这是距离长江源头最近的一座跨江大桥，与上海长江大桥同在本世纪的第一个 10 年里建成，两桥之间的距离等同于整条长江的长度

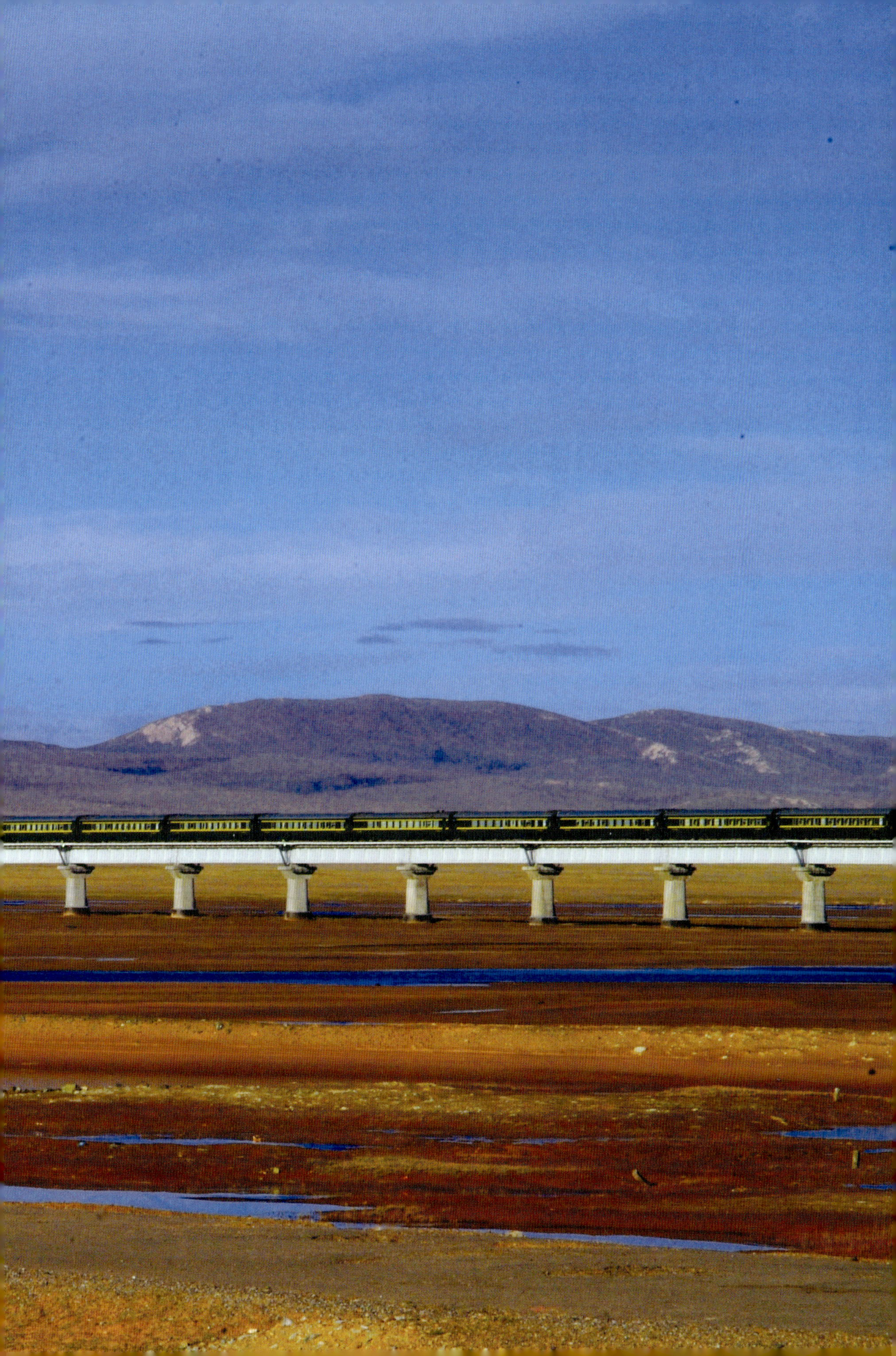

长江大桥名录

（宜宾合江口以下、按建成时间排序）

序	桥址		桥名	桥型	主跨（单位:米）	功能	通车时间	特点
1	湖北	武汉	武汉长江大桥	双层梁式	128	公铁两用	1957.10.15	万里长江第一桥，毛泽东主席为之作词《水调歌头·游泳》；首创管柱钻孔法
2	重庆	江津	白沙沱长江大桥	单层梁式	80	铁路人行	1959.12.10	长江上首座铁路专用桥，仅用15个月快速建成
3	江苏	南京	南京长江大桥	双层梁式	160	公铁两用	1968.09.30 铁 1968.12.29 公	中国自主设计、建造的首座特大型跨江桥梁，建成时具有世界领先水平；获国家科技进步奖特等奖；其建成50年后的升级改造工程获国际"铁路桥奖"
4	湖北	宜昌	枝城长江大桥	单层梁式	160	公铁两用	1971.09.23	首次采用高低刃脚圆形浮式沉井及斜拉索伸臂架梁的特大型桥梁；铁路、公路在同一平面
5	重庆	渝中	重庆长江大桥	单层梁式	174	公路	1980.07.01	长江上首座城市公路专用桥；重庆主城区的首座长江大桥；建成时为国内最大跨度刚构桥；获国家优秀设计奖、国家优质工程银奖
6	湖北	宜昌	葛洲坝三江大桥	单层梁式	158	公路	1981.05.01	因葛洲坝水利枢纽而建的桥梁，连接西坝岛与长江左岸
7	四川	泸州	泸州长江大桥	单层梁式	170	公路	1982.10.01	建成时为四川省最长公路桥；获国家优秀设计金奖、国家科技进步奖三等奖
8	重庆	涪陵	涪陵长江跨越	单层双塔斜拉	400	管道	1991.07.30	长江上首座管道桥
9	江苏	镇江	扬中一桥	单层梁式	100	公路	1994.10.06	首座连接扬中岛与江岸的桥梁；施工中首次采用自行设计的120吨拼装式浮吊
10	湖北	武汉	武汉长江二桥	单层双塔斜拉	400	公路	1995.06.18	长江上首座大跨度预应力混凝土斜拉桥；获国家科技进步奖一等奖、鲁班奖
11	湖北	黄石	黄石长江公路大桥	单层梁式	245	公路	1995.12	湖北第二座跨江公路专用桥
12	安徽	铜陵	铜陵长江大桥	单层双塔斜拉	432	高速公路	1995.12.26	安徽首座跨江桥梁，建成时为世界上同类型第三大跨度桥梁；获鲁班奖
13	湖北	宜昌	西陵长江大桥	单层双塔悬索	900	公路	1996.08.10	长江上首座悬索桥，建成时为中国最大跨度桥梁，被称作"神州第一跨"；获鲁班奖

续表

序	桥址		桥名	桥型	主跨（单位:米）	功能	通车时间	特点
14	湖北 江西	黄冈 九江	九江长江大桥	双层梁式	216	公铁两用	1993.01.16 公 1996.09.01 铁	建造过程中取得12项重大技术突破；获国家科技进步奖一等奖、鲁班奖、詹天佑奖
15	重庆	九龙坡	李家沱大桥	单层双塔斜拉	444	公路	1997.01.12	重庆主城区的第二座跨江桥梁；建成时，跨度为同类型桥梁的中国第一、世界第二
16	重庆	丰都	丰都长江大桥	单层双塔悬索	450	公路	1997.01.20	三峡库区桥梁；建成时为四川最大跨度桥梁；建成后，丰都县城由长江左岸迁往长江右岸
17	重庆	涪陵	涪陵长江大桥	单层双塔斜拉	330	公路	1997.05.01	三峡库区桥梁；建造过程中创造5天浇筑6米主梁节段的国内施工纪录；建成时，其163米主塔为中国第二高度桥塔
18	重庆	万州	万县长江大桥	单层拱式	420	公路	1997.06.20	三峡库区桥梁；长江上首座单孔跨江公路桥梁，建成时为世界最大跨度钢管混凝土拱桥；获国家科技进步奖一等奖、詹天佑奖、国家优秀工程设计金奖、国家优质工程银奖
19	重庆	江津	江津长江公路大桥	单层梁式	240	公路	1997.12.20	首座中外合资建设的长江大桥，外资占比为80%；江津城区的首座长江大桥
20	江苏	无锡	江阴大桥	单层双塔悬索	1385	高速	1999.09.28	中国内地（大陆）首座跨度超过千米的钢箱梁悬索桥，建成时是国内最大跨度桥梁；获鲁班奖、詹天佑奖、国际尤金·菲戈奖
21	湖北	武汉	武汉白沙洲大桥	单层双塔斜拉	618	公路	2000.09.08	武汉城区第三座跨江桥梁；建成时，跨度为同类桥梁国内第二
22	安徽	芜湖	芜湖长江大桥	双层双塔斜拉	312	公铁两用	2000.10.01	国内首座公铁两用斜拉桥；获国家科技进步奖一等奖、鲁班奖、詹天佑奖
23	四川	泸州	隆纳高速长江大桥	单层梁式	252	高速公路	2000.11.30	连续不对称刚构桥
24	重庆	九龙坡	鹅公岩大桥	单层双塔悬索	600	公路	2000.12.29	获国家优秀设计金奖、中国市政工程金杯示范工程奖
25	江苏	南京	南京八卦洲长江大桥（南京二桥） 左汊桥	单层梁式桥	165	高速公路	2001.03.26	建成时为国内最大跨度斜拉桥，有"中华第一斜拉桥"之称；施工中开创了环氧沥青混凝土钢桥面铺装技术；获鲁班奖、詹天佑奖
			右汊桥	单层双塔斜拉	628			
26	重庆	忠县	忠县长江大桥	单层双塔悬索	560	公路	2001.09.10	三峡库区桥梁；建设过程中，全焊式钢管空心结构为世界首次采用

续表

序	桥址		桥名		桥型	主跨(单位:米)	功能	通车时间	特点
27	湖北	宜昌	宜昌长江公路大桥		单层双塔悬索	960	高速公路 / 人行	2001.09.19	高速公路桥面设有人行道；获鲁班奖、詹天佑奖
28	湖北	武汉	军山大桥		单层双塔斜拉	460	高速公路	2001.12.15	获詹天佑奖、国家优质工程银奖、全国优秀工程设计银奖
29	重庆	大渡口	马桑溪长江大桥		单层双塔斜拉	360	高速公路	2001.12.26	漂浮体系斜拉桥；获鲁班奖
30	重庆	江北南岸	大佛寺长江大桥		单层双塔斜拉	450	高速公路	2001.12.26	首次采用尾部梁段固结模型的边跨合拢设计；获鲁班奖
31	湖北	宜昌	夷陵长江大桥		单层三塔斜拉	348	公路	2001.12.28	长江上首座三塔斜拉桥；建成时为世界最大跨度三塔混凝土斜拉桥；获鲁班奖、詹天佑奖
32	江苏	南通	长青沙大桥		单层梁式	80	公路	2002.01	首座连接长青沙岛与江岸的桥梁
33	湖北	黄冈	鄂黄长江大桥		单层双塔斜拉	480	高速公路 / 人行	2002.09.26	湖北首座将桥头公园纳入总体设计的跨江桥梁；获国家优质工程银奖
34	湖北	荆州	荆州长江大桥	左汊桥	单层双塔斜拉	500	高速公路	2002.10.01	G55过江通道；南汊桥为不等高塔斜拉桥；获全国优秀工程勘察设计奖银奖
				右汊桥		300			
35	江苏	南通	华沙大桥		单层梁式	50	公路	2003.01	连接开沙岛与长江左岸的桥梁
36	四川	泸州	隆叙铁路桥		单层梁式	144	铁路	2004.02	中间剖缝的单壁墩设计为国内首创
37	湖北	恩施	巴东长江大桥		单层双塔斜拉	388	公路	2004.07.01	三峡库区桥梁，位于长江三峡之巫峡东峡口；获国家优质工程银奖
38	重庆	江津	地维长江大桥		单层双塔斜拉	345	公路	2004.08.22	长江上首座企业投资的专用桥
39	重庆	万州	万州长江二桥		单层双塔悬索	580	公路	2004.09.28	三峡库区桥梁；钢桁加劲梁悬索桥
40	江苏	镇江	扬中长江二桥		单层梁式	120	公路	2004.10.28	主桥为Y形刚构连续梁组合体系
41	安徽	安庆	安庆长江大桥		单层双塔斜拉	510	公路	2004.12.26	安庆首座跨江大桥，倒Y形主塔
42	重庆	巫山	巫山长江大桥		单层拱式	492	公路	2005.01.08	三峡库区桥梁，位于巫峡西峡口；长江上首座中承式拱桥；获国家优质工程奖
43	江苏	扬州	润扬长江大桥	左汊桥	单层双塔斜拉	406	高速	2005.04.30	建成时为国内最大跨度悬索桥；获詹天佑奖、国家科技进步奖二等奖、国家优质工程奖
				右汊桥	单层双塔悬索	1490			

续表

序	桥址		桥名	桥型	主跨(单位:米)	功能	通车时间	特点
44	重庆	长寿	渝怀铁路长寿长江大桥	单层梁式	192	铁路	2005.05.01	获詹天佑奖
45	重庆	云阳	云阳长江大桥	单层双塔斜拉	318	公路	2005.09.28	三峡库区桥梁；高低塔斜拉桥，高塔与低塔相差约24米
46	江苏	南京	南京大胜关长江大桥（南京三桥）	单层双塔斜拉	648	高速	2005.10.07	国内首座钢塔斜拉桥，世界首座弧线型钢塔斜拉桥；获国家科技进步奖二等奖、詹天佑奖、国家优质工程奖、国际古斯塔夫·林德撒尔奖
47	江苏	南通	长青沙大桥复线桥	单层梁式	80	公路	2006.04	与老桥并立
48	重庆	南岸	广阳岛大桥	单层梁式	210	公路	2006.05.01	连接广阳岛与长江右岸的桥梁
49	重庆	奉节	夔门大桥	单层双塔斜拉	460	公路	2006.07.01	三峡库区桥梁；建成时跨度在同类型桥梁中居国内第三、世界第四
50	重庆	渝中	重庆长江大桥复线桥	单层梁式	330	公路	2006.09.24	建造过程中，钢-混凝土接头的梁体为国内首次采用，钢箱梁整体自浮的运输方式为国内首次采用；建成时为世界最大跨度梁式桥；与老桥仅相隔8.5米。获全国优秀设计一等奖、詹天佑奖
51	四川	宜宾	江安长江公路桥	单层梁式	252	公路	2007.05.28	由市民集资建造的跨江桥梁
52	重庆	涪陵	李渡长江大桥	单层双塔斜拉	398	公路	2007.10.28	涪陵城区第二座跨江桥梁；半漂浮体系预应力混凝土斜拉桥
53	重庆	渝中	菜园坝长江大桥	双层拱式	420	公轨两用	2007.10.29	世界首座使用缆索吊机吊装的桥梁；建成时为国内最大跨度公轨两用钢箱拱桥；获詹天佑奖
54	湖北	武汉	阳逻大桥	单层双塔悬索	1280	城市快速路	2007.12.26	钢箱梁悬索桥；获全国优秀工程勘察设计奖银奖、国家科技进步奖二等奖、詹天佑奖
55	重庆	巴南	南坪坝大桥	单层梁式	/	公路	2008.04	连接南坪坝与长江右岸的桥梁
56	四川	宜宾	宜宾长江大桥	单层双塔斜拉	430	公路	2008.04.07	距离合江口最近的长江桥梁；获国家优质工程奖
57	重庆	奉节	白帝城风雨廊桥	单层梁式	/	人行	2008.05.01	连接白帝城与长江左岸的桥梁
58	江苏	苏州	苏通长江大桥	单层双塔斜拉	1088	高速	2008.06.30	建成时是世界跨度最大的斜拉桥；获国家科技进步奖一等奖、鲁班奖、詹天佑奖、国家优质工程金奖、国际乔治·理查德森奖

续表

序	桥址		桥名	桥型	主跨（单位:米）	功能	通车时间	特点
59	四川	泸州	1573（泰安）长江大桥	单层独塔斜拉	270	高速	2008.09.28	单塔不等距斜拉桥；桥长1573米，桥塔高157.3米；获国家优质工程银奖
60	重庆	大渡口	鱼洞长江大桥	单层梁式	260	公轨两用	2008.10.31左 2011.08.13右	公、轨并行于同一平面；左右幅分期施工；获国家优质工程奖
61	重庆	忠县	忠州（康家沱）长江大桥	单层双塔斜拉	460	高速公路	2009.03.26	三峡库区桥梁；主塔247.5米，建成时为国内第二高桥塔，仅次于苏通长江大桥的300.4米
62	重庆	长寿	长寿长江公路大桥	单层双塔斜拉	450	公路	2009.03.31	三峡库区桥梁。此桥通车标志着重庆沿江区县都有了长江大桥
63	重庆	江北	朝天门长江大桥	双层拱式	552	公轨两用	2009.04.29	世界最大跨度钢桁拱桥；入选"改革开放40年百项经典工程"；获詹天佑奖
64	重庆	涪陵	石板沟长江大桥	单层双塔斜拉	450	公路	2009.09.25	三峡库区桥梁，位于乌江入江口下游；涪陵的第三座跨江桥梁
65	上海	崇明	上海长江大桥	单层双塔斜拉	730	高速公路	2009.10.31	连接崇明岛与长兴岛，距离长江入海口最近的桥梁；获国家科技进步奖二等奖、全国优秀工程勘察设计行业奖"市政公用工程"一等奖、詹天佑奖、国家优质工程金奖
66	湖北	武汉	天兴洲长江大桥	双层双塔斜拉	504	公铁两用	2009.12.26	世界首座四线铁路公铁两用斜拉桥、世界首座三主桁三索面斜拉桥，建成时为世界最大跨度公铁两用斜拉桥；获国家科技进步奖一等奖、鲁班奖、詹天佑奖、国际乔治·理查德森奖
67	重庆	江津	外环江津长江大桥	单层双塔斜拉	436	高速公路	2009.12.31	双工字截面的结体梁，为国内首次采用；全桥钢板均采用国产材料
68	重庆	江北	鱼嘴两江大桥	单层双塔悬索	616	高速公路	2009.12.31	建造过程中产生了多项国内首创施工技术
69	江苏	南京	南京夹江大桥	单层独塔悬索	248	公路	2010.05.28	连接江心洲与长江右岸的桥梁
70	湖北	黄石	鄂东长江大桥	单层双塔斜拉	926	高速公路	2010.09.28	桥塔造型为"凤翎"，蕴含荆楚文化；获李春奖
71	湖北 湖南	荆州 岳阳	荆岳大桥	单层双塔斜拉	816	高速公路	2010.12.09	首座连接湘鄂两省的跨江桥梁；建成时为世界最大跨度不对称高低塔斜拉桥；获鲁班奖
72	重庆	万州	宜万铁路万州长江大桥	单层拱式	360	铁路	2010.12.22	建成时为国内最大跨度刚性拱柔性梁铁路桥

续表

序	桥址		桥名	桥型	主跨（单位:米）	功能	通车时间	特点
73	湖北	宜昌	宜万铁路宜昌长江大桥	单层拱式	275	铁路	2010.12.22	建成时为国内最大跨度预应力刚构与钢管混凝土拱相结合的桥梁；施工中使用了拱竖转技术，为当时国内最大竖转拱跨
74	江苏	南京	京沪高铁大胜关长江大桥	单层拱式	336	铁路	2011.01.11	世界首座双连拱六线铁路桥；获鲁班奖、詹天佑奖，国际乔治·理查德森奖、杰出结构工程奖
75	江苏	常州	录安洲夹江大桥	单层梁式	991.6	公路	2011.08.30	连接录安洲与长江右岸的桥梁
76	上海	崇明	崇启大桥	单层梁式	185	高速公路	2011.12.24	连接崇明岛与长江左岸的桥梁；建成时，其六跨变截面连续钢箱梁的跨度和联长均为国内第一；获李春奖、詹天佑奖
77	湖北	武汉	二七长江大桥	单层三塔斜拉	616	城市快速路	2011.12.31	建成时为世界最大跨度三塔钢混结合梁斜拉桥
78	四川	泸州	国窖大桥	单层双塔斜拉	248	公路	2012.06.26	桥塔造型为"樽"，彰显泸州酒城特色；获鲁班奖
79	江苏	泰州	泰州大桥 左汊桥	单层三塔悬索	1080	高速公路	2012.11.25	世界首座三塔双主跨超过千米的悬索桥；获詹天佑奖、英国结构工程师学会卓越结构工程奖、国际杰出结构工程奖等
			右汊桥	单层梁式桥	125			
80	江苏	南京	南京栖霞山长江大桥（南京四桥）	单层双塔悬索	1418	高速公路	2012.12.24	建成时为国内最大跨度双塔三跨悬索桥；获李春奖、鲁班奖、詹天佑奖、国家优质工程金奖
81	四川	宜宾	南溪长江大桥	单层双塔悬索	892	高速公路 / 人行	2012.12.26	建成时为四川最大跨度桥梁，曾有"蜀中第一跨"之誉；四川省首座设人行道的同类型桥梁
82	四川	泸州	合江长江一桥（波司登大桥）	单层拱式	530	高速公路	2013.06.03	建成时为世界最大跨度钢管混凝土拱桥；获国家科技进步奖二等奖、詹天佑奖、鲁班奖、国际乔治·理查德森奖
83	四川	泸州	合江长江二桥（康博大桥）	单层双塔斜拉	420	高速公路	2013.06.03	变截面预应力混凝土连续刚构桥；桥塔高208米，建成时为四川省最高桥塔
84	重庆	江津	鼎山长江大桥	双层双塔斜拉	464	公轨两用	2013.06.26	桥名通过社会征集得来；重庆首座公轨两用斜拉桥；获鲁班奖
85	重庆	涪陵	青草背大桥	单层双塔悬索	788	高速公路	2013.09.28	建成时为重庆最大跨度桥梁
86	湖北 黄冈 / 江西 九江		九江二桥	单层双塔斜拉	818	高速公路	2013.10.28	密索半漂浮结构体系、不对称混合梁斜拉桥；获鲁班奖、詹天佑奖

续表

序	桥址		桥名		桥型	主跨(单位:米)	功能	通车时间	特点
87	江苏	南通	如皋长江大桥		单层双塔斜拉	218	公路	2013.12.08	连接长青沙岛与长江左岸的桥梁；主塔为仙鹤造型
88	重庆	涪陵	渝利铁路韩家沱大桥		单层双塔斜拉	432	铁路	2013.12.28	建成时为世界最大跨度双线铁路斜拉桥；长江上第一座高速铁路专用桥；获詹天佑奖
89	安徽	马鞍山	马鞍山长江大桥	左汊桥	单层三塔悬索	1080	高速公路	2013.12.31	建成时为世界最长主缆悬索桥；获鲁班奖、詹天佑奖、国际乔治·理查德森奖
				右汊桥	单层三塔斜拉	260			
90	重庆	渝中	东水门长江大桥		双层双塔斜拉	445	公轨两用	2014.03.31	桥塔为"天梭"造型；获评全国市政金杯示范工程；获詹天佑奖
91	江苏	南京	南京眼		单层双塔斜拉	240	人行	2014.06.01	连接江心洲与长江右岸的桥梁；获国际亚瑟·海顿奖
92	湖北	黄冈	黄冈长江大桥		双层双塔斜拉	567	公铁两用	2014.06.18	建成时为世界最大跨度斜主桁公铁两用斜拉桥；获国家优质工程金奖
93	四川	泸州	黄舣长江大桥		单层双塔斜拉	520	高速公路	2014.06.29	高低桥塔不对称斜拉桥，两塔高差逾80米；桥塔造型为酒瓶，其他桥墩造型为酒杯
94	江苏	镇江	扬中三桥		单层梁式	125	城市快速路	2014.10.28	连接扬中岛与长江右岸的桥梁
95	重庆	永川	永川长江大桥		单层双塔斜拉	608	高速公路	2014.12.25	半漂浮体系混合梁斜拉桥；获李春奖、鲁班奖
96	湖北	武汉	鹦鹉洲长江大桥		单层三塔悬索	850	公路	2014.12.28	世界首座三塔四跨钢-混梁结合梁公路桥；入选"中国新时代100大建筑"；获鲁班奖
97	江苏	南通	东沙大桥		单层双塔斜拉	270	公路	2014.12.31	连接东沙岛与长江左岸的桥梁
98	安徽	铜陵	铜陵长江公铁大桥		双层双塔斜拉	630	公铁两用	2015.06.28 铁 2016.01.27 公	建成时为世界最大跨度公铁两用斜拉桥；获李春奖、国家优质工程金奖
99	安徽	安庆	安庆长江铁路大桥		单层双塔斜拉	580	铁路	2015.12.06	建成时为世界最大跨度四线铁路斜拉桥；获铁路优质工程奖一等奖、国家优质工程奖
100	重庆	江津	几江长江大桥		单层双塔悬索	600	公路	2016.07.08	建设初期名为"中渡长江大桥"；获评全国建筑业绿色施工示范工程；获詹天佑奖
101	湖北	宜昌	至喜长江大桥	三江桥	单层双塔斜拉	210	城市快速路	2016.07.18	建设初期名为"庙嘴长江大桥"；跨越中华鲟核心保护区；获评全国建筑业绿色施工示范工程；获鲁班奖
				大江桥	单层双塔悬索	838			

续表

序	桥址		桥名	桥型	主跨（单位:米）	功能	通车时间	特点
102	安徽	安庆	望东长江大桥	单层双塔斜拉	638	高速公路	2016.12.30	半漂浮体系组合梁斜拉桥；主塔的流线造型取意于黄梅戏；获李春奖
103	重庆	丰都	丰都长江二桥	单层双塔斜拉	680	公路	2017.01.24	三峡大坝蓄水后建设的首座库区深水基础大跨度斜拉桥
104	重庆	万州	驸马长江大桥	单层双塔悬索	1050	高速公路	2017.12.26	建成时为三峡库区最大跨度桥梁；获鲁班奖
105	湖北	武汉	沌口长江大桥	单层双塔斜拉	760	高速公路	2017.12.28	半漂浮体系斜拉桥；获国家优质工程奖、鲁班奖
106	安徽	芜湖	芜湖长江二桥	单层双塔斜拉	806	高速公路	2017.12.30	全漂浮体系斜拉桥；获李春奖、詹天佑奖、国际乔治·理查德森奖
107	重庆	南岸	寸滩长江大桥	单层双塔悬索	880	城市快速路	2017.12.31	主塔造型寓意"城市之门"；获国家优质工程奖
108	湖北	黄冈	罗霍洲大桥	单层梁式	150	公路	2017.12.30	连接罗霍洲与长江左岸的桥梁
109	重庆	大渡口	渝黔铁路新白沙沱长江大桥	双层双塔斜拉	432	铁路	2018.01.25	世界首座六线铁路钢桁梁斜拉桥；获鲁班奖、詹天佑奖
110	四川	宜宾	南溪（仙源）长江公路大桥	单层双塔斜拉	572	公路	2019.01.30	四川完成的首个"渡改桥"项目，建成后长江上游最大客运轮渡码头退役
111	重庆	万州	万州长江三桥（牌楼长江大桥）	单层双塔斜拉	730	公路	2019.05.30	漂浮体系混合梁斜拉桥；倒Y形主塔设计同时融入欧式风格和中国元素；获李春奖
112	湖北	荆州	荆州长江公铁大桥	双层双塔斜拉	518	公铁两用	2019.08.01 公 2019.09.28 铁	目前国内规模最大运煤专线——浩吉铁路的过江通道，建成时为世界最大载重公铁两用桥
113	安徽	池州	池州长江大桥	单层双塔斜拉	828	高速公路	2019.08.31	主塔造型取意于九华山，融入佛手、净瓶、佛珠等元素；获李春奖
114	湖北	宜昌	秭归长江大桥	单层拱式	531.2	公路	2019.09.27	建成时为世界最大跨度钢桁架推力拱桥；获国际古斯塔夫·林德撒尔奖
115	湖北	荆州	石首长江大桥	单层双塔斜拉	820	高速公路	2019.09.28	半漂浮体系斜拉桥；获李春奖
116	湖北	武汉	杨泗港长江大桥	双层双塔悬索	1700	城市快速路	2019.10.08	建成时为世界最大跨度双层公路悬索桥；入选"中国新时代100大建筑"；获鲁班奖、詹天佑奖、国际乔治·理查德森奖
117	湖北	咸宁	嘉鱼大桥	单层双塔斜拉	920	高速公路	2019.11.28	建成时为世界最大跨度非对称混合梁斜拉桥；主塔塔冠为"鱼尾"造型；此桥通车，使湖北沿江州市全部迈入"长江大桥"时代

续表

序	桥址		桥名	桥型	主跨（单位:米）	功能	通车时间	特点
118	重庆	九龙坡	鹅公岩轨道大桥	单层双塔悬索	600	轨道	2019.12.30	建成时为世界最大跨度自锚式悬索桥；施工中"先斜拉后悬索"的施工方法为世界首创
119	江苏	南通	沪苏通长江公铁大桥	双层双塔斜拉	1092	公铁两用	2020.07.01	世界首座跨度超千米的公铁两用斜拉桥；入选"中国新时代100大建筑"；获国际乔治·理查德森奖
120	安徽	芜湖	芜湖长江三桥	双层双塔斜拉	588	公铁两用	2020.06.28 铁 2020.09.29 公	建成时为世界最大跨度高低矮塔钢桁梁斜拉桥
121	重庆	南川	太洪长江大桥	单层双塔悬索	808	高速公路	2020.10.20	施工过程中大量使用BIM和实景建模来执行，被称为重庆市数字化建桥的典范
122	江苏	镇江	五峰山大桥	双层双塔悬索	1092	公铁两用	2020.12.11 铁 2021.06.30 公	国内首座公铁两用悬索桥、世界首座高速铁路跨度超千米的悬索桥；入选"中国新时代100大建筑"
123	江苏	南京	南京江心洲长江大桥（南京五桥）	单层三塔斜拉	600	城市快速路	2020.12.24	连接江心洲与长江左岸的桥梁，世界首座轻型钢混结构斜拉桥；获国际杰出桥梁结构奖
124	江苏	南京	浦仪公路上坝夹江大桥	单层双塔斜拉	500	城市快速路	2020.12.24	连接八卦洲与长江左岸的桥梁
125	湖北	宜昌	宜都长江大桥	单层双塔悬索	1000	高速公路	2021.02.09	建设中名为"白洋长江公路大桥"；桥塔采用牌楼造型
126	湖北	武汉	青山长江大桥	单层双塔斜拉	938	高速公路	2021.04.30	建成时为世界最大跨度全悬浮体系斜拉桥；入选"中国新时代100大建筑"
127	四川	泸州	合江长江公路大桥	单层拱式	507	公路	2021.06.25	建成时为世界最大跨度飞燕式钢管混凝土拱桥
128	重庆	长寿	长寿经开区大桥	单层双塔悬索	739	公路	2021.06.25	建设中名为"长寿长江二桥"
129	四川	宜宾	盐坪坝长江大桥	单层双塔斜拉	488	城市快速路	2021.07.01	半漂浮体系混合式叠合梁斜拉桥；桥塔为独特的"江鱼"造型
130	湖北	宜昌	伍家岗长江大桥	单层双塔悬索	1160	城市快速路	2021.07.30	为给中华鲟"让道"，设计跨度数次更改，最终一跨过江；获鲁班奖
131	湖北	黄石	棋盘洲大桥	单层双塔悬索	1038	高速公路	2021.09.17	鄂东南地区首座跨江悬索桥；横梁造型取材于编钟，体现楚韵风格
132	湖北	荆州	赤壁长江大桥	单层双塔斜拉	720	高速公路	2021.09.25	建成时为世界最大跨度钢-混凝土组合梁斜拉桥
133	湖北	黄石	武穴大桥	单层双塔斜拉	808	高速公路	2021.09.25	建成时为湖北最大跨度不对称斜拉桥

续表

序	桥址	桥名		桥型	主跨（单位:米）	功能	通车时间	特点
134	湖北江西	黄冈九江	安九铁路鳊鱼洲长江大桥 左汉桥	单层单塔斜拉	280	铁路	2021.12.30	建成时为世界最大跨度交叉索斜拉桥；入选"中国新时代100大建筑"
			右汉桥	单层双塔斜拉	672			
135	重庆	大渡口	白居寺长江大桥	双层双塔斜拉	660	公轨两用	2022.01.24	双塔三跨钢桁梁斜拉桥；主塔为水滴造型
136	重庆	江津	白沙长江大桥	单层双塔悬索	590	公路	2022.01.26	两跨非对称结构悬索桥
137	重庆	万州	新田长江大桥	单层双塔悬索	1020	高速公路	2022.09.02	使80千米万州绕城公路全线通车
138	重庆	南岸	明月峡长江大桥	双层双塔斜拉	425	铁路	2022.12.30	不对称桥塔钢桁架斜拉桥；国内首座双层四线客货铁路桥梁
139	重庆	渝中	南纪门轨道大桥	单层双塔斜拉	480	轨道	2023.01.18	高低桥塔不对称斜拉桥；建成时为世界最大跨度城市轨道专用斜拉桥
140	重庆	南岸	郭家沱长江大桥	双层双塔悬索	720	公轨两用	2023.01.18	建成时为中国最大跨度公轨两用钢桁梁悬索桥；主塔设计理念为"门楣纳水"
141	四川	泸州	神臂城长江大桥	单层双塔斜拉	520	公路	2023.05.27	"渡改桥"工程；桥塔为独柱塔
142	四川	泸州	茜草长江大桥	双层双塔悬索	576	公路	2023.07.01 上 2023.09.29 下	双层公路桥，上层设六车道，下层设两车道
143	四川	泸州	纳溪长江大桥	单层双塔斜拉	520	公路	2023.11.30	"渡改桥"工程；桥塔H形
144	四川	泸州	邻玉长江大桥	单层三塔斜拉	425	公路	2023.12.20	双主跨；桥塔为纵向钻石形，中塔高；近期为公路桥，远期为公轨两用桥
145	四川	宜宾	临港长江公铁大桥	单层双塔斜拉	522	公铁两用	2023.12.26	中国首座公铁平层桥梁，建成时，为世界最宽公铁两用斜拉桥、世界最大跨度公铁两用钢箱梁斜拉桥
146	重庆	九龙坡	李家沱长江复线桥	单层双塔斜拉	454	公轨两用	2023.12.28 轨	公轨同层，非对称布置；与下游的李家渡长江大桥仅相隔52米
147	重庆	江津	油溪长江大桥	单层双塔斜拉	760	高速公路	2024.01.26	不等高斜脚框架桥塔
148	四川	宜宾	江安长江二桥	单层三塔斜拉	400	公路	2024.05.01	双主跨；桥址处为长江上游珍稀特有鱼类国家级自然保护区
149	四川	泸州	榕江长江大桥	单层双塔斜拉	530	公路	2024.09.27	跨越长江上游珍稀特有鱼类国家级自然保护区

本书图片来源

P2-3	《桥梁建设报》	P36-37 左上	陈勇 / 摄
P4-5	于文国 / 摄	P36-37 右上	陈勇、赵融 / 摄
P6 左	视觉中国	P36-37 下	陈勇 / 摄
P6 右	FOTOE	P39	白尧虹 / 绘
P8	FOTOE	P42 左	《桥梁建设报》
P9	FOTOE/ 视觉中国	P42 右	视觉中国
P10-11	《桥梁建设报》	P43	《桥梁建设报》
P12	陈勇 / 摄	P45	《桥梁建设报》
P13 上左	李文骥之孙李志伟	P46	熊旭辉 / 绘
P13 上右	FOTOE	P49	《桥梁建设报》
P13 下	毛惠清 / 摄	P50	图虫创意
P15-17	李文骥之孙李志伟	P52-53	任发德 / 摄
P18 左	张发先	P55	任发德 / 摄
P18 右	任发德 / 摄	P56	熊旭辉 / 绘
P19 上	赵煜澄	P57-58	任发德 / 摄
P19 下	周璞之子周一桥	P59 左	《桥梁建设报》
P20 上	张艳红 / 摄	P59 右	任发德 / 摄
P20 下	任发德 / 摄	P60-61	任发德 / 摄
P21	任发德 / 摄	P62 左	视觉中国
P22-24	《桥梁建设报》	P62 右	任发德 / 摄
P25 上	廖照清	P63	郑松 / 摄
P25 下	《桥梁建设报》	P65	视觉中国
P26-27	《桥梁建设报》	P66	《桥梁建设报》
P28-29	任发德 / 摄	P68-69	图虫创意
P30-31	马勉南	P70-72	陈勇、赵融 / 摄
P32 上	滕代远之子滕久光	P74	陈勇、赵融 / 摄
P32 下	《桥梁建设报》	P77 上	《桥梁建设报》
P33	任发德 / 摄	P77 下	陈勇、赵融 / 摄
P34-35	陈勇 / 摄	P78 左	视觉中国

P78 右	唐一兵 / 摄		P130-131	图虫创意
P79	图虫创意		P132-133	陈勇、赵融 / 摄
P81 上	文国斌 / 摄		P135	郑松 / 摄
P81 下	图虫创意		P136 上	卫应臣 / 摄
P82	视觉中国		P136 下	张作胜 / 摄
P83	视觉中国		P137	郑松 / 摄
P84	熊旭辉 / 绘		P138-139	陈勇、赵融 / 摄
P85	唐明柱 / 摄		P142-143	《桥梁建设报》
P88-89	陈勇 / 摄		P144	钱家瑞 / 摄
P90	图虫创意		P145 上	迟名尊 / 摄
P91	视觉中国		P145 下	《桥梁建设报》
P92-93	白尧虹 / 绘		P146-147 左	黄峰 / 摄
P94-95	刘阳春 / 摄		P146-147 右	视觉中国
P96	《桥梁建设报》		P148-149	视觉中国
P99 上	视觉中国		P150	彭晓萍 / 摄
P99 下	视觉中国		P152-153 上	视觉中国
P100	陈勇、赵融 / 摄		P152-153 下	陈勇、赵融 / 摄
P101	陈勇 / 摄		P154	陈勇、赵融 / 摄
P102-103	陈勇、赵融 / 摄		P157-159	陈勇、赵融 / 摄
P104-105	何敏 / 绘		P160	余毅 / 摄
P106-107	视觉中国		P163	FOTOE
P108-109 上	《桥梁建设报》		P164 上	陈勇、赵融 / 摄
P108-109 下	熊旭辉 / 绘		P164 左下	陈勇 / 摄
P111 左上	杨石修 / 摄		P164 右下	陈勇、赵融 / 摄
P111 右上	视觉中国		P165	郑家钦 / 摄
P111 下	陈勇 / 摄		P166 上	陈勇、赵融 / 摄
P112-113	陈勇、赵融 / 摄		P167 左上	陈勇、赵融 / 摄
P114-115	何敏 / 绘		P167 右上	视觉中国
P116	熊旭辉 / 绘		P166-167 下	余毅 / 摄
P117	视觉中国		P168-169	陈勇、赵融 / 摄
P118	李邹强 / 摄		P171	陈勇 / 摄
P119	马连威 / 摄		P173-175	陈勇、赵融 / 摄
P120-121	陈勇、赵融 / 摄		P177	祁曙光
P122-123	陈勇 / 摄		P178-179	陈勇、赵融 / 摄
P124	陈勇、赵融 / 摄		P180-181 上	视觉中国
P126-127	视觉中国		P180-181 下	祁曙光
P128-129	白尧虹 / 绘		P183	陈勇、赵融 / 摄

P184-185	视觉中国	P228 上	视觉中国
P186 上	陈勇、赵融/摄	P228 下	视觉中国
P186 中	陈勇、赵融/摄	P230-231 左	孟庆虎/摄
P186 左下	陈勇、赵融/摄	P230-231 中	李新华/摄
P186 右下	陈勇/摄	P230-231 右	李新华/摄
P187 左	陈勇、赵融/摄	P232-233	孟庆虎/摄
P187 右	陈勇、赵融/摄	P234-235	陈勇、赵融/摄
P188	彭晓萍/摄	P236 上	杨洋
P191	图虫创意	P236 左下	邵珊珊
P193	于文国/摄	P236 右下	《桥梁建设报》
P194 上	陈勇/摄	P238-239	陈勇、赵融/摄
P194 下	黄蕾/摄	P240 上	陈勇、赵融/摄
P195	李云堤/摄	P240 中	罗春晓/摄
P196-197	陈勇/摄	P240 下	视觉中国
P198	陈勇、赵融/摄	P243	骆斌/摄
P199 上	陈勇、赵融/摄	P244 左上	范晓骏/摄
P199 下	陈勇/摄	P244 右上	陈勇/摄
P202-203	丁晓春/摄	P244 下	陈勇、赵融/摄
P204	杨锦华/摄	P246-247	陈勇、赵融/摄
P205 上	杨登峰/摄	P248 左	梅涛/摄
P205 下	视觉中国	P248 右	于文国/摄
P206	马永红/摄	P249 上	许溶丰/摄
P207-209	赵毅/摄	P249 下	陈勇/摄
P210	《桥梁建设报》	P250	赵广亮/摄
P212-214	《桥梁建设报》	P252-253 上左	陈勇、赵融/摄
P215	刘兵/摄	P252-253 上中	马永红/摄
P216	何敏/绘	P252-253 上右	陈勇/摄
P217	《桥梁建设报》	P252-253 下左	视觉中国
P218-219	于文国/摄	P252-253 下右	视觉中国
P220	熊旭辉/绘	P254-255	陈勇/摄
P221 上	《桥梁建设报》	P256	丁凯/摄
P221 中	《桥梁建设报》	P258 上	钱伟章/摄
P221 下	胡旭/摄	P258 下	袁博/摄
P222-223	陈勇、赵融/摄	P261	袁博/摄
P225 上	陈勇、赵融/摄	P262-263 上	胡云良/摄
P225 下	陈勇/摄	P262-263 下	袁博/摄
P226	马永红/摄	P264	崔永兴/摄

P265 上	陈勇、赵融 / 摄	P308-309 上	陈勇 / 摄
P265 中	崔永兴 / 摄	P308-309 下	图虫创意
P265 下	崔永兴 / 摄	P310	孙璐 / 摄
P267	崔永兴 / 摄	P313	孙璐 / 摄
P270-271	陈勇 / 摄	P314 上	白尧虹 / 绘
P273 上	郑松 / 摄	P314 下	《桥梁建设报》
P273 左中上	赵为鑫 / 摄	P315 上	《桥梁建设报》
P273 右中上	刘曙松 / 摄	P315 下	视觉中国
P273 左中下	陈勇 / 摄	P316	何敏 / 绘
P273 右中下	陈勇 / 摄	P317 上	孙璐 / 摄
P273 左下	陈勇 / 摄	P317 下	视觉中国
P273 右下	黄茹 / 摄	P318	视觉中国
P274-275 左	陈勇、赵融 / 摄	P319	何敏 / 绘
P274-275 右	图虫创意	P320	视觉中国
P277	陈勇 / 摄	P322 左上	周渝 / 摄
P278	视觉中国	P322 右上	丁凯 / 摄
P279	视觉中国	P322 下	马永红 / 摄
P281	陈勇 / 摄	P323 上	戴志强 / 摄
P282-283	视觉中国	P323 下	韩寒 / 摄
P285	周汉华 / 摄	P324	视觉中国
P286-289	陈勇、赵融 / 摄	P326-327	潘剑
P290-291	郑松 / 摄	P328 上	黄强
P292-293	许溶丰 / 摄	P328 下	陈勇、赵融 / 摄
P295	徐瑞伸 / 摄	P329	陈勇 / 摄
P296	于文国 / 摄	P330	《桥梁建设报》
P297	魏俊 / 摄	P331 上	陈勇 / 摄
P299 上	郭雷震 / 摄	P331 下	陈勇、赵融 / 摄
P299 下	邱焰 / 摄	P332-333	视觉中国
P300	陈勇、赵融 / 摄	P335 左上	FOTOE
P302	陈勇、赵融 / 摄	P335 右上	陈勇、赵融 / 摄
P303	陈勇 / 摄	P335 左下	马永红 / 摄
P304 上	陈勇、赵融 / 摄	P335 右下	视觉中国
P304 中	陈勇、赵融 / 摄	P336	视觉中国
P304 下	池宏君 / 摄	P338	视觉中国
P305 上	王力 / 摄	P340	图虫创意
P305 下	何敏 / 绘	P342-343	张胜邦 / 摄
P306-307	视觉中国		

长江上究竟有几座桥

曾有朋友对我说:"你们做的那些桥梁报道都太震撼了,每座都是第一,每次都创了纪录,多得我根本记不住。你就告诉我,长江上、黄河上、大海上现在到底有多少座桥吧?"

长江上有多少座桥?这是我常常被问到的问题,看似简单,却难以回答。

曾经,我们举全国之力建造一座长江大桥。后来,为了加快国民经济的发展,我们优先确保铁路过江。接着,为了便捷两岸百姓的日常生活,我们开始大力建造城市公路跨江桥梁。再后来,高速公路来了,我们让一座座高速公路专用桥梁跨越于江涛之上。高速铁路来了,我们又建造一座座高铁桥梁,让"和谐号""复兴号"动车组呼啸过江。

曾经,我们建造的现代桥梁只有一种式样,跨度仅100多米。后来,为了最大限度地不影响长江黄金航道,我们努力研制新材料、发掘新工艺、锻炼新技术,让桥的跨度更大一些,再大一些。终于,我们将几百米一跨的斜拉桥建在了长江上,又让超千米一跨的悬索桥迈过了长江。现在,斜拉桥的跨度突破了千米,公铁两用的重载桥梁也能采用一跨过江的悬索桥型,这些,都已经打破了教科书曾给出的限定。

这里的"我们"不是指某一群人或某一类行业,而是我们的国家。

我们的国家，走在复兴的道路上，这一路，需要很多跨越各类沟壑的桥梁，也已经建成了许多跨越天险的桥梁。

2017年5月至8月，陈勇、我、赵融，驾着一辆越野车，带着半车拍摄设备，沿江采访、拍摄跨江桥梁。四个月里，在许巧春、罗健、彭凯、刘洪四位司机师傅一人一个月的接力之下，我们累计行走了2万余公里，访问了200多座大桥，有已建成的，也有施工中的。

在云南省丽江市永胜县的山里，刘洪师傅不慎摔断股骨，"万里长江·大桥行"活动戛然而止。至今，我们也没能把后面的一部分走完，但是，随着时间的推移，那四个月里我们看到的200多座江桥，越来越清晰地在我的心里组成一幅图画，那是我们的国家交通、经济发展的局部缩略图，图中有流淌的历史，有生动的人物，有曲折的故事，有简单而深刻的道理。我想把这幅图"描"出来。

很幸运，柯尊文先生和湖北教育出版社给了我"描"图的机会。

但一座座新的长江大桥的建设进展太快，"万里长江·大桥行"时的资料已落后于实际。要让这幅"图"更准确、更生动、更有层次，还需要补充大量内容——历史的、即时的、细节的、专业的。非常幸运，任发德、李志伟、唐明柱、池宏君、于文国、邱焰、周外男、冯广胜、任刚、崔永兴等前辈专家，唐一兵、朱玥、谢珍、胡旭、郑松、孙璐、潘剑、李邹强、谢明、王德等摄影师朋友，给了我鼎力支持和帮助。让这幅"图"的阅读感丰富起来。

这幅"图"便是这本《长江上的桥》。

亲爱的朋友，希望这本书能让你更加了解长江上的桥。

马永红

2024年9月30日

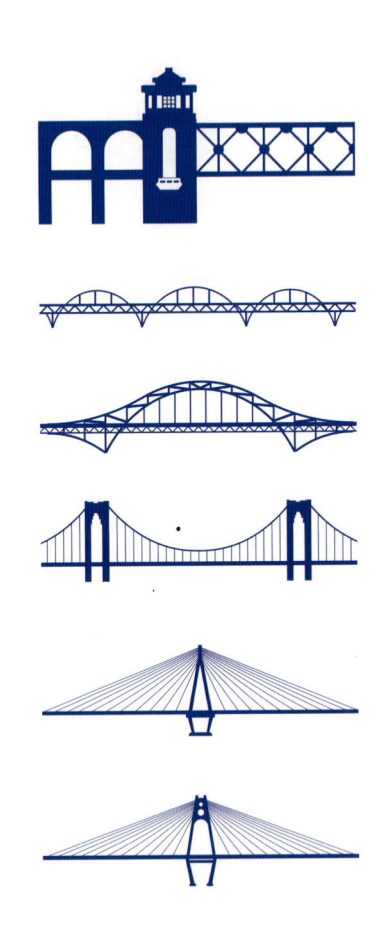